O MÉTODO AUCOUTURIER
Fantasmas de ação e prática psicomotora

BERNARD AUCOUTURIER

O MÉTODO AUCOUTURIER

FANTASMAS DE AÇÃO E PRÁTICA PSICOMOTORA

DIRETORES EDITORIAIS:
Carlos da Silva
Marcelo C. Araújo

EDITORES:
Avelino Grassi
Márcio F. dos Anjos
Roberto Girola

COORDENAÇÃO EDITORIAL:
Denílson Luís dos Santos Moreira

TRADUÇÃO:
Maria Cristina Batalha

REVISÃO:
Ana Lúcia de Castro Leite
Leila Cristina Dinis Fernandes

DIAGRAMAÇÃO:
Marco Antônio Santos Reis

CAPA:
Cristiano Leão

Coleção Psi-Atualidades dirigida por Roberto Girola

Título original: *La méthode Aucouturier - Fantasmes d'action et pratique psychomotrice*
Copyright © De Boeck & Larcier S.A., 2005
Éditions De Boeck Université - 1re édition
Rue dês Minimes 39, B - 1000 Bruxelles
ISSN 1780-9517
ISBN 2-8041-4880-7

Todos os direitos em língua portuguesa, para o Brasil, reservados à Editora Idéias & Letras, 2007

2ª edição: 2011

Rua Padre Claro Monteiro, 342
12570-000 – Aparecida-SP
Fone: (12) 3104-2000
vendas@ideiaseletras.com.br
www.ideiaseletras.com.br

Dados Internacionais de Catalogação na Publicação (CIP)
(Câmara Brasileira do Livro, SP, Brasil)

Aucouturier, Bernard
    O método Aucouturier: fantasmas de ação e prática psicomotora / Bernard Aucouturier; [tradução Maria Cristina Batalha]. - Aparecida, SP: Idéias & Letras 2007. (Coleção Psi-Atualidades)

    Título original: La méthode Aucouturier:
    fantasmes d'action et pratique psycomotrice.
    Bibliografia.
    ISBN 978-85-98239-90-3

    1. Crianças - Desenvolvimento psicomotor - Avaliação 2. Educação psicomotora 3. Método Aucouturier 4. Psicomotricidade 5. Psicologia infantil I. Título. II. Série.

07-7293 CDD-155.4123

Índices para catálogo sistemático:

1. Crianças: Desenvolvimento psicomotor:
   Psicologia infantil 155.4123

Agradeço a todos os formadores da Associação Européia das Escolas de Formação em Prática Psicomotora que me incentivaram a escrever este livro.

Agradeço especialmente a minha esposa Michelle Aucouturier ter-me apoiado durante a realização deste livro com muita atenção e benevolência.

Tours, 1º de janeiro de 2004.

Se ninguém, jamais,
nos tivesse tocado,
seríamos enfermos.

Se ninguém, jamais,
nos tivesse falado,
seríamos mudos.

Se ninguém, jamais,
nos tivesse sorrido
– e olhado –,
seríamos cegos.

Se ninguém, jamais,
nos tivesse amado,
não seríamos
"ninguém".

Paul BAUDIQUEY

Poema escrito na parede do aeroporto de Johannesburgo, que um amigo de Nápoles me ofereceu, como metáfora da prática psicomotora.

Poema extraído da obra de Paul Baudiquey, Pleins signes, Paris, Cerf, 1998.

Sumário

Introdução 15

Parte 1
Referências teórico-práticas 21

Capítulo 1
A gênese dos fantasmas de ação 23
1. *As interações perinatais e os processos de transformação* 23
    a. As interações do período pré-natal 23
    b. As interações e as transformações do período pós-natal .. 30
    c. A ação e as transformações recíprocas 31
    d. A interiorização da ação 35
    e. Um novo envelope protetor comum: uma unidade dual de prazer 38
    f. Um grau qualitativo de unidade de prazer 42
2. *O fracasso dos processos de transformação* 44
    a. As angústias arcaicas de perda do corpo 44
    b. Uma "segunda pele" 52
    c. As angústias arcaicas: matriz das angústias futuras 54
    d. As angústias arcaicas insuficientemente contidas: a alteração psicomotora 55
    e. Especificando a alteração psicomotora 60
3. *O fantasma de ação* 60
    a. A função do sonho 61
    b. A criança criadora de fantasmas 62
    c. Do fantasma de ação à simbolização da ação 63
    d. Os fantasmas de ação, de apego e de dominação 64
    e. A respeito da sedução 66

Capítulo 2
A evolução dos fantasmas de ação e as ações simbólicas............. 69
1. Os fantasmas de ação e a absorção: penetrar, fusionar, incorporar, destruir, agredir 69
    a. Uma agressão de amor... 70
    b. "Uma mãe suficientemente boa" 74
    c. Brincar de destruir para ser si mesma 77
    d. O "lobo", metáfora dos fantasmas orais 79
    e. O prazer de ter medo 82
    f. Sobre os fantasmas ligados à absorção: reunir e separar .. 84
    g. A ecopraxia 87
2. Os fantasmas de ação e a preensão 88
    a. "Pegar" 88
    b. Especificando o conceito de "objeto transicional" 90
3. Os fantasmas de ação e a motricidade. A verticalização e a mobilização do corpo no espaço: "alçar vôo, voar, aterrissar, cair, rodopiar, oscilar" 93
    a. O prazer de ficar em pé: um segundo nascimento 94
    b. O prazer de cair 101
    c. O prazer de correr 104
    d. O prazer de se balançar 104
    e. O prazer de saltar em profundidade 105
    f. O prazer de girar 106
    g. As brincadeiras de prazer sensório-motor 107
    h. As brincadeiras de asseguramento profundo 108
4. Os fantasmas de ação e a expulsão: "dar, receber, reter" 109
    a. O prazer de dar e de reter 109
    b. Os ganhos do controle esfincteriano 111
    c. A respeito da micção 113
    d. Os ganhos do controle uretral 114
5. Os fantasmas de ação e a genitalidade: "amar um, destruir o outro, amá-los um e outro" 117
    a. Os fantasmas de ação de amor incestuoso 118
    b. A inibição inconsciente da ação 119
    c. Período edipiano e atividade operatória 120
    d. As brincadeiras e a castração 122

e. Plano fantasmático, registro simbólico
   e plano da realidade 125
f. A cama dos pais 127
g. Aparecer-desaparecer, ter-não ter 130

Capítulo 3
A representação de si 135
1. Paul e a corda 136
2. Análise teórica 144
3. Reflexões sobre a representação de si 147

Capítulo 4
A expressividade motora da criança 151
1. As condições da emergência da expressividade motora 154
2. A evolução da expressividade motora 155
3. A sala, lugar da expressividade motora: metáfora
do corpo da mãe 155
4. Os distúrbios da expressividade motora 156
5. A observação da expressividade motora 158
   a. Preliminares 158
   b. As condições da observação 159
   c. Os parâmetros de observação 160
Concluindo 164

Parte 2
A prática psicomotora educativa e preventiva 165

Capítulo 1
Concepções gerais educativas a partir das quais a prática psicomotora educativa e preventiva assumirá seu valor 167
1. Uma criança aberta 167
2. Um grande debate educativo e pedagógico 168
3. Reconhecida em sua originalidade 169
4. Um projeto educativo coerente 171
   a. O prazer de comunicar 171
   b. O prazer de criar 175
   c. O prazer de pensar 178

Capítulo 2
Aplicação da prática psicomotora educativa 191
1. As condições institucionais necessárias para a aplicação da prática psicomotora educativa 191
    a. A equipe educativa 191
    b. Um alerta 192
    c. Ajudar a compreender 192
    d. Com os pais 192
    e. As condições materiais 193
2. Os objetivos da prática psicomotora educativa e preventiva ... 193
3. O dispositivo da sessão 194
4. O material do dispositivo 195
    a. O material da expressividade motora 195
    b. O material da expressividade gráfica e plástica 197
5. A instalação progressiva do dispositivo 198
    a. Do terceiro/quarto mês até a segurança
       do estágio em pé 199
    b. Do estágio em pé até o terceiro ano 200
    c. A partir do terceiro até o sexto/sétimo anos 201
6. Os conteúdos das fases sucessivas da sessão 202
    a. O ritual de entrada na sessão 202
    b. Os conteúdos da fase de expressividade motora 203
    c. Os conteúdos da fase de asseguramento profundo
       pela linguagem: "a história" 216
    d. Os conteúdos da fase de expressividade
       plástica e gráfica 224
    e. O ritual de saída 236
    f. A arrumação do material 236
*7. A atitude do psicomotricista na prática
psicomotora educativa* 237
*8. Algumas dificuldades vividas pelo psicomotricista
durante as sessões* 239
    a. Comportamentos difíceis entre as crianças 239
    b. Comportamentos difíceis diante do dispositivo 241
Concluindo 242

Parte 3
Os dois níveis de ajuda psicomotora:
Ajuda em grupo e ajuda individual 243

Capítulo 1
Ajuda psicomotora em grupo: o grupo de ajuda à maturação psicológica 245
1. *A criação do grupo de ajuda* 245
2. *Quem faz a demanda de ajuda?* 247
3. *Criar a confiança com os parceiros da ajuda* 248
    a. A confiança se instaura quando desenvolvemos uma estratégia progressiva de implementação da ajuda 249
    b. Ser franco, para um compromisso recíproco, é primeiramente... 252
    c. A confiança se instaura quando não tentamos mudar as pessoas 254
4. *A prática de ajuda psicomotora em grupo* 255
    a. Os objetivos 255
    b. O dispositivo da sessão 256
    c. O material da sessão 257
    d. Os conteúdos da sessão 257
5. *A atitude relacional com o grupo de crianças* 266
    a. As ressonâncias tônico-emocionais recíprocas 266
    b. As ressonâncias tônico-emocionais recíprocas empáticas . 268
6. *As modulações da linguagem do psicomotricista* 269
7. *Conclusão* 270

Capítulo 2
Ajuda psicomotora individual. A filosofia da ajuda 273
1. *A aplicação da ajuda psicomotora individual* 273
    a. O objetivo específico da ajuda psicomotora individual .. 274
    b. A observação psicomotora interativa: uma passagem obrigatória 275
    c. As condições da ajuda psicomotora individual 286
2. *A prática de ajuda psicomotora individual* 291
    a. Lembretes 291

      b. As condições do desenvolvimento dos princípios
         da ajuda 292
      c. Os princípios da prática de ajuda psicomotora
         individual 295
3. A avaliação da ajuda psicomotora 312
4. A supervisão da prática 313

Conclusão 315
*1. Uma compreensão psicodinâmica
da motricidade da criança* 315
2. Agir é existir 316
3. O asseguramento simbólico 316
4. As referências à psicanálise 317
5. A prática psicomotora 318
6. A formação 319

Glossário 321

Bibliografia 323

Introdução

Ao término de minha carreira profissional no Centro de Prática Psicomotora de Tours, onde trabalhei durante 35 anos, gostaria, hoje, de prestar conta das práticas e conceitos que, progressivamente, emergiram de minha experiência educativa e clínica.

Ao longo de todos esses anos, tive a possibilidade de observar e desenvolver a prática, no âmbito de minhas atividades educativas e preventivas, com inúmeras crianças da creche e da escola maternal, como também com crianças com dificuldades nas escolas maternal e fundamental e, ainda, com crianças de estabelecimentos especializados que apresentavam distúrbios mais sérios de comportamento e inteligência.

As referências permanentes ao "desenvolvimento normal" e ao que não era normal permitiram-me estudar com mais facilidade o desenvolvimento da criança, localizando os distúrbios, bem como elaborando as práticas psicomotoras necessárias para a evolução harmoniosa pela via corporal.

Hoje, para mim, é difícil abstrair o fato de que, ao longo desses anos como psicomotricista, minhas atividades educativas, por um lado, e de ajuda à criança com dificuldade, por outro, enriqueceram-se mutuamente, mas também se diferenciaram e se clarificaram nitidamente. Meus dez últimos anos profissionais no Centro de Tours foram, assim, proveitosos quanto à elaboração de vertentes e princípios fundadores das práticas psicomotoras educativa e terapêutica. Ao longo desse período, vários educadores, psicólogos e psicanalistas se interessaram por essas práticas, contribuindo com suas observações para aprofundá-las, e eu lhes sou grato por isso.

De uns quinze anos para cá, privilegiei a expressão oral durante cursos e conferências, apoiando-me na análise de documentos audiovisuais e, desta forma, a expressão escrita ficou um pouco esquecida. Este livro vem reparar essa falha, reunindo idéias e princípios, segundo uma coerência filosófica e psicológica necessária à compreensão e à ajuda ao desenvolvimento da criança.

O "instrumento" produzido não é um modelo a ser seguido; entretanto, ele propõe referenciais que permitem ao psicomotricista a liberdade para inovar e utilizar seu próprio estilo de ser e fazer. Esperamos que esta obra leve cada um a se interrogar sobre sua prática e sobre sua atuação.

Um desses referenciais-chave é o conceito de *fantasma de ação*, proveniente das experiências corporais compartilhadas entre a mãe e a criança. Os fantasmas de ação animam todas as atividades e todas as brincadeiras da criança, facilitando o acesso a um sentimento de continuidade do prazer de ser si mesmo, aberto aos outros.

Esses aportes teóricos e práticos impuseram-se à medida que iam sendo transmitidos nas Escolas da ASEEFOPP[1] aos alunos em formação na prática psicomotora educativa e terapêutica, visto que os alunos não podiam satisfazer-se com modelos ou imitações impostos, que não conferem qualquer responsabilidade. Esses referenciais, embora não sejam perfeitos, ajudam o psicomotricista a sair de sua impotência diante da complexidade de certos comportamentos infantis, visto que dão tanto segurança e tranqüilidade, como também coerência do fazer e do dizer para uma ajuda mais eficaz à criança. Os referenciais teóricos e práticos não significam uma imposição, mas sim a chave para a liberdade de pensar, agir e criar do psicomotricista.

---

[1] ASEEFOPP é uma associação de escolas européias que formam alunos em Prática Psicomotora Aucouturier. Essa associação foi criada em 1986 e reúne 11 escolas de formação.

Para transmitir a prática psicomotora, utilizamos a análise de documentos audiovisuais e exemplos clínicos, a fim de melhor desenvolver os conceitos. Essa dinâmica pedagógica, essencial para o ensino, permitiu-nos articular a prática com a teoria, evitando, assim, os discursos abstratos demais que não têm raízes "experimentais" suficientes.

Em primeiro lugar, é preciso esclarecer o *conceito de psicomotricidade* em sua dimensão mais ampla: a psicomotricidade é um conceito do desenvolvimento psicológico que se refere à construção psicossomática do ser humano em sua relação com o mundo exterior. A psicomotricidade vem confirmar a complexidade do desenvolvimento do ser humano e coloca em evidência a construção psicossomática da criança. Efetivamente, as experiências corporais "interagidas" com o mundo que nos cerca são fundadoras do psiquismo, desde as representações inconscientes mais originárias até as mais conscientes.

A psicomotricidade é um convite para se compreender o que a criança expressa sobre seu mundo interno pela via da motricidade. É também um convite para se captar o sentido dos comportamentos. A psicomotricidade clarificada nos permite, assim, melhor compreender a prática psicomotora educativa e preventiva, como também a prática de ajuda à orientação terapêutica.

A prática psicomotora educativa e preventiva é uma prática de acompanhamento das atividades lúdicas da criança. É concebida como um itinerário de maturação que favorece a passagem "do prazer de agir ao prazer de pensar", assegurando a criança quanto a suas angústias.

A prática educativa é realizada desde o período no qual AGIR É PENSAR, passando pelo período em que PENSAR é unicamente PENSAR O AGIR, até o período para além do AGIR, que se dá aproximadamente em torno dos sete anos. A creche e a escola maternal são os lugares privilegiados para a realização dessa prática; mas não excluímos o fato de que algumas crianças, com atraso no desenvolvimento psicológico, possam também dela se beneficiar.

A prática de ajuda psicomotora (a terapia psicomotora) é proposta à criança quando observamos distúrbios da integração psicossomática, que limitam os processos de asseguramento diante das angústias. É uma prática psicoterápica, que visa a implantação do registro simbólico no corpo e nos afetos de prazer, pela via de uma relação interativa entre a criança e o terapeuta.

Será que a prática de ajuda psicomotora só deve ser exercida no âmbito da Saúde ou poderíamos pensá-la em outros lugares, de modo que muitas crianças com dificuldades pudessem também dela se beneficiar? Tanto na França, como na Alemanha, Bélgica, Espanha, Itália, Portugal, Suíça, assim como na Argentina, no Brasil, México, Peru e Uruguai, inúmeros psicomotricistas formaram-se em nossas escolas na prática de ajuda psicomotora para auxiliar crianças que não estavam necessariamente vinculadas a instituições sanitárias.

Na Itália, existe, desde 1976 (a lei Basaglia), a integração de crianças deficientes à escola maternal e à escola elementar. Algumas dessas crianças, com patologias graves e variadas, beneficiam-se de uma prática de ajuda psicomotora, que é bem aceita pela instituição escolar e praticada por psicomotricistas que receberam uma formação específica para a prática de ajuda (como a que é dada nas escolas da ASEEFOPP). Seria a integração das crianças deficientes nas escolas italianas uma exceção?

Esta obra está estruturada em três partes:

A primeira é reservada à gênese dos fantasmas de ação e seu desenvolvimento ao longo da infância. Trata-se de uma tentativa de compreensão psicológica dos processos de asseguramento diante das angústias pela via corporal. Essa tentativa completa-se pelo estudo da representação de si e da expressividade motora, conceitos que emergem diretamente dos fantasmas de ação e sua simbolização.

A segunda trata da prática psicomotora educativa, bem como da prática de ajuda psicomotora às crianças com dificuldades.

Nessa parte, reservamos um lugar importante para o estudo do quadro necessário à implementação da prática, aos objetivos, ao dispositivo de funcionamento, bem como para as estratégias de ajuda à transformação da criança, incluindo a atitude do psicomotricista na relação educativa e na relação de ajuda especializada.

A terceira parte é dedicada aos dois níveis de ajuda psicomotora: ajuda em grupo e ajuda individual.

As partes podem ser lidas separadamente umas das outras. O leitor terá, assim, a liberdade de estabelecer os elos entre elas.

Parte 1

REFERÊNCIAS
TEÓRICO-PRÁTICAS

Capítulo 1

A gênese dos fantasmas de ação

1. As interações perinatais e os processos de transformação

a. As interações do período pré-natal

As interações biológicas e sensório-motoras

Durante o período pré-natal, o feto está sob o domínio das funções vegetativas e sensório-motoras, buscando um equilíbrio biológico necessário a seu desenvolvimento máximo e ao aumento de suas competências indispensáveis ao nascimento e à vida extra-uterina. O equilíbrio biológico do feto requer uma relativa constância e uma ritmicidade dos objetos externos que a mãe lhe proporciona, indispensáveis à maturação de todas as suas funções.

O feto tem, então, necessidade da continuidade de um "envelope materno" satisfatório, indispensável à maturação de todas as suas funções biológicas e sensório-motoras. Assim, o feto e a mãe procuram estabelecer e aperfeiçoar uma relação cada vez mais estreita através do ajuste dos estímulos que vêm tanto de um quanto do outro.

A qualidade das interações biológicas garante as transformações recíprocas que asseguram a constância do meio interno do feto e seu equilíbrio biológico: este equilíbrio depende de uma placenta funcional que forma com o feto "um par estável", permitindo à mãe transmitir-lhe imunidade e defesas, como também lhe permitindo exercer um controle sobre os ritmos intrínsecos do feto.

Todas as interações de funções que dominam o período de gravidez permitem "à mãe transmitir ao feto... não somente os elementos de seu estado biológico, mas simultaneamente os elementos de sua própria esfera afetiva e mental".[1] Assim, as modificações do estado biológico da mãe, provocadas por causas diversas, podem incidir sobre o desenvolvimento do bebê. Graças a essas interações permanentes de funções, o feto cria para si as condições indispensáveis para seu equilíbrio e sua adaptação ao meio uterino e "torna-se responsável pelas trocas que cria com sua mãe. Ele é responsável por ele mesmo. Se a placenta é pouco funcional, é que alguma coisa está ocorrendo com ele. Se as trocas são brutais, violentas demais para sua mãe, ele será rejeitado".[2]

Em um "envelope materno" satisfatório, o feto vive intensas interações sensório-motoras preparatórias para sua vida extra-uterina. Envolvido pelo líquido amniótico de estabilidade térmica, o feto está bem protegido, mantém permanentemente as costas arredondadas e fica bem apoiado. Em estado de flutuação, a futura criança está em contínuo movimento, porque a mãe se mobiliza. O feto não conhece a imobilidade, ele se mexe, muda de posição mais livremente porque possui movimento, independentemente de sua mãe. Os movimentos da cabeça e de outros segmentos sensibilizam os receptores articulares, fisiológicos e cutâneos. Essa incessante atividade se deve à maturação precoce do aparelho labiríntico responsável pela função de equilíbrio.

As posições do corpo da mãe, seus deslocamentos e seus movimentos provocam tanto a contração como a distensão regular do útero. Provocam também, pela diferença de pressões, o estímulo da pele sobre a qual desliza o líquido amniótico como

---

[1] THIRION, M. *Les compétences du nouveau-né*, Ramsay, Paris, 1986.
[2] *Ibid.*

ondas que estimulam a pele e, particularmente, a parte posterior do corpo.

Envolto, o feto ouve os ruídos deformados dos batimentos cardíacos do abdome e da respiração, com suas acelerações e desacelerações. Ouve a voz de sua mãe, com sua tonalidade própria e suas variações, bem como os ruídos de objetos e as vozes exteriores; são diversos os estímulos internos e externos que atingem os receptores do feto após serem filtrados e atenuados pelos tecidos maternos. O feto se adaptará a eles escutando e até mesmo respondendo, pelo movimento que já possui, o sentido de uma adaptação ao mundo externo. Por outro lado, o feto em movimento busca contatos; ele toca com as mãos a placenta e, com os pés, as costas e a cabeça, toca e empurra a parede uterina.

O desenvolvimento da futura criança é dependente da qualidade das interações biológicas e sensório-motoras em função de uma relativa constância dos objetos externos que a mãe lhe proporciona: objetos que ele perceberá, graças a seu caráter permanente e repetitivo, como objetos agradáveis a serem memorizados, talvez até como "objetos bons para guardar". Assim, o feto armazena uma multiplicidade de sensações agradáveis, misturadas com as da mãe, formando um núcleo de sensações interiorizadas em todas as funções corporais maduras.

A interiorização desse núcleo constitui um esboço de unidade que se fortalece ao longo da gravidez. Essa interiorização deve-se à intensidade dos períodos de sonho do feto (o feto sonha durante dois terços de seu tempo de sono), ao longo dos quais projetaria "filmes com sensações fortes". Este núcleo unitário permitiria lançar a hipótese de um esboço do "eu pré-natal"; o que leva algumas mães que tiveram vários filhos a dizer: "eu sabia que ele seria diferente, porque ele não se mexeu como os outros!".

Trocas muito ricas, uma imagem ideal...

A aceitação do estado de gravidez não se dá sem alteração, nem sem modificação da base da personalidade da mãe. Se, no início da gravidez, a futura criança é vivida como um sonho, a situação fica bem diferente, assim que a mãe percebe os primeiros movimentos de seu futuro filho. Para muitas mães, os movimentos fetais são a realidade concreta de ter um ser humano que se desenvolve em seu corpo. Elas iniciam, então, uma dinâmica psicológica que pode ser favorável ou desfavorável à continuidade do processo de maturação do feto.

A percepção dos primeiros movimentos, sentidos aproximadamente por volta do quarto mês, desencadeia na mãe um funcionamento inconsciente que emerge no consciente. Esse funcionamento inconsciente se remete à história da infância da mãe, a suas relações afetivas, mais ou menos bem-sucedidas com sua própria mãe, como também com seu pai. Esse funcionamento remete, além disso, à realização de sua própria sexualidade, a suas angústias diante do nascimento e ao crescimento de um futuro ser que ela não pode controlar.

Os primeiros movimentos, realidade do ser que ela carrega, são, no melhor dos casos, um fator de prazer narcísico de sua própria criação: a mãe constata com alegria a transformação de seu corpo. Nasce então, progressivamente, a imagem ideal dessa futura criança. Esses movimentos são também muito significativos para o genitor, pois este tem a prova do prolongamento de seu ser através da mãe, determinando daí para frente seu papel de pai.

A futura criança é investida das esperanças e emoções de seus pais. Ela existe no imaginário dos pais que a imaginam única, excepcional e dotada das qualidades futuras. Ora, sabemos que a continuidade do investimento imaginário e emocional dos pais, e mais particularmente da mãe que gerou a criança, é determinante para seu futuro, seu crescimento somático e psíquico, e suas competências sensório-motoras, relacionais e cognitivas, a serem desenvolvidas nas melhores condições ambientais, a partir do momento em que a criança se torna uma realidade com seu nascimento.

A criança existe antes de nascer: ela é sonhada, imaginada pelos pais, é parceira destes na comunicação, na emoção, na brincadeira e na vida. É certo que, nessas condições imaginárias e afetivas, a qualidade das interações biológicas e sensório-motoras do período pré-natal estará em seu apogeu, bem como a qualidade das interações futuras após o nascimento.

Ao nascer, o bebê persegue esse equilíbrio excepcional de outro modo, pois o nascimento é apenas uma passagem particular, um momento da vida de um ser em transformação, como as tantas outras passagens que ele terá de atravessar. A futura criança se mobiliza, independentemente dos movimentos e da postura da mãe. Em outros momentos, reage a seus deslocamentos e a sua imobilidade, podendo trazer-lhe dores físicas (golpes, dificuldade respiratória...). A mãe e o feto serão muito afetivos em suas trocas, e a qualidade dessas trocas estará vinculada à capacidade de aceitação de um e de outro. Trata-se de um equilíbrio bem frágil, algumas vezes, e que a futura criança poderá, aliás, romper, caso não tenha as competências biológicas necessárias para sua sobrevida, através de uma saída prematura quando o ambiente "interior" lhe for muito desfavorável.

Entretanto, nessa aceitação recíproca, suas reações de ajuste postural e motor, acompanhadas das palavras da mãe, devem ser consideradas como prelúdios ao diálogo tônico-emocional, que assumirá toda a sua importância a partir do nascimento, como ajustes que antecipam a qualidade da comunicação futura não-verbal, tão profunda entre a mãe e a criança.

> ... momentos de alegria e de comunicação em que a criança reage a uma estimulação, diverte-se em dar pontapé e em esquivar-se quando alguém tenta pegá-la, desloca-se lentamente no útero para alcançar a mão que se colocou espalmada perto dela, como um gatinho que se deixa acariciar as costas, momentos de felicidade, nos quais por acaso, por estarem ambos disponíveis no mesmo momento, mãe e filho podem encontrar-se.[3]

---

[3] *Ibid.*

Simultaneamente a essas trocas intensas não-verbais, a mãe fala com a criança, canta-lhe a vida. Isso já não é prepará-la para a separação, não é considerá-la como uma pessoa de diálogo? Considerá-la fora, estando ao mesmo tempo dentro, e inscrevê-la assim na representação. Mas se a mãe fica algumas vezes cansada pela intensa atividade motora de seu futuro bebê (pois ela deve suportar essa intrusão crescente em seu corpo), sua imobilidade prolongada pode desencadear angústia, acompanhada de uma forte emoção.

> A sucessão de fases de alegria intensa e de depressão relativa, ligadas ao movimento ou à imobilidade experimentada pela mãe, é completamente natural: elas asseguram a constância de uma relação afetiva profunda não dita, mas excepcional entre dois seres que vivem juntos, um no outro.[4]

A futura criança em estado de alerta

O que acontece com o núcleo unitário de sensações agradáveis interiorizadas se a futura criança nasce em um envelope materno inconstante, frágil, submetida a influências pouco propícias a seu equilíbrio biológico interno? Neste caso, o feto armazena sensações dolorosas como objetos desagradáveis, talvez até já como "objetos ruins a serem rejeitados".

Essas influências nocivas, que limitam a constituição de um núcleo unitário, são plurifatoriais: podem ser fatores genéticos, fatores psicológicos, algumas doenças crônicas (hipertensão, abuso de medicamentos, alcoolismo, fumo, droga, algumas doenças acidentais) ou fatores psicológicos (um estado depressivo crônico ou choques emocionais dolorosos e repetidos).

A depressão crônica, freqüentemente associada a um estado afetivo de depreciação de si, pode provocar o medo do "buraco negro",[5] ligado ao reconhecimento de sua separação. A mãe

---
[4] *Ibid.*
[5] Tustin, F. *Le trou noir de la psyché*, Seuil, Paris, 1989.

encontra, então, como solução ligar-se a seu filho, como se ele fizesse parte de seu próprio corpo; mas felizmente nem sempre isso acontece, pois algumas mães podem viver momentos depressivos sem que o filho seja gravemente perturbado com isso. Existiria uma força inerente à constituição da criança que a protegeria das influências nocivas do objeto externo?

Durante a gravidez, a regressão afetiva e imaginária da mãe atenua as fronteiras entre o sonho e a realidade e pode liberar regressões patológicas em mães psicologicamente frágeis: o lugar fica exposto à invasão de fantasmas destruidores e sonhos de perseguição, angústias e medos que a mãe não pode conter. As conseqüências podem ser dramáticas para o feto e criar um desequilíbrio por um desfuncionamento das funções biológicas; neste sentido, as várias hipóteses de sua maturação futura poderão ser consideradas.

Para completar esse raciocínio, seria interessante mencionar as projeções inconscientes de algumas mães de conteúdo psíquico frágil, a partir do momento em que percebem os primeiros movimentos de seu futuro filho. Normalmente, estes desencadeiam uma dinâmica emocional de desejos positivos, mas pode acontecer que esses primeiros movimentos interrompam as projeções afetivas e imaginárias; neste caso, a criança pode tornar-se uma criança real, nada além disso, devendo ser carregada até seu término. Ela é como um pacote estranho ao corpo da mãe, até mesmo um apêndice parasitário, cujo crescimento ela gostaria de acelerar e dele separar-se o mais depressa possível!

Outras mães, diante de uma gravidez fortemente recusada, podem desenvolver pulsões destrutivas e mórbidas. Enquanto umas poderão desenvolver fantasmas de um ser sobrenatural, outras imaginarão uma criança defeituosa: o medo do aborto e da morte do feto pode estar associado a uma forte culpa e à própria destruição da mãe. Enfim, outras mães poderão imaginar que este ser cresce independentemente delas.

Numerosos fatores traumatizantes podem, então, conjugar-se entre si e perturbar excessivamente a constância e a ritmicidade do envelope materno, necessário ao equilíbrio biológico da futura criança e à constituição do esboço de sua unidade, como referente estável originário da evolução da criança ao nascer.

b. As interações e as transformações do período pós-natal

O nascimento é uma passagem, e para o bebê talvez não seja um choque tão importante quanto alguns costumam insistir. Não se costuma dizer que o bebê dorme durante o parto? Entretanto, mesmo que a criança durma, é ela quem desencadeia o parto, que inicia os movimentos necessários para sua expulsão, que a mãe prolonga com força e dor; mas pode ser que o parto da criança traumatizada durante o período pré-natal seja vivido dolorosamente na chegada ao mundo extra-uterino, e esta experiência estará na origem de uma angústia ligada ao nascimento.

> O parto é penoso para a mãe, mas muito pouco para a criança; não é um tempo de ruptura, mas sim um tempo de tumulto, um momento de transição para um novo mundo relacional.[6]

Mas quanta alteração!

Com efeito, no nascimento, o recém-nascido é mergulhado de um instante para outro em um turbilhão sensório-motor; ele passa de um meio aquático, quase sem gravidade, no qual estava envolvido, sustentado continuamente, para um meio aéreo. Por essa razão, pode-se imaginar o vazio em torno de si, a gravidade que o esmaga, a dor das descargas motoras incontroladas, da extensão e da flexão dos membros que perderam a resistência do líquido amniótico e a resistência das paredes da bolsa uterina;

---

[6] THIRION, M. *Les compétences du nouveau-né*, Ramsay, Paris, 1986.

pode-se imaginar, ainda, a violência da penetração do ar nas vias respiratórias, a dor provocada pela luz, os ruídos, o frio, os contatos sobre sua pele frágil, os odores; pode-se imaginar a dor provocada pela sede que lhe seca a cavidade bucal, assim como a dor provocada pela fome, pois o bebê não é mais alimentado permanentemente como na cavidade uterina. Ele deve esperar a satisfação de suas necessidades, deve adaptar-se a outro ritmo alimentar, à ausência de sono, à dor da dormência provocada por algumas posições, à irritação e ao aquecimento de sua pele, como fatores novos que são, com certeza, vividos dolorosamente.

Nessas condições, o recém-nascido deve ser protegido, a fim de viver a continuidade de seu equilíbrio biológico desenvolvido durante a fase pré-natal. Ele tem necessidade de um novo envelope protetor; encontrando-o, progressivamente, quando recebe cuidados e manifestações de amor por parte de seus pais. Com efeito, a dor física do bebê é sentida pelos pais em função do elo que os une; assim, eles são os melhores agentes capazes de antecipar a significação das tensões tônicas e as violentas descargas de afetos, de responder à satisfação das necessidades essenciais, para que o recém-nascido nunca fique entregue a suas dores.

A mãe e o pai vão aparecer magicamente para envolvê-lo e ajudá-lo a desenvolver suas potencialidades reflexas, sensoriais, sensório-motoras e imitativas, que lhe permitirão estabelecer ricas relações com seu meio ao redor.

c. *A ação e as transformações recíprocas*

As experiências agradáveis do bebê

Quando o bebê grita, chora, contorce-se no berço, a mãe, inquieta, interpreta suas manifestações como a necessidade de receber cuidados para acalmar suas dores; apressando-se em satisfazê-lo. Respondendo de maneira satisfatória às necessidades do bebê, este se acalma progressivamente. Assim, quando o bebê tem fome, a mãe lhe dá o seio ou a mamadeira, ele se acalma e, quando o ritmo da sucção se desacelera, ele se sente saciado, rejeita o mamilo ou o bico da mamadeira com a língua, pára de sugar e deixa escorrer tranqüilamente o leite para fora da boca.

Simultaneamente à transformação corporal do bebê, a mãe também se transforma. A sensorialidade, o tônus, as posturas, o ritmo dos gestos e as emoções mudam, bem como sua atitude psicológica. A mãe transforma o bebê respondendo a suas necessidades de um modo satisfatório, e este transforma a mãe por sua disponibilidade em receber e agir sobre ela.

A ação designa amplamente uma função adaptativa, cujo caráter vital não se pode desconhecer; "ela é adaptativa porque produz efeitos sobre o mundo exterior", mas mais precisamente "uma ação é aquilo que exerce, ou se supõe que exerça, um efeito sobre o outro".[7]

Para nós, *o caráter fundador da ação é a reciprocidade das transformações do sujeito e do "objeto"* (cf. nota abaixo), observando-se que a transformação da criança é diferente da mãe, já que eles não têm a mesma maturidade biológica, nem a mesma maturidade psicológica. Se não houvesse diferença em suas transformações, eles poderiam viver a simbiose, o que seria prejudicial para a evolução do bebê.

A ação é então um processo dialético que implica o sujeito e o "objeto". Isto quer dizer que qualquer ação bem-sucedida só pode ser compreendida em termos de interação e de transformação entre dois seres, até mesmo, posteriormente, entre dois funcionamentos psíquicos.

No entanto, no nascimento, não é a ação que predomina, mas sim o movimento baseado nos reflexos que manifesta os ritmos e os processos biológicos do recém-nascido. É a partir desses movimentos, criados pelas necessidades que ocasionam

---

[7] Perron-Borelli, M. et Perron, R. "Fantasme et action", in *Revue française de psychanalyse*, t. 1, Presses universitaires de France, Paris, 1987.

tensões e dores, que a mãe é levada a um processo de interação e de transformações recíprocas que atenuam "a falta interna" provocada pelas sensações desagradáveis.

> Nota:
> Quando falamos da "mãe", falamos da (ou das) pessoas que preenchem a função materna. Hoje, constatamos que o casal tende a preencher solidariamente essa tarefa. É comum que um pai "materne" seu bebê com toda a atenção e felicidade para a criança.[8] Não seria preferível, hoje, falar-se de "pais" ao invés de "a mãe"? Por outro lado, quando evocamos o conceito de "objeto", falamos do "objeto-mãe", fruto da dialética das transformações recíprocas e investido de afetos, de desejos e de fantasmas.

A criança investe a ação, a ação é prazer

As interações e as transformações recíprocas propiciam que a mãe inunde o bebê de afetos de prazer; o bebê descobre, assim, que as transformações são fontes de prazer. Neste sentido, o bebê já seria ativo nesta relativa passividade em receber e já teria uma disponibilidade para receber sensações de prazer. Não estaríamos, então, diante da origem de sua capacidade futura de dar e receber?

A mãe, que dá ao bebê o poder de agir sobre ela, permite-lhe viver o prazer da ação e o prazer de suas próprias transformações internas; o bebê age por si mesmo para viver seu interior, transformando-se internamente; ele age por ele mesmo e, ao mesmo tempo, agem os dois juntos. Ele descobre que possui um interior, condição essencial para diferenciar-se precocemente da mãe e assumir um processo de separação com toda a serenidade. É comum dizer que a criança investe a mãe; porém podemos pensar que a criança investe a ação que a liga à mãe.

---

[8] Le Camus, J. *Le père éducateur du jeune enfant*, Presses universitaires de France, Paris, 1999.

O sucesso da ação da criança

O sucesso da ação do bebê, embora dependente da transformação da mãe, está associado ao desaparecimento das tensões corporais da "falta interna": ao desaparecimento do "objeto", corresponde um estado de transformação agradável. Neste caso, é um "bom objeto" que desaparece e que o bebê terá prazer em reencontrar. O bebê terá tanto prazer em reencontrar o objeto, quanto terá tido em se separar dele. Trata-se de um processo facilitador da identificação com o objeto e de busca de identidade do sujeito.

Em contrapartida, se a mãe não está disponível, o bebê é capaz de repetir as ações sobre ela até que o bebê perceba uma modificação externa e, quando percebe essa mudança, fica satisfeito e pára. Tratar-se-ia de apagar a ação por conta do prazer narcísico de ter sido eficaz? Não seria essa, então, a origem de eficiências práticas futuras? Da confiança em si mesmo? Da aptidão para perseverar? Do sentimento de ser eficaz? Esse sentimento que lhe permite tomar decisões, encontrar as ações mais apropriadas, encarar suas conseqüências e avaliar seus resultados?

O sucesso da ação da criança é indissociável do prazer da mãe em aceitar que a criança age sobre ela, condicionando sua evolução. Efetivamente, um meio maleável, transformável, é a garantia da evolução da criança. Esse processo parece ser válido para a vida toda.

As experiências desagradáveis do bebê

O bebê não vive apenas sensações agradáveis. Seu estado de imaturidade, de incompletude, sua impotência relativa e seu estado de dependência fazem com que ele viva, em certos momentos, experiências dolorosas, acentuadas, muitas vezes, pela indisponibilidade da mãe.

Se o insucesso das ações se repete, tensões internas persistem diante de um objeto externo que pode tornar-se perseguidor; neste caso, o processo de transformação da criança não pode produzir-se de modo sólido. Ao desaparecimento do objeto, corresponde um estado tônico de mal-estar; é um "objeto mau" que desaparece, e podemos supor que ele será buscado pulsionalmente para ser destruído e ser odiado, apesar da insistência da busca.

d. A interiorização da ação

Os engramas de ação e o afeto de prazer

As seqüências de transformação do corpo da criança que resultam dessas ações são interiorizadas. A criança adquire uma reserva de ações, confundidas com as da mãe, que são registradas no conjunto do sistema neurobiológico, segundo processos bioquímicos, elétricos e hormonais, registrados no cérebro e na musculatura. As descargas de endorfinas que acompanham o prazer da ação são um fator facilitador da estocagem dessas seqüências de transformações corporais.

Essas seqüências interiorizadas são *engramas de ação*. Esses engramas não são lembranças, menos ainda representações, e justificam plenamente que "alguma coisa aconteceu que não tem um lugar"[9] psíquico (podemos acrescentar), mas que tem, não obstante, um lugar corporal.

Os engramas de ação são informações que circulam livremente, já que não são ainda representações. São movediços, violentos, na medida em que têm um caráter pulsional e não estão submetidos a nenhum controle inibidor antes que se dê o recalque primário. *Tratar-se-ia de uma pulsão de ação?*

---

[9] PONTALIS, J.-B. Préface, D.W. Winnicott, *Jeu et réalité*, Gallimard, Paris, 1971.

Os engramas de ação são o depósito de cenários fantasmáticos de ação da atividade onírica e de todos os desejos inconscientes arcaicos, a partir dos quais a atividade psíquica se desenvolverá; no entanto, esses engramas não poderão jamais ser expressos pela linguagem, mas unicamente por traços gráficos, pela voz e pelo não-verbal.

Por outro lado, o conjunto dos engramas de ação constitui a camada primitiva do *afeto de prazer*. Assim, compreendemos melhor o caráter corporal e pulsional do afeto e a indissociabilidade da pulsão e do afeto. Os engramas de ação fundem-se com o afeto de prazer para abrir a criança para o mundo das representações inconscientes e para as trocas com o mundo exterior.

> Para G. Lafargue, "pulsão e afeto existem de maneira monolítica... é uma liga compacta da energia pulsional orientada, tanto no nível da intensidade quanto no da qualidade, por experiências afetivas determinantes".[10]

"A moção pulsional", conceito criado por Freud, ilustra bem esse amálgama de ações interiorizadas de prazer e de pulsão. Etimologicamente, o termo pulsão significa "pressão" biológica instintiva, necessária para a sobrevivência; essas pressões biológicas são movimentos que têm como função a conservação, a integridade do corpo e, mais tarde, a continuidade da espécie.

Para nós, qualquer pulsão em sua evolução torna-se pulsão de vida, pulsão de existir, pulsão de ser, e qualquer entrave a sua maturação limita a integração do biológico e do psíquico e o desenvolvimento de toda a capacidade de adaptação ao mundo externo; neste caso, a porta se abre para as angústias.

---

[10] LAFARGUE, G. *Revue Pratiques corporelles*, n. 89, 1990.

Os engramas de "inibação" e o afeto de desprazer

O organismo estoca, na mesma base biológica que a dos engramas de ação, experiências dolorosas causadas pelo insucesso renovado das ações de transformação. Esses engramas dolorosos, nós os identificamos como *engramas de inibação*, já que eles criam um bloqueio neurobiológico que cessa – inibe – a circulação dos engramas de ação e o afeto de prazer; os engramas de inibação são responsáveis pelas produções biológicas nocivas ao organismo,[11] cujo efeito fragilizaria o funcionamento das funções somáticas maduras e, principalmente, a função imunitária.

Os engramas de inibação são o depósito de representações corporais – as somatizações – que explicam os distúrbios somáticos precoces do bebê associados a uma sensação de vazio. Esses engramas são também o repositório dos medos e da fixidez de certas imagens obsessivas que evocam a devoração, a explosão, a amputação, o aprisionamento.

Essas imagens são uma tentativa de representação inconsciente das somatizações que não têm sentido psíquico. Os engramas de inibação são estáticos, ao contrário da mobilidade dos engramas de ação, constituindo o afeto de desprazer. Mais tarde, qualquer situação de sofrimento afetivo trará como conseqüência a atualização do *afeto de desprazer* dos engramas dolorosos da infância.

A estrutura tônico-afetiva

Os engramas de ação e os engramas de inibação inscritos no mesmo sistema neurobiológico interagem e constituem a estrutura tônico-afetiva básica de cada indivíduo: uma estrutura na qual o afeto de prazer e o afeto de desprazer são dependentes um do outro e só existem numa inter-relação permanente. Trata-se de uma estrutura na qual está presente a estrutura tônico-afetiva da mãe.

---

[11] DELACOUR, J. *Apprentissage et mémoire*, Masson, Paris, 1987.

A estrutura tônico-afetiva do bebê está na base de nossos hábitos posturais e motores, que persistem ao longo de toda a vida, apesar da riqueza de nossas adaptações ao mundo.

A propósito do afeto e da emoção

É freqüente se fazer o amálgama entre o afeto e a emoção, associando o afeto de prazer à alegria e ao bem-estar e o afeto de desprazer ao medo e ao mal-estar... Os afetos de prazer ou de desprazer resultam dos engramas corporais dependentes da relação com o "objeto". Estes estão na raiz da expressão das emoções que se manifestam por meio de uma relação. As emoções atualizam os afetos.

e. Um novo envelope protetor comum: uma unidade dual de prazer

No nascimento, "o bebê é como um astronauta arremessado no espaço, sem roupa protetora e nada para mantê-lo junto". A metáfora de Esther Bick ilustra em que estado se encontra o recém-nascido e sua necessidade vital de ser envelopado e unificado. Daí para frente, o bebê deve sentir-se protegido por um novo envelope protetor do qual tanto necessita para sua segurança, quanto para seu desenvolvimento. É a partir das ações inscritas no corpo que a criança construirá progressivamente este novo envelope.

> O bebê, pelas ações de transformações que o objeto externo proporciona, incorpora um conjunto perceptivo sensório-motor que lhe é fornecido pela qualidade dos cuidados que ele recebe: ele incorpora, na forma de um envelope externo olfativo, sonoro, visual, tátil, fisiológico, postural, que se torna também seu próprio envelope. Este envelope externo é também aquele que lhe permite sentir-se envelopado continuamente.[12]

---

[12] ANZIEU, D. et al. *Les contenants de pensée*, Dunod, Paris, 1993.

Bem envelopado, o bebê se agarra ao seio e ao olhar da mãe. Bem apoiado pela parte posterior do corpo, o bebê não tem a sensação de cair no vazio: ele encontra um bom apoio no corpo da mãe, apoio este indispensável para a percepção futura de seu eixo vertebral e para o desenvolvimento de seu futuro equilíbrio estático e dinâmico. Se ele dispuser de um bom apoio, perceberá precocemente o que é móvel e o que é imóvel em seu entorno, distinguindo progressivamente sua própria mobilidade ou imobilidade.

Nesse envelope protetor comum à criança e à mãe, eles vivem harmonias tônicas e rítmicas, que estão na raiz de uma justa percepção dos ritmos externos aos quais o bebê deve progressivamente adaptar-se. Por outro lado, nesse envelope, o bebê se sente contido diante do excesso de suas boas ou más experiências provocadas pelas agressões internas inevitáveis: ele filtra suas experiências, atenua-as ou até mesmo transforma-as em vivência aceitável por seu entorno. Bem envelopado, o bebê vive um pleno, que será tanto mais estável quanto o retorno das interações que se repete de modo idêntico, apesar das variações.

Esse novo envelope protetor, comum, estruturante para o bebê, é o primeiro continente corporal que o protege dos excessos pulsionais e dos afetos provenientes da oralidade. Esse primeiro continente permite ao bebê continuar o desenvolvimento de suas competências em condições favoráveis; o bebê pode, então, liberar seu corpo e abrir-se pouco a pouco para o mundo, já que ele não está mais sozinho e vive uma "unidade dual de prazer" interiorizada, na qual vive a si próprio, mas, ao mesmo tempo, os dois juntos. Desse modo, o bebê pode ficar sozinho e agir sobre a realidade externa muito precocemente, porque o "objeto" está nele e ele se sente protegido e unificado. O bebê vive a segurança afetiva.

"Dê-me provas de que eu sou uma boa mãe"

Envelopado, unificado, o bebê expressa sua adesão, manifestando um apego afetivo autêntico que se desenvolve aos poucos, permitindo à mãe e ao bebê descobrirem-se, conhecerem-se, e possibilita à mãe maravilhar-se diante da rapidez dos progressos do bebê e das manifestações de afetividade que lhe são dirigidas. Esse laço de apego favorece a expressão das emoções de bem-estar ou de mal-estar do bebê, perpetuando a qualidade da relação pré-natal através de um diálogo tônico-emocional "suficientemente bom", em contato direto ou à distância, acompanhado ou não de palavras.

O bebê ajuda a mãe a encontrar sua identidade de boa mãe por sua capacidade de agarrar-se ao seio, de se interpenetrarem um no outro, por sua satisfação em receber cuidados e em interagir, manifestando-lhe que sua sobrevivência depende dela, dando-lhe provas de que ele a quer e que precisa dela; o bebê alivia a mãe de sua culpa por não estar à altura de suas expectativas. Ele também a perdoará rapidamente por suas respostas inadequadas a suas necessidades, a seus estados emocionais alterados. Ele sente-se em segurança afetiva para enfrentar as variações da relação com a mãe, porque eles se asseguram reciprocamente. O bebê cria a "boa mãe" e eles se constroem conjuntamente.

Um desejo de envelope

Na ausência da segurança proporcionada pela mãe, o bebê cria um desejo de ser envolvido – um fantasma de envelope –, imaginando ações ilusórias da mãe que o envolveriam pela voz, pelo olhar, pelo contato, assim como pelo ritmo das manipulações, pela repetição das posturas e pela música de suas palavras. O bebê cria um envelope imaginário, que é também aquele que a mãe lhe ofereceu. Esse envelope imaginário "seria uma representação grandiosa e quase delirante que o bebê faz de si mesmo em seus primeiros momentos de vida".[13]

Progressivamente, agindo sobre a realidade, o bebê vai renunciar a essa representação grandiosa. Essa renúncia estaria na origem dos desejos da criança de ser envelopada e de se envelopar.

O suporte da unidade de prazer

Para cada ação de transformação, o prazer estimula todas as sensações das diferentes funções somáticas maduras. A criança se sente unificada graças ao prazer do excelente funcionamento de todas as funções solicitadas pela absorção no momento da mamada. Porém, o suporte da unidade de prazer não está reservado exclusivamente à absorção, pois outras funções, e particularmente a função proprioceptiva, dela participam; quando o bebê é tocado, apertado, acariciado, carregado, levantado, colocado, virado, estirado, como umas das inúmeras manipulações que se produzem ritualmente, segundo ritmos bastante regulares, ele participa ativamente de sua própria transformação vinda do exterior com tal prazer, que ele se sente unificado, pleno.

O bebê está muito empenhado em seu processo de transformação, ele é responsável pela constituição de sua unidade, ajudado pela capacidade da mãe em viver o prazer de sua própria transformação. A função unificante precoce da mãe é evidente.

A unidade dual não é uma simbiose, pois esta suporia que a mãe e a criança se perdessem um no outro. Ao contrário, a mãe antecipa, interpreta os menores indícios corporais de seu bebê, segundo sua própria dinâmica de desejo e de prazer. Por essa razão, muito precocemente, por volta do terceiro mês, os pais são espelhos ativos de prazer, dando ao bebê respostas em espelho,

---

[13] GIBELLO, B. *La pensée décontenancée*, Bayard, Paris, 1995.

a fim de que o bebê possa ler suas mímicas, seus sorrisos, suas vocalizações, seus gestos, adquirindo sentido. Nessa "unidade dual de prazer", eles interagem, seduzem-se reciprocamente e se comunicam intensamente: as ecomímicas, as ecolalias e as ecopraxias são as provas do que estamos afirmando.

f. Um grau qualitativo de unidade de prazer

Por volta dos seis/oito meses, o bebê se toca, segura as mãos, os pés, manifesta seu contentamento por estar reunido; preocupa-se consigo mesmo, assim como seus pais se ocuparam dele; ele se materna, assim como foi maternado, toca-se como se estivesse sendo simbolicamente tocado pela mãe, em suma, ele se descobre. Do mesmo modo, provoca seus pais pela voz, pelo olhar e pelas mímicas, como ele próprio foi solicitado. Estas são provas do sucesso das interações entre o bebê e os pais, provas do que este tem acesso a um primeiro grau qualitativo de unidade de prazer.

Cada transformação, resultante de uma ação, é fonte de uma unidade de prazer e, passo a passo, com a evolução das transformações, a unidade de prazer se desenvolve até um primeiro grau qualitativo de unidade.

> O bebê bem reunido cruza as pernas uma sobre a outra, pega uma mão com a outra, toca a boca, todo esse gestual corporal me parece ser um dos sinais de uma boa integração... ele se ocupa de si próprio ao se segurar e, fazendo isso, prepara sua futura individualização...[14]

Esse primeiro grau qualitativo de unidade facilita:

— a integração sem riscos para a criança das boas ações e das más experiências na unidade, sem que provoque ansiedade para ela;
— o desdobramento progressivo da unidade dual pela percep-

---
[14] HAAG, G. "Construire son unité", *Enfant d' abord*.

ção das ações que pertencem à criança e a das que pertencem à mãe ou a outras pessoas com as quais a criança viveu interações.

> O primeiro grau qualitativo de unidade de prazer interiorizada assegura a cenestesia da criança, isto é, o sentimento precoce narcísico de ter um corpo, e isso lhe dá acesso a uma "intuição de si", quer dizer, a uma primeira representação de si que lhe assegura uma continuidade de existência.

Esse grau de unidade, que resulta do prazer das transformações do corpo da criança, é a garantia de uma etapa importante de sua evolução, pois determina o início do desdobramento de sua unidade dual e a aquisição dos limites do dentro e do fora de si e do Outro.

Essa unidade proporciona a abertura da criança à percepção de um "objeto" separado em suas representações, que paradoxalmente será buscado, porque está na origem de seu prazer, de sua integridade, de seu desenvolvimento.

A separação, embora mais ou menos ansiogênica, é criadora de uma dinâmica de busca do objeto em sua ausência. Os fantasmas de ação, resultantes dessa dinâmica, vão permitir à criança encontrar imaginariamente o "objeto" e o prazer de agir sobre ele, bem como de se sentir segura.

Antes da constituição desse primeiro grau de unidade, a interiorização das experiências de transformação não é suficiente para assegurar à criança uma continuidade de sua unidade; essa falta de permanência leva o bebê a buscar todos os meios corporais engramados para sentir-se seguro, ele então reproduz engramas de ação, fonte de prazer e da unidade reencontrada. Ele se sente unificado quando suga no vazio, quando chupa os dedos ou o lençol da cama, quando mobiliza as pernas e os braços, procura virar-se de lado ou de bruços, cola as costas contra a parede do berço, empurra com os pés, passa a mão em seu campo visual, tenta pegar, sorri ou vocaliza. São sistemas de espera de transformação do corpo que têm seus limites temporais de eficácia, os quais tornam precária a unidade.

A esse respeito, pensamos que os reflexos motores são utilizados pelo bebê durante os primeiros meses para evitar as angústias arcaicas; o reflexo de Moro e o reflexo de se agarrar são meios para evitar a angústia de queda. Ocorre o mesmo com o reflexo de sucção, de escavação, reflexos de extensão da marcha. Trata-se de um novo olhar sobre os reflexos de sobrevivência do bebê e sobre a compreensão de sua evolução.

> Por que essa unidade deve afirmar-se precisamente quando o homem ressente com mais dificuldade a ameaça de despedaçamento? É nos seis primeiros meses de prematuração biológica que a angústia vem fixar-se.[15]

O recém-nascido em estado de aflição

Quando a interiorização das transformações é muito pobre em quantidade e em qualidade, a unidade de prazer corre o risco de não existir, dando lugar a uma sensação de vazio, que deve ser compulsivamente preenchida pelo excesso de agitação motora. O bebê não consegue encontrar os meios para se tranqüilizar contra a angústia de queda, de dissociação e de não-limite... Ele se apega "de corpo inteiro" para evitar a angústia de sentir-se precipitado em uma queda infinita.

2. O fracasso dos processos de transformação

a. *As angústias arcaicas de perda do corpo*

Winnicott foi um dos primeiros psicanalistas a fazer referência ao período original dos seis/oito primeiros meses de vida muito

---

[15] LACAN, J., na *Revue française de psychanalyse*, tomo IX, n. 3, extraído de um documento de trabalho (não publicado) "o corpo" de Jacques Lacan, editado por Louis de la Robertie, 1985-1987.

problemáticos para o bebê. Com efeito, ele evoca acontecimentos afetivos dolorosos, vividos pelo bebê, como ameaças de morte engramadas em todo o corpo, deixando marcas indeléveis. Essas marcas dolorosas, não tendo "lugar psíquico" por falta de organização psíquica, estão na origem das "angústias arcaicas de perda do corpo". Winnicott evoca o conceito de "temor de desmoronamento" (o breakdown)[16] descoberto a partir do tratamento de alguns pacientes. Para ele, o temor de desmoronamento é uma agonia contra a qual nós nos defendemos de modo mais ou menos evidente, permanecendo de forma invasora em certas patologias psicológicas. Winnicott sustenta que "a afetação psicótica é uma organização defensiva ligada a uma agonia primitiva", que acarreta o desmoronamento da edificação do self unitário; da mesma forma, ele associa essa agonia primitiva ao medo da morte, "uma morte que aconteceu, mas que não foi experimentada", e que tem o sentido de um aniquilamento psíquico.

A agonia primitiva é "uma brecha que não se fecha ou um abismo sem fim". Essa dupla imagem de ruptura e de queda está contida no termo "breakdown" por causa da inconstância, ou até mesmo ausência, de um ambiente favorável. A agonia tem como conseqüência a impossível integração psicossomática em seu nível mais primitivo, isto é, em uma nova dimensão pulsional causada pela emergência das primeiras representações inconscientes, que são os fantasmas de ação.

Em sintonia teórica com Winnicott, as observações clínicas de Esther Bick sobre as "angústias catastróficas" de desintegração do bebê são muito interessantes para o campo clínico.[17]

---

[16] WINNICOTT, D. W. "La crainte de l'effondrement", *Nouvelle Revue de Psychanalyse*, n. 11, Gallimard, Paris, 1975.

[17] SYMINGTON, J. "L'observation du nourrisson", in *Les liens d'émerveillement*. L'observation des nourrissons selon E. Bick et ses applications, Paris, Ramonville, Érès, 1995.

Da mesma forma, F. Tustin sustenta em seus estudos sobre o autismo psicogenético[18] "a presença de uma cápsula de autismo em todos os pacientes gravemente neuróticos". Essa cápsula seria constituída por fortes angústias de "terrores primais", presentes em todos nós, mais não no mesmo grau. Alguns desses terrores se aglutinam em torno do medo fundamental de cair, que é inato: terror de ser arremessado, de "cair no infinito", de desabar, de cair em pedaços. Há outros medos, como o de escorrer ou dissolver-se; de esvaziar-se por escoamento; de explodir e perder o fio da continuidade psíquica que garante a existência de si.

As crianças autistas experimentam esses terrores em um estágio pré-verbal, pré-imaginário e preconceitual, levando-as a diminuir ou a cessar seu desenvolvimento afetivo e cognitivo. Na criança autista perduram todas as angústias arcaicas. Ela as teme, mas paradoxalmente elas a atraem e a fascinam, ficando a criança abandonada em um estado de não-integração (F. Tustin). O estudo das angústias arcaicas é interessante para todos os psicomotricistas que ajudam crianças que apresentam distúrbios da estruturação da identidade e da representação de si.

A angústia de queda

Desde as primeiras horas de vida, o bebê vive o medo da queda. Isto se deve à perda de apoio vivido na bolsa uterina, bem como à intensidade da gravidade que o esmaga e o precipita no vazio. O bebê tem, então, necessidade de sentir-se bem apoiado e envolvido para continuar a desenvolver suas competências sensório-motoras e relacionais. Nesse sentido, o reflexo de Moro seria uma resposta inata ao medo do vazio. O bebê colocado em situação de queda reage por um reflexo de extensão braquial vertical, como se buscasse apegar-se a um suporte que não existe mais, fazendo desencadear um mecanismo de defesa motora. Mais tarde, o bebê torna-se muito sensível à perda dos apoios e ao desequilíbrio, e terá de ser

---

[18] TUSTIN, F. *Le trou noir de la psyché*, Seuil, Paris, 1989.

encorajado em todos os seus esforços para buscar a estabilidade postural.

Algumas crianças que não foram bem sustentadas nem envolvidas vivem o medo de cair, de se projetar no vazio, num abismo, e de se deslocar. Aterrorizadas pela angústia de queda, elas se agarram com toda a força a suas "ventosas sensoriais" (E. Bick) para evitar cair no infinito e para fugir da desintegração. Elas se mantêm "agarrando-se" a odores e, particularmente, a seus próprios odores corporais, a certos sons, certas vozes, certos ritmos, certas fontes luminosas, estimulações bucais, colocando vários dedos na boca, ou pegando objetos duros dos quais não se podem separar. Essas crianças correm o risco de se confundir com catástrofes: prédios que desabam, estacionamentos subterrâneos inundados onde elas sufocam, naufrágios, afogamentos, terremotos. Essas crianças mortificadas são fascinadas pela morte e falam disso sem emoção, como se suas emoções e seus sentimentos estivessem congelados, petrificados pelo medo.

A criança, diante da queda, não tem somente medo de cair, mas de ser "deixada cair" afetivamente. O psicomotricista, brincando de cair com a criança, sustentando-a com firmeza nos braços, mostra-lhe que é possível dissociar a angústia de cair à de ter sido largada. A criança poderá, então, experimentar a possibilidade de cair e de soltar seu corpo, permanecendo unida e contida em sua angústia.

As angústias de não-limite

Essas angústias foram descritas por F. Tustin.[19] Por volta dos três/quatro primeiros meses, o bebê é constituído apenas por elementos fluidos e gás. Na verdade, ele só absorve líquidos e o que expele é pouco sólido; por isso, se o bebê não retém

---
[19] TUSTIN, F. *Le trou noir de la psyché*, Seuil, Paris, 1989.

esses elementos fluidos no interior de um envelope bem constituído, pode ser destruído por um escoamento sem fim de sua substância interna.

Algumas crianças invadidas por angústias de dissolução, de liquefação e escoamento se derramam como uma queda d'água e se espalham num escoamento sem limite. Elas confundem-se com aquilo que derrama e escorre, como a água da torneira, as cascatas, a água que corre debaixo das pontes, o sangue que escorre de uma ferida. Da mesma forma, elas se confundem com o ar, com o vento, e podem ficar fascinadas pelo movimento do ar propulsado pelo ventilador, pelo secador de cabelo, pelo aspirador de pó. Nós emitimos aqui a idéia de uma identificação sensorial e motora: a criança é o movimento e o ruído do objeto, ela não está em seu corpo, ela é o objeto.

A enurese poderia ser a manifestação da angústia de liquefação, de escoamento. A criança vive em "um mundo em turbilhão",[20] no qual ela se perde como a água que gira na pia, antes de ir embora pelo ralo: ela fica fascinada pela agitação dos galhos das árvores, pelas folhas que giram no ar e pelas pipas; da mesma forma, ela fica fascinada por todos os movimentos giratórios, tambor das máquinas de lavar, pedais de bicicleta, peão, ela se perde nos movimentos circulares e aprecia muito quando a fazemos girar cada vez mais rápido. Ela fica fascinada por tudo que desfila rapidamente diante de seus olhos, a paisagem que passa em velocidade, com o nariz colado no vidro do carro, as páginas do catálogo viradas rapidamente, e qualquer parada cria uma ruptura que surpreende a criança e pode torná-la atenta momentaneamente ao mundo externo, ou então desencadear sua cólera contra o psicomotricista que interrompe a atividade iniciada.

Essas angústias de não-limite mantêm a ausência de fronteiras espaciais e temporais e estão na origem dos distúrbios de localização espacial; a criança parece não ter um eixo que estruture

---

[20] HOUZEL, D. "Le monde tourbillonnaire de l'autisme", in *Approche psychanalytique de l'autisme*, Revue Lieux de l'enfant, n. 3, Privat, Toulouse, 1985

sua terceira dimensão, nem apoio no chão, ela não parece habitar seu corpo e pode então se deslocar como um robô, efetuando movimentos automáticos, falando na terceira pessoa, "ele vai fazer isto ou aquilo"; a criança se identifica freqüentemente com um esqueleto, única estrutura sólida de seu corpo; ela está esvaziada de seu sangue por um vampiro imaginário.

A criança, sem limites corporais, corre desesperadamente sem rumo; ela pode sentir-se aniquilada em um espaço vazio e busca o apoio das paredes e do chão. Do mesmo modo, ela tem medo de ser trancada, esmagada, sufocada; entretanto, é obcecada pelos labirintos. A criança tem muita dificuldade para integrar os ritmos fundamentais da vida, como o sono e a alimentação. É freqüente observá-la tentando fechar os orifícios de seu corpo com os dedos ou procurando "tapar os buracos por onde poderia escorrer sua substância. Essa é uma das funções dos objetos autísticos".[21]

Esses poucos fatos clínicos manifestam uma incompreensão da realidade do mundo externo, no qual a criança vive pela impossibilidade de chegar ao registro simbólico. "A saída desse mundo fluido supõe encontrar um limite", que resulta de uma relação emocional intensa com o terapeuta. A criança vive esse limite por intermédio de sensações corporais, tais como os contatos, as pressões, os alongamentos, o peso, o calor, as manipulações, as massagens e os envolvimentos. A criança vive esse limite também quando é capaz de esperar antes de entrar na sala, quando reencontra o patinho de pelúcia que ela alimenta e põe para dormir com todo o cuidado. O dia em que essa criança puder expressar emoções, e talvez verbalizá-las, ela sairá de seu isolamento.

A angústia de explosão

As angústias de explosão foram observadas ao longo de sessões de terapia psicomotora; elas se manifestam tanto pelo

[21] *Ibid.*

receio de explodir a si mesma, quanto pelo medo de tudo o que possa explodir. A criança pode ficar em pânico por causa da explosão das bolas de encher, dos fogos de artifício, do trovão, "que parecem representar a violência de seus pensamentos, de seus fantasmas, de seus desejos".[22] Porém, as cenas de guerra, as destruições podem fasciná-la: a criança só poderá evoluir se encontrar a possibilidade de projetar essa violência em um lugar transformável, que lhe faça descobrir, com a ajuda do psicomotricista, que o corpo pode ser fonte de prazer e de unidade.

A angústia de "quebra"[23]

A angústia de quebra descrita por G. Haag mostra o horror da criança em ser cortada em duas partes do corpo: "a criança teme sentir-se cortada em duas metades como uma casca de noz e cair no buraco assim criado".[24] Esse horror vem do fato que, em sua origem, o corpo caloso que reúne os dois hemisférios se mieliniza, só podendo funcionar a partir do terceiro/quarto mês da vida pós-natal. Por outro lado, quando a criança recebe cuidados, um lado de seu corpo recebe mais atenção e é mais gratificado pelo prazer que o outro lado. Assim, o bebê tem a sensação de duas metades bem diferenciadas: uma "metade mamãe" e uma "metade bebê", que serão reunidas na unidade e poderão funcionar em interdependência, mas, na criança autista, "tudo parece passar-se como se a sutura entre as duas metades não existisse".

Uma nota clínica de G. Haag ilustra essta reflexão:

> A criança autista passa uma grande parte do tempo com a cabeça inclinada para a esquerda sobre o tronco, envolvendo-a com seu braço

---

[22] *Ibid.*
[23] Este termo foi criado por D. HOUZEL.
[24] HAAG, G. "La mère et le bébé dans les deux moitiés du corps", in *Neuropsychiatrie de l'enfant et de l'adolescent*, n. 23, 1985.

esquerdo, enquanto que o braço direito permanece pendente ao longo da metade direita do corpo, não parecendo verdadeiramente integrado. Eu chamarei esse quadro de uma hemiplegia autística... Eu me lembro de uma declaração de F. Tustin: os esquizofrênicos estão partidos em pedaços, os autistas estão separados em duas metades.

Em contrapartida, pode acontecer que as duas metades não estejam diferenciadas. Nesse caso, elas ficarão coladas uma na outra (os batimentos repetidos de mãos, assim como os pulos com os dois pés, ilustram isso clinicamente). Ver-se no espelho de um lado com um olho, mas jamais de frente, e andar como caranguejo são algumas ilustrações do que estamos afirmando, que a criança seria apenas a metade de si mesma. Em um outro caso, uma metade pode estar mortificada ou paralisada, ao passo que a outra metade "válida" deve cuidar da enfermidade de um "hemicorpo", a fim de sustentá-lo e torná-lo mais vivo.

O prazer da estimulação oral, colocada no eixo dos "hemicorpos", assim como as massagens da musculatura vertebral, podem ajudar a criança a atenuar o terror de perder uma metade. Essa abordagem da "angústia de quebra" abre perspectivas para a reflexão sobre algumas dificuldades de lateralização. Com efeito, se o bebê tem uma tendência genética lateral direita, como a que existe geralmente, e se ele tiver uma metade direita mais segura, mais viva, a criança desenvolverá uma hiperdireitura, e o lado esquerdo permanecerá confundido como "enfermo". Em contrapartida, se o bebê tem uma tendência lateral esquerda e se tiver a metade direita mais viva, esse conflito intracorporal pode gerar a ambidestria ou uma lateralização tardia e sempre imprecisa.

Quando a angústia de quebra acontece no eixo sagital, a criança pode experimentar uma angústia de quebra no nível cervical e lombar. Na verdade, se a cabeça não está bem sustentada, o bebê pode viver o terror do desprendimento da cabeça, como "perda da bola". Da mesma forma, se ele não for encorajado em seus esforços para se reerguer, a fim de sentir uma unidade firme e forte, uma quebra pode perdurar no nível lombar, o que poderia explicar algumas somatizações lombares na idade adulta.

As angústias de esfolamento e de amputação

Quando a separação entre a mãe e a criança se faz sem nenhuma precaução, as partes do corpo da criança são levadas embora, arrancadas. A criança se sente "amputada" em sua pele frágil, "a pele ferida" do bebê, sendo acompanhada de descargas emocionais dolorosas, medos e arrepios. Essa agressão em relação à separação da mãe pode deixar estigmas (as dermatites) associados a distúrbios respiratórios, de alimentação e de termorregulação.

As partes amputadas do corpo da criança geram imagens obsessivas de corpo cortado, despedaçado, devorado por personagens cruéis e sádicos ou por monstros e dragões aterrorizantes. Observamos que essa criança tem necessidade de cobrir-se intensamente por múltiplas camadas de roupas, e despir-se é sempre problemático, ou quando ocorre o contato de tecidos sobre a pele é sempre vivido como uma agressão. A água pode ser um meio muito procurado, no qual ela se sente envolvida e protegida, em toda a superfície de sua pele, mas no qual ela pode perder-se, dissolver-se como um torrão de açúcar na água e espalhar-se ilimitadamente.

b. Uma "segunda pele"

As crianças invadidas por angústias arcaicas – o que acontece com as crianças autistas – podem lutar desesperadamente para construir um limite para sua perda, um limite sobre um fundo de tensões tônicas e de agitação motora. Essas crianças só sobrevivem quando constroem uma "segunda pele" (segundo a expressão de Esther Bick),[25] "uma carapaça" (segundo Frances Tustin),[26] "uma fortaleza vazia" (segundo Bruno Bettelheim),[27] uma segunda pele tônica e muscular sem afetos de prazer, nem desejos, nem fantasmas. Trata-se de um falso continente que "dispersa suas modalidades sensoriais sobre objetos diferentes e só dá atenção às qualidades físicas dos objetos" (E. Bick), isto é, ao contato, ao odor, ao ruído, ao movimento. O objeto não pode, assim, adquirir seu estatuto simbólico. A criança não pode constituir para si uma verdadeira "pele física" (segundo Esther Bick), ou um "Eu-pele" (segundo D. Anzieu)[28] contendo as pulsões e os desejos originários que nascem das experiências corporais compartilhadas no momento das interações.

> As estereotipias motoras me parecem encaixar-se na busca de uma segunda pele (E. Bick havia insistido sobre o papel da motricidade na constituição da segunda pele). Elas vêm tomar o lugar das emoções, numa forma de descarga puramente motora que evacua todo o conteúdo psíquico da emoção.

"Certas manifestações de auto-agressividade, como se bater e se arranhar",[29] parecem significar o encontro do limite do exterior, como também, nós acrescentamos, o se morder. Barulhos de explosão, certas luzes intensas repetitivas, contatos sobre a pele podem ser vividos como violências que atravessam essa "segunda pele".

Se algumas crianças lutam contra a invasão das angústias arcaicas, outras abandonam essa luta e se deixam levar por sua

---

[25] Bick, E. "The expérience of the skin in early object relations", in *J. Psychoanal*, tradução francesa G. e M. Haag, "L'expérience de la peau dans les relations d'objet précoce", in Meltzer et al. *Exploration dans le monde de l'autisme*, Payot, Paris, 1968.
[26] Tustin, F. *Autisme et psychose de l'enfant*, Seuil, Paris, 1977.
[27] Bettelheim, B. *La forteresse vide*, Gallimard, Paris, 1969.
[28] Anzieu, D. *Le moi-peau*, Dunod, Paris, 1985.
[29] Houzel, D. "Le monde tourbillonnaire de l'autisme", *op. cit.*

"agonia primitiva". Elas ficam tonicamente desmoronadas e a deficiência unitária é maior. Os choros, os gemidos, os soluços são manifestações observáveis dessa agonia. Porém, freqüentemente, a atonia, o silêncio e a ausência de motricidade aparecem como a expressão de uma "morte psíquica" impressionante. A inibição grave do desejo de agir exclui qualquer expressividade motora que tenha o sentido da busca do objeto e da unidade de si.

c. As angústias arcaicas: matriz das angústias futuras

A intensidade das angústias futuras, como angústia de abandono ou a angústia de castração, encontra sua sedimentação nas angústias arcaicas. Com efeito, a angústia de queda não seria também a angústia "de ter sido largado" afetivamente, de ter sido abandonado? A angústia de abandono que se desenvolve a partir de um processo de separação doloroso remete sempre à angústia de queda; nós observamos que as crianças que vivem dolorosamente a separação com a mãe estão sempre em pânico diante da queda e resistem a viver variações tônico-emocionais.

Do mesmo modo, a angústia de castração remete à angústia de amputação e de despedaçamento do corpo; observamos tanto no menino, quanto na menina, uma repetição dos processos de asseguramento diante dessa angústia, bem como enormes dificuldades em assumir sua problemática edipiana.

Lacan afirma que "o fantasma de castração é precedido por toda uma série de fantasmas de despedaçamento do corpo que vão, em regressão, do deslocamento e do desmembramento por eversão, desventrar, até a devoração e o sepultamento".[30]

Mais amplamente, qualquer angústia existencial de um indivíduo "mal consigo mesmo"[31] teria suas raízes em um núcleo

---

[30] LACAN, J. *Revue française de psychanalyse*, tomo IX, n. 3. Extraído de um documento de trabalho (não publicado) "Le corps" de Jacques Lacan, editado por Louis de la Robertie, 1985-1987.

[31] N.T. A expressão francesa utilizada é "mal dans sa peau", ou seja, "mal em sua própria pele".

de angústias arcaicas, causadoras de uma depressão e de um sofrimento latentes, provocados por uma memória dolorosa de um estado de não-lembrança psíquica que impediria o prazer de ser ele mesmo.

d. As angústias arcaicas insuficientemente contidas: a alteração psicomotora

Constatamos que todas as crianças que nós ajudamos que apresentavam dificuldades, que não eram nem autistas, nem psicóticas, e que não apresentavam sinais clínicos tão graves quanto os que descrevemos anteriormente, manifestavam sem exceção um grau de angústias arcaicas que não podiam ser assumidas suficientemente e que as crianças não podiam assegurar simbólica e validamente pelo prazer das ações e dos jogos de asseguramento profundo.

Se o envelope protetor é frágil em função de transformações difíceis e até mesmo impossíveis algumas vezes, as experiências dolorosas interiorizadas e as angústias arcaicas não podem ser suficientemente contidas; neste caso, as funções somáticas maduras e as que estão desenvolvendo-se são pouco estimuladas pelo prazer, tornando-se lentas em sua eficácia de funcionamento.

Essas funções estressadas mantêm somatizações que podem manifestar-se prioritariamente por desfuncionamentos das funções da vida vegetativa, como a digestão, a respiração, a circulação, a termo-regulação, e por desfuncionamentos das funções da vida relacional, como a visão, a audição, o toque, a preensão, a equilibração, a coordenação, às quais se acrescentam os distúrbios da função onírica (o sono é interrompido pelo déficit de relação fantasmática com a mãe), por um déficit de engramas de ação que ocasionam distúrbios do sono. Os distúrbios das diferentes funções vêm sempre acompanhados de manifestações tônico-emocionais excessivas ou de ausência destas.

A agitação motora

A presença de angústias arcaicas limita a constituição de fantasmas de ação; quando o prazer dos primeiros pensamentos ilusórios, que ligam a criança à mãe, estão ausentes, a criança não encontra o modo de assegurar-se a si mesma, fica abandonada a sua dor corporal, não tem a dinâmica psíquica suficiente de asseguramento, instala-se, então, uma depressão latente. A criança vive um sofrimento psíquico original, o corpo não é um instrumento de relações sustentado pelos fantasmas de ação, mas sim um instrumento motor a serviço da angústia. A instabilidade e a excitação motora permanentes são os modos privilegiados de expressão de suas angústias: sua maneira histérica de estar presente, a maneira de expressar todo o seu poder. "As histerias de angústia são as mais freqüentes de todas as afecções psiconeuróticas, mas elas são, sobretudo, as que aparecem mais cedo na vida: elas são por excelência neuroses da infância... Uma histeria de angústia, à medida que avança, vira cada vez mais uma fobia" (fobia de animais, insetos).[32] Além disso, a pobreza das interações e das transformações do corpo dessas crianças não lhes permite viver uma riqueza proprioceptiva, limitando seu sentimento de ter um corpo; assim, para estabelecer relação com o mundo externo, essas crianças vão privilegiar as estimulações visuais e auditivas em função de um retorno incerto da mãe.

Essas crianças vivem uma distorção entre o ver, o ouvir e o sentir do corpo: por isso, a identificação com a imagem corporal no espelho é problemática. É difícil para elas estabelecer um elo entre a imagem do corpo em movimento no espelho e suas próprias sensações fisiológicas; essas crianças não podem estar ao mesmo tempo aqui, em seu movimento, e lá, na imagem percebida no espelho. Então, o desinteresse com relação à imagem enfraquece sua capacidade de simbolizar e pode acarretar uma

---

[32] FREUD, S. "Analyse d'une phobie d'un petit garçon de cinq ans", in *Cinq psychanalyses*, Presses universitaires de France, Paris, 1909.

depreciação narcísica ou, mais tarde, uma hipertrofia narcísica de angústia.

Essas crianças instáveis são desatentas. Entretanto, monopolizadas pelo visual e auditivo, elas podem acalmar-se diante da televisão; adoram os desenhos animados que não param de ver e rever e publicidade. Elas podem ficar calmas quando lhes contamos uma história que as toca emocionalmente, envolvidas pelas imagens e pela voz da educadora, elas ficam agachadas junto dela, com o dedo na boca e, no entanto, essas relações com o adulto são muitas vezes fugidias, sendo algumas vezes provocadoras e onipotentes.

> No momento de uma sessão de prática psicomotora educativa, uma criança de cinco anos (F.) não pára de correr para todos os lados, de gritar, de destruir as casas construídas pelas outras crianças, correndo perigo até de se machucar, mas, em determinados momentos, F. engatinha e diminui seu movimento. Várias vezes a educadora tenta acalmá-la com palavras compreensivas, mas em vão. Em seguida, as duas educadoras estendem um pano no chão para outras crianças, F. se precipita sobre o pano. Surpresas, as duas educadoras envolvem a criança e a ninam; depois de alguns embalos, ela sai precipitadamente do pano, gritando e empurrando as educadoras, e vai sentar-se imóvel alguns metros adiante. F. desloca-se na sala, mas ela mudou, pois não é mais aquela criança agitada e destruidora do início da sessão, sua pulsionalidade motora evoluiu bruscamente.
>
> Quando uma educadora conta a história do ursinho que queria estar sempre no colo da mãe, F. escuta com atenção e estica o pé para a educadora que compreendeu a demanda afetiva. Ela coloca a mão sobre o pé da criança e continua a contar a história, F. abre a boca, com os olhos fixos na educadora. A criança parece ter sido mais tocada pela melodia do discurso semelhante a um embalo do que pelo conteúdo da história.
>
> No espaço das representações, as crianças têm a sua disposição massa de modelar; F. não representará nada, mas se contentará em lamber devagar a massa com prazer.
>
> Quando a criança sai da sala, no final da sessão com o grupo, ela dá a mão à educadora; ela está calma.

Trata-se de crianças que parecem perseguidas por um perseguidor. Elas utilizam toda a sua energia para lutar contra este, não sobrando mais recursos para se interessarem por propostas externas. Essas crianças podem identificar-se a dinossauros, crocodilos, lobos, vampiros, que elas imitam, aliás, com perfeição: elas são invadidas por "identificações projetivas regressivas" das quais têm muita dificuldade em se descentrar.

Quanto às relações com seus pares, essas são conflituosas, e as crianças se sentem sempre lesadas e incompreendidas. A comunicação é difícil, inconstante, em função de momentos de isolamento que expressam a depressão.

Para outras crianças, a intensidade da angústia provocada pela separação limita o acesso à permanência da mãe como "objeto" afetivo e cognitivo. Por causa disso, a noção de conservação é deficitária. Essas crianças terão dificuldade diante da reversibilidade (adquirida por volta dos sete/oito anos): isto é, afirmar a "invariância" de peso, de volume, de comprimento de um objeto, apesar das transformações impostas. Elas não poderão voltar em pensamento às condições iniciais de uma série de acontecimentos efetuados sobre o objeto. Essas crianças não poderão combinar mentalmente duas operações distintas: a de conservar e a de transformar.

As crianças que não podem assegurar-se suficientemente de suas angústias podem sofrer um atraso na organização do pensamento lógico.[33] Elas dificilmente antecipam o resultado das transformações de certas ações, necessárias para a realização de um projeto, como, por exemplo, prever as diferentes ações e o material necessário para realizar uma construção.

Quando a continuidade lógica das ações no pensamento é difícil de ser integrada, as crianças se desinteressam por seu projeto inicial e repetem "eu não sei fazer isso", palavras que significam a impotência psíquica. Trata-se de uma pobreza do

---

[33] GIBELLO, B. *L'enfant à l'intelligence troublée*, Païdos Le Centurion, Paris, 1984.

processo de continuidade do pensamento, dependente da pobreza da continuidade de si, pobreza essa, dependente da continuidade do Outro.

Algumas vezes, os distúrbios da organização lógica do pensamento se remetem a desorganizações profundas da personalidade:[34] eles são indícios de um distúrbio grave da comunicação com base na angústia depressiva mascarada, em geral, por reações de prestança. Esses distúrbios demandam uma análise prévia qualitativa e exigem cuidados específicos, associados a uma ajuda psicomotora terapêutica.

A passividade motora

Se algumas crianças investem demais no ver e no ouvir, em detrimento de um sentir do corpo, outras se fecham em angústias e deixam-se levar por seu sofrimento. Essas crianças não se ligam ao mundo externo por nenhum de seus canais sensoriais; a inibição motora, associada a uma retenção emocional, é a expressão de sua depressão, causada pela ausência dos fantasmas de ação. As crianças abandonadas a sua insegurança afetiva e ao desprazer, não agem, não sonham, não pensam; elas vivem uma depreciação narcísica. Apesar disso, elas podem ter a obsessão pela manipulação de pequenos objetos, como miniaturas de carro que elas fazem ir e voltar seguindo trajetos bem precisos, ou ainda podem ter a obsessão de realizar lentamente pequenas construções que elas repetem incansavelmente, sem jamais querer destruí-las. A transformação é impossível para essas crianças!

Todas as crianças, cujas interações e transformações recíprocas foram muito pobres, têm grande dificuldade: elas apresentam comportamentos frágeis, somatizações freqüentes, competências instrumentais, relacionais e cognitivas deficitárias. A motricidade para elas não é um meio de asseguramento contra as angústias,

---

[34] GIBELLO, B. La pensée décontenancée, Bayard, Paris, 1995.

mas somente o meio de expressar seu sofrimento psíquico. Elas não são seres de ação. Essas crianças apresentam alterações psicomotoras mais ou menos graves; estão "sozinhas" na busca do "objeto mãe" perdido, que não foi suficientemente integrado ao envelope; elas estão à procura de seu próprio processo de asseguramento e de sua própria continuidade de existência.

e. Especificando a alteração psicomotora

A alteração psicomotora deve-se à presença de angústias arcaicas insuficientemente contidas, que instauram uma falta de integração psíquica em seu nível mais arcaico, visto que os fantasmas de ação não puderam desenvolver-se favoravelmente, embora fossem indispensáveis ao processo de asseguramento simbólico.

Há alteração psicomotora por ausência de uma dinâmica psíquica, que abre então o caminho para as manifestações, por excesso ou por falta, da motricidade. Por isso, as crianças manifestam uma patologia da ação, relacionada à capacidade em transformar a realidade e em se transformar.

A alteração psicomotora supõe então o estudo da psicopatologia da ação. Assim, qualquer ajuda psicomotora, seja ela educativa ou terapêutica, é uma ajuda ao desenvolvimento da ação e aos processos de transformação tônico-emocional.

A ajuda psicomotora terapêutica pode definir-se como uma psicoterapia da ação.

3. O fantasma de ação

O bebê, sozinho em seu berço, entregue às dores provocadas pela insatisfação de suas necessidades, reproduz ações de sucção, similares às que a mãe lhe fez experimentar, similares, mas não idênticas. Pode-se dizer que ele imita a si próprio. Ele se esforça, colocando o dedo na boca, para encontrar o prazer das sensações da ação de mamar e o prazer da unidade dual, ou seja, ele reproduz uma ação que lhe deu prazer, tanto quanto deu prazer à mãe. Já evocamos, anteriormente, essas reproduções de ação como sistemas de expectativa de satisfação.

A reprodução da ação é o pivô a partir do qual toda atividade fantasmática se desenvolverá. Na verdade, é a partir dessa reprodução que a criança cria para si um desejo de ação, isto é, uma representação ilusória de ação e de prazer, que a põe em relação com o objeto e que tem como conseqüência acalmar momentaneamente o tormento da ausência de resposta do "objeto".

Essa representação ilusória de ação, destinada a enganar a realidade, é um fantasma de ação que permite à criança, por volta do sexto mês, encontrar "o objeto" perdido e agir imaginariamente sobre ele para seu prazer e sua segurança afetiva.

O fantasma de ação é uma representação inconsciente de ação, é desejo e prazer de recriar e de agir sobre "o objeto".

a. A função do sonho

Se o recém-nascido manifesta numerosas competências para interagir com as informações que o meio lhe fornece, não devemos esquecer que ele dorme em média de 16 a 20 horas por dia ao longo das primeiras semanas. Ora, ele sonha a maior parte do tempo de sono. Seu sono é agitado, ele abre e fecha as mãos, mexe com os membros, respira forte em certos momentos, os olhos estão em constante movimento sob as pálpebras; às vezes o bebê é tomado por ondas de calor, seu rosto fica pálido, ele suga vagarosamente os lábios e deglute, sorri; às vezes, as variações tônicas de seu rosto lembram emoções de bem-estar (delícia), como se o bebê atualizasse os afetos em estado bruto.

O sonho do bebê teria um papel importante na representação dos engramas de ação. O sonho estimularia intensamente alguns núcleos nervosos centrais, assim como os neurotransmissores químicos, elétricos e hormonais do cérebro e, por isso mesmo, o sonho seria um meio para o bebê projetar "seqüências de filme de ação" que, de sonho em sonho, daria lugar, mais tarde, à integração psíquica dos engramas de ação.

A massiva experiência onírica "teria parte importante na gênese dos processos psíquicos do ser humano" a partir de todas as experiências vividas no momento das interações.[35]

Por essa razão, seria interessante prever uma observação do bebê durante o sono. Essa observação das manifestações motoras e emocionais daria um testemunho suplementar sobre a capacidade do desenvolvimento psíquico e do prazer de dormir em segurança.

b. A criança criadora de fantasmas

O fantasma de ação revela uma intensa e precoce atividade psíquica inconsciente que corresponde a um grau qualitativo de integração psicossomática; com efeito, o fantasma é o resultado de um desvio das interações corporais entre a mãe e a criança, resultantes da evolução dos avanços biológicos instintivos do bebê.

O fantasma de ação é a prova de uma nova organização pulsional, que revela que a atividade psíquica originária do ser humano encontra suas raízes no corpo em relação.

> O modelo fundador da vida psíquica... é um modelo de ação e, mais precisamente, concerne às ações referidas ao corpo.[36]

O fantasma de ação confirma a primeira atividade criadora da criança: criadora de uma ilusão de ação para encontrar o prazer da satisfação e para recriar a mãe em sua ausência, assegurando-se, assim, de sua continuidade.

---

[35] JOUVET, M. *Le sommeil et le rêve*, Odile Jacob, Paris, 1992.
[36] PERRON-BORELLI, M. "Fantasme et action", artigo citado.

O fantasma de ação é uma primeira forma de pensamento separada da realidade. Porém, o fantasma de ação nasce de uma perda; ele está, então, sempre impregnado de certa insatisfação, pois ele tem a ver com o que a criança deseja e não tem; o fantasma não pode compensar totalmente a perda do "objeto", apesar de sua originalidade reparadora; ele engendra sempre certo grau de falta psíquica, um vazio, na origem daquilo que funda nossa personalidade, nossas criações sucessivas e nossas relações afetivas.

c. Do fantasma de ação à simbolização da ação

Os fantasmas de ação provenientes das transformações dos avanços biológicos guardam seu caráter pulsional: voltados para "o objeto" de amor, eles são sádicos, perseguidores e onipotentes, e devem ser progressivamente contidos pela mãe, às vezes até expulsos, num ambiente afetivo constante, coerente e apaziguador, pois, contidos, eles não poderão expressar-se com a violência que os caracteriza. Neste caso, os fantasmas de ação sofrem transformações, como também uma perda de sua energia pulsional, gerando ações simbólicas que integram a realidade. Essas ações simbólicas asseguram a continuidade do "objeto" em sua ausência e o prazer da unidade.

Toda ação afetiva no espaço e no tempo é uma realização parcial do desejo inconsciente de agir sobre "o objeto", mas, apesar dessa realização parcial, a ação é também prazer, pois compensa uma perda no nível simbólico; é por isso que a criança age, reproduz, inventa, desmonta, busca, constrói e aprende por ela mesma.

A ação é sempre uma desilusão com respeito aos fantasmas de ação contidos; daí, um incansável vaivém entre o fantasma de ação e a ação efetiva, garantia de riqueza e equilíbrio do sujeito.

Ao contrário, se os fantasmas de ação ficam incontidos, por conta de inter-relações defeituosas com o Outro, estes vão expressar-se sem limites, através de um comportamento pulsional excessivo ou por distúrbios psicossomáticos devidos à intensidade das angústias arcaicas. No caso de uma ajuda terapêutica, será necessário fazer um desvio de retorno pelo conjunto das experiências corporais originárias, vividas numa dinâmica de *"ressonâncias tônico-emocionais recíprocas"*, para que suas experiências corporais imaginárias sustentem a evolução da criança. Essa reflexão será tratada no capítulo reservado à prática terapêutica.

d. Os fantasmas de ação, de apego e de dominação

A finalidade dos fantasmas de ação da criança é apropriar-se do objeto, segundo seus desejos, visando o prazer, o desejo de ligar-se a ele para sua segurança afetiva, o desejo de separar-se do objeto para diferenciar-se e adquirir identidade e independência.

O fantasma de apego mantém um laço afetivo inconsciente entre a mãe e a criança, que manifesta por um desejo de fusão com "o objeto de amor". O fantasma, nascido dos momentos de completa sincronização e harmonização com o ritmo e os afetos de prazer das ações maternais, cria um desejo de regressão, um desejo de envolvimento, até mesmo de uma dependência afetiva, que pode ser um refúgio se o mundo externo for por demais inseguro.

O fantasma de apego leva, então, a criança a se aproximar da mãe, sob o risco de, mais tarde, por volta do oitavo mês, criar o medo do estranho. Um apego excessivo pode tornar a separação difícil e levar a criança a um processo doloroso de angústia de abandono e, assim, fazer prevalecer, em alguns sujeitos, um apego ao "objeto" durante a vida toda.

Os pais que desejam a autonomia de seu filho exercerão com muita prudência e segurança afetiva o interdito tátil necessário para o distanciamento do corpo dos pais. Trata-se de uma condição que estimula a criança à criação de atos simbólicos, indispensáveis para a conquista da identidade, embora sabendo que um excesso de interditos ao corpo pode culpabilizar o desejo e o prazer do apego, além de engendrar o medo de ir com os outros e, mais particularmente, de que alguém se aproxime e o toque.

O fantasma de apego que atrai a criança para o corpo a corpo faz surgir, em contrapartida, *um fantasma de dominação* sobre o "objeto", uma dominação sádica para se apoderar dele, até mesmo destruí-lo, e assim dele se separar para liberar-se da dominação inconsciente do "objeto".

O desejo de apegar-se não pode ser compreendido senão com relação ao desejo de separação, para afirmar seu desejo de autonomia e de ser si mesmo.

O fantasma de dominação refere-se ao segundo período da fase oral, quando a criança exerce suas atividades sádica orais, tais como a de morder. O fantasma de dominação anima pouco a pouco todas as ações simbólicas da criança para dominar "o objeto", para se diferenciar dele e construir-se a si própria. Isso tem a ver com a conquista da autonomia oral, com a da preensão, a conquista da verticalização, do espaço, do domínio do movimento, da conquista do domínio esfincteriano e uretral, da conquista da identificação na ocasião de resolver a crise edipiana. Isso também vale para o domínio da linguagem e da busca do conhecimento intelectual. São atos simbólicos que permitem à criança ser semelhante a outros humanos e, ao mesmo tempo, ser diferente pelo prazer narcísico de ser si mesma.

O fantasma de dominação encontra seu desenvolvimento pleno durante o segundo ano, através da constituição de objetos transicionais, que permitem à criança dominar a ausência do objeto, como ilustra o jogo do carretel observado por Freud. O fantasma de dominação é determinante nas condutas sociais; com efeito, viver é agir, construir, criar com os outros, comunicar, ao passo que não agir e isolar-se podem ser mortíferos.

Fantasmas de ação podem opor-se: os fantasmas de apego e de dominação podem, muito cedo, acarretar uma busca de prazer contraditória e criar, mais tarde, desejos e prazeres ambivalentes, que vão manifestar-se pela indecisão, pela dificuldade de escolha, de renúncia à liberdade de agir. Nesses casos, a identidade estará sempre questionada. Na verdade, se o fantasma de apego está exposto à agressividade do Outro ou a sua ausência de desejo, tudo será tentado pela criança para obter seu amor. A criança se sacrificará para ser amada através de um abandono tônico e da docilidade com relação ao Outro. Se o fantasma de dominação estiver exposto a uma dominação similar do parceiro familiar, a culpabilidade ligada ao prazer de agir sobre o objeto levará à auto-agressividade, até mesmo à destruição das representações do objeto. Instalar-se-á, então, a angústia de perda. A criança luta para sobreviver e ser ela mesma ou, então, ela se abandona e se deixa levar pela depressão e pelas somatizações.

Se os fantasmas de apego e de dominação não forem nunca contraditos pelos pais, a criança corre o risco de tornar-se uma "criança que pode tudo", tirânica, fazendo os pais sofrerem, para que ela seja sempre amada!

e. A respeito da sedução

As novas relações de identificação com a mãe e com o pai provocam, tanto na menina como no menino, uma nova angústia de perda do pai do sexo oposto, pois ele permanece, apesar de tudo, um ser amado. Assim, a menina é levada a seduzir o pai e a novas imagens masculinas; e o menino a seduzir a mãe e a novas imagens femininas. No maternal, meninas e meninos de cinco ou seis anos têm "namorados": começam, então, os primeiros "sofrimentos de amor".

Seduzir (do latim *seducere*) quer dizer "desviar", "levar à parte", "conduzir para". Seduzir é exercer sua dominação sobre o Outro, é desejar fazer do Outro aquilo que desejamos que ele seja. A sedução pode ser uma manipulação cruel, a fim de dominar e aniquilar os desejos do Outro. Entretanto, o jogo sutil da sedução, amparado por um fantasma de dominação, anima o desejo de ser reconhecido, o desejo de ser si próprio entre os outros. Não há existência sem sedução. Esta nunca é dita, mas sempre expressa pela via não-verbal da expressividade motora: o olhar, o sorriso, os movimentos de cabeça, a gestualidade, o ritmo ao se mover, as posturas, o jeito, a tonalidade da voz são alguns dos parâmetros de convite para se deixar levar pelo prazer de seduzir ou de ser seduzido, o que, aliás, não tem só inconvenientes!

A sedução é precoce. Na verdade, desde os primeiros meses, a mãe e a criança seduzem-se reciprocamente, facilitando a mobilização de seus fantasmas de ação. Resulta daí um diálogo tônico-emocional intenso, que propicia a riqueza de sua comunicação futura.

Toda relação humana está marcada pela sedução. Neste sentido, nenhum pedagogo ou terapeuta pode ignorá-lo.

Capítulo 2

A evolução dos fantasmas de ação e as ações simbólicas

1. Os fantasmas de ação e a absorção: "Penetrar, fusionar, incorporar, destruir, agredir"

Esses fantasmas de ação fazem referência às interações ao longo da absorção.

– As interações dos primeiros meses em que no par mãe-filho predomina, na fase oral precoce, a harmonização mútua: o ritmo da sucção se caracteriza pelas transformações recíprocas fluidas e suaves:

> Esse ritmo não é apenas utilizado para a sucção, mas também para acariciar, esfregar, abrir e fechar as mãos, bem como para as vocalizações repetitivas.[1]

– Em seguida, as interações quando a criança começa a morder, assim que aparecem os primeiros dentes. As ações sádicas orais são compassadas e discordantes, podendo até ser violentas, como se pode observar quando o bebê, a partir do sexto mês,

---

[1] KERTENBERG, J. Marcus, H. ROBBINS, E., BERLOWE, J. BUELTE, A. "Le développement de l'enfant tel qu'il s'exprime au travers des mouvements corporels", in *Revue Psychiatrie de l'enfant et de l'adolescent*, tomo II, 1976.

ataca seu ambiente; ou seja, quando ele morde, puxa os cabelos, arranha, belisca, arranca os brincos de sua mãe, ou ainda quando ele segura, joga longe ou bate. Essas ações vão criar um corte entre a mãe e a criança, estando a serviço da separação e da individualização.

As ações em perfeita harmonização estão na origem dos fantasmas de penetração oral e de fusão, fantasmas que existem quando os desejos da criança correspondem aos desejos da mãe, ao passo que as ações sádicas estão mais na origem de fantasmas de incorporação, de devoração e destruição do objeto.

> O prazer que o bebê experimenta em morder está ligado a um violento apetite de destruição que busca prejudicar e destruir o objeto.[2]

A criança projeta seus fantasmas sobre a mãe; assim, as situações de "comunhão" de ação e de busca de contato corpo a corpo, que lhe permitem manifestar seu desejo de fusionar e de perder-se no Outro, são sucedidas de situações de agressão oral sádica.

a. Uma agressão de amor...

Quando a criança agride a mãe, ela quer incorporá-la, devorá-la, assimilá-la nela mesma, pois a criança deseja apropriar-se do que ama. Na verdade, amar é comer, é destruir, é aniquilar o objeto em si: comer é fazer desaparecer.

A criança tem prazer em destruir por amor, por sua agressividade oral sádica: "sugar até a morte, secar e esgotar totalmente o seio"[3] corresponde, nos fantasmas de ação, à

---

[2] KLEIN, M. "Les premiers stades du conflit oedipien et la formation du surmoi", in *La psychanalyse des enfants*, Presses Universitaires de France, Paris, 1959.

[3] KLEIN, M., HEIMANN, P., ISAACS, S., RIVIERE, J. "La théorie de l'angoisse et de la culpabilité", in *Les développements de la psychanalyse*, Presses Universitaires de France, Paris, 1966.

voracidade pulsional da criança, a mesma que cria o temor da voracidade do objeto e o medo de ser destruído por ele.

A mãe, vivida então como devoradora, desencadeia na criança a angústia de perseguição de ser devorada por ela, o nascimento de um sentimento de ódio e o temor de ser aniquilada, que inclui a angústia de que a mãe seja destruída. As ações da criança são vividas como indispensáveis à vida. "O bebê experimenta a angústia porque irá perder sua mãe se devorá-la."

O amor oral produz, assim, um mecanismo inconsciente da culpa do prazer de devorar, na qual a criança não pode suportar as conseqüências de sua destruição: a perda do objeto de amor, que é também a sua perda.

> A angústia de perda do objeto é alimentada por fantasmas destruidores da criança, que acredita ter estragado e destruído o objeto total. Isso gera, então, um intenso sentimento de culpa, primeira manifestação do superego nascente.[4]

Por outro lado, a culpa pode ser intensificada pelas reações da mãe que recebe a agressão de amor. Quando a mãe está acariciando seu bebê, pode acontecer que este a morda violentamente ou a arranhe; a mãe reage, então, bruscamente à dor da mordida ou do arranhão, fazendo um movimento brutal de recuo para afastar-se da criança. Essa ruptura cria uma separação tensa, muitas vezes associada a palavras culpabilizantes, como "você me machucou, você é mau, eu não gosto mais de você".

A violência da separação e as reações da mãe desencadeiam no bebê um estupor, uma contração muscular súbita, que imobiliza a zona oral, e o olhar parece amedrontado. Podemos constatar que não há nem gritos, nem choros, nem manifestação de emoção, que se torna prisioneira das tensões musculares.

---

[4] KLEIN, M. "La psychanalyse des enfants", op. cit.

Para a criança, é o risco de um drama de amor. A agressão censurada por um excesso de represálias repetidas é também uma censura do prazer do amor devorante. Porém, como a criança quer ser amada, ela interdita a pulsão de agressão de amor. Trata-se de uma situação dramática, pois a reação da criança é a de reprimir seu amor para poder ser amada. Ela só amará para poder ser amada.

A criança censura e recalca seus fantasmas de devoração e seus desejos de destruição do objeto através de uma contenção tônica, que provoca tensões dolorosas que mutilam a integridade da unidade de prazer; mas, apesar de tudo, se a criança fizer a tentativa para amar, ela só poderá fazê-la segundo o modo da agressão-destruição.

A criança não se sente mais amada, sentindo-se "deixada de lado". Ela vive o medo de ser destruída, "devorada"; vive também uma depressão e não consegue encontrar os processos de asseguramento suficientes diante de uma angústia que não consegue assumir.

A criança que se sente culpada por exprimir seus fantasmas destruidores ou por ter desejo de destruição sente-se culpada por amar, "ela sofre de amor".

Winnicott mostrou que a culpa mantida a partir da oralidade tem conseqüências nefastas, pois ela mutila a capacidade imaginária e criadora da criança, seu prazer de agir, levando-a a perturbações emocionais que a paralisam. Por outro lado, a culpa abre a porta para as angústias arcaicas de perda do corpo, que desestabilizam as funções somáticas desenvolvidas ou em via de desenvolvimento, como a absorção, a expulsão, a preensão, a equilibração e a coordenação.

No entanto, Winnicott nos esclareceu sobre a pulsionalidade destrutiva, que é uma prova para a criança de que o objeto é bem distinto dela e que, graças a essa diferenciação, a criança poderá identificar-se com o objeto sem medo e representá-lo para si. A diferenciação baseada no prazer de destruir é necessária para um conhecimento do objeto, mas gera, em contrapartida, o mecanismo da culpa que a criança deve assumir.

A evolução da ambivalência da pulsão de amor devorante e da destruição do objeto garante, no nível inconsciente, o fundamento da evolução psicológica da criança, bem como sua saúde mental. Entretanto, o conflito absorver – agredir – permanecerá sempre como o conflito amor-ódio, conflito dos fantasmas de ação, o conflito do encontro, de fazer aparecer a mãe para melhor destruí-la e gozar do prazer de ser ela mesma.

A respeito da mordida

Algumas vezes, na creche, certas crianças mordem cruelmente as outras, deixando a marca dos dentes na bochecha ou no braço do outro; aquele que recebe a mordida expressa sua dor através de gritos e choros, ao passo que a criança que mordeu, dominada pela violência de sua pulsionalidade destrutiva, fica boquiaberta pelo que acabou de fazer.

Essa violência oral incontrolada e prolongada é a expressão motora da pulsionalidade destrutiva e devoradora de amor contra a qual a criança não foi suficientemente protegida, por uma falha no processo de simbolização ou por ter-se sentido culpabilizada demais.

Qual atitude poderia tomar uma educadora com relação àquela que morde e àquela que foi mordida? Acontece que a educadora fica sem saber o que fazer diante das mordidas repetidas de algumas crianças; ela se sente mais ou menos culpada de não estar tomando conta corretamente das crianças, ainda mais quando as reclamações dos pais da criança que foi mordida tornam-se severas contra ela.

O que fazer e o que responder? Nós observamos freqüentemente educadoras que acalmam a criança mordida e evitam condenar a que mordeu, dirigindo-se a ela assim: "Você quer um beijo?", "então eu vou lhe dar um beijo que não vai machucar", e a educadora, brincando, dá vários beijos na mão e nos braços do "mordedor". "E agora você pode me dar um beijo?". Assim, a educadora ajuda a criança a transformar a agressividade oral em ternura, demonstrando para a criança mordida a capacidade de evolução daquela que mordeu.

b. "Uma mãe suficientemente boa"

Quando o bebê morde, a mãe se afasta dele sem culpabilizá-lo: ela imita a mordida como se fosse comer-lhe as mãos ou os pés. Os "eu vou te comer" nascidos dos fantasmas de devoração da mãe proporcionam muito prazer à criança e têm como conseqüência, num espaço lúdico, atenuar a intensidade pulsional dos fantasmas destruidores, iniciando-a na simbolização da mordida. A criança, identificada com a mãe, vai reproduzir as mordidas simbólicas desta. É, então, a mãe que introduz a criança na simbolização, apropriando-se dos fantasmas do filho.

Uma "mãe suficientemente boa" é aquela que instaura uma área de asseguramento afetivo diante da agressão de amor da criança.

Efetivamente:

– num primeiro momento, a mãe aceita a pulsionalidade dos fantasmas destruidores, toma certa distância, pois adquire uma capacidade de antecipação à agressão, o que ameniza a separação;

– num segundo momento, a mãe assegura o bebê através de uma perspectiva lúdica, em que o tônus, as posturas, os gestos, a voz, o sorriso, o olhar e as palavras são significantes de uma desdramatização, de um apaziguamento: assim, a mãe pode expressar claramente que há atos que não devem ser feitos numa relação corpo a corpo. O interdito é significado.

A mãe "suficientemente boa" é a que ajuda a criança a diluir e a conter os fantasmas destruidores que lhe são dirigidos no registro simbólico. Dessa forma, ela permite ao filho integrar uma culpa aceitável, que gera um grau de angústia de perda do "objeto" possível de ser assumida e que está na origem de uma dinâmica de busca de processos de asseguramento em relação a essa angústia.

A mãe, que ajuda o filho a conter seus fantasmas destruidores, evita a dramatização da agressão oral e a culpa inibidora; a mãe assegura que o amor oral do filho não é perigoso nem para ela nem para ele. A mãe assegura, também, que a pulsão destrutiva da criança não acarreta o aniquilamento da imagem da mãe e que ela permanecerá sempre onde está, através da permanência do amor que a mãe lhe proporciona, do prazer que ela lha dá, apesar dos momentos delicados da relação de ambos, "eu te destruo, mas não te perco", então, "eu posso te reconstruir e me construir".

A sobrevivência do "objeto"

Graças à sobrevivência do objeto, a culpa é limitada e as pulsões de agressão de amor serão menos intensas, podendo ser facilmente investidas na criação, em que a sobrevida do objeto fica assegurada, porque se mantém num quadro de referência permanente, onde todos os fatores facilitam a perenidade de sua representação, bem como a maturação da pulsão de agressão.

Após a "destruição do objeto" que sobreviveu, os ganhos dessa sobrevida são inestimáveis para a criança. Na verdade, a vivência das pulsões, dos fantasmas e das representações, baseada no relaxamento e na aceitação da culpa favorece, na criança, a busca de soluções pessoais para reparar simbolicamente a perda da destruição do objeto amado. Assim, ela vai espontaneamente transformá-lo, construí-lo novamente por intermédio do prazer das ações que a ligam ao "objeto". O objeto é recriado. Essa reparação, valorizada e aceita, atenua a culpa e favorece a mobilização dos fantasmas, visto que o imaginário é móvel.

A recriação do "objeto" que se perpetua e que é simultaneamente criação de si mesma permite à criança construir, na relação com o "objeto de amor", representações inconscientes arcaicas e estruturas de pensamento elementares que assegurarão a permanência deste último e dela mesma: o objeto é imaginado em sua ausência, a criança pode aceitar seu desaparecimento sem ficar estressada e gozar, ainda mais, quando seu reaparecimento ocorre.

A desculpabilização dos fantasmas de destruição facilita a abertura à simbolização; com efeito, a criança torna-se capaz de reproduzir um ato no vazio (morder, arranhar ou bater). A capacidade de conseguir um distanciamento em relação à pulsão de agressão favorece a simbolização e, particularmente, as brincadeiras de aparecimento e desaparecimento. O distanciamento vivido num espaço lúdico abre caminho para a criação do "objeto", para a fantasia imaginária, para a comunicação, na qual cada um tem sua parte para dar e receber. Para os dois protagonistas é, então, uma experiência de prazer em que a emoção pode acontecer livremente, sem contenção.

É graças a uma atitude coerente que a mãe ajuda progressivamente a criança a fazer com que o prazer do "amor devorante" evolua para outras formas de amor, que lhe permitem chegar ao prazer da comunicação. Esta seria, então, uma forma elaborada da agressão de amor? A educação teria como objetivo a evolução do amor devorante para outras formas de amor, como, por exemplo, o sentimento de atenção para com o Outro: o sentimento da solicitude.

Mostraremos às crianças que os fantasmas destruidores expressos no plano simbólico pela "destruição" brincada não são perigosos e mostraremos, pela nossa atitude de aceitação, que é possível libertar-se da culpa do prazer de destruir em benefício de outros prazeres, como os de compartilhar brincadeiras, criar com outras crianças e comunicar-se.

Concretamente, a destruição repetida de torres de almofadas na sala de prática psicomotora, da qual participa o psicomotricista e onde a criança ganha sempre do adulto, abre espontaneamente a criança para um prazer jubilatório surpreendente, fator de uma evolução espetacular. Esta liberação da pulsão destrutiva revela o desejo de brincar com outras crianças, de descobrir novos espaços, de viver novas performances motoras, de aceitar as regras do funcionamento social; de um instante para outro, a criança muda de comportamento, propõe brincadeiras com regras, construções mais estruturadas, ou seja, a criança "cresce".

A criança descobre, igualmente, que as almofadas subsistem, podendo ser reutilizadas por ela e pelos outros em uma nova construção: é uma prova simbólica de que os fantasmas destrutores não podem fazer desaparecer os objetos.

Se desejamos que a criança cresça, é importante que ela possa superar seus sofrimentos associados às pulsões destrutivas do objeto de amor. As conseqüências dessa superação são particularmente importantes para a evolução das crianças e para o psicomotricista, que observará sua mudança de comportamento, tornando-se mais aberta à comunicação e à criação.

c. Brincar de destruir para ser si mesma

A partir do oitavo mês, a criança pode ficar muito atenta quando manipula objetos. No entanto, ela pode também, depois de tê-los levado à boca, jogá-los longe e olhar para ver se eles continuam em seu campo de visão. A mãe recolhe os objetos caídos e os dá à criança, que se apressa em jogá-los novamente com força e com um prazer evidente.

Por volta do primeiro ano, a mãe constrói uma torre com cubos diante da criança. Esta espera e, quando a construção está acabada, destrói-a violentamente com prazer, enquanto a mãe pode dizer neste momento:

– Quebrou! Partiu!

Depois ela reconstrói a torre. A criança espera novamente e destrói mais uma vez com a mesma intensidade emocional. A brincadeira se repete incansavelmente para a criança, enquanto a mãe pode cansar-se; porém, como a mãe vive o prazer de brincar com o filho, ela continua.

A mãe que aceita plenamente a destruição da torre que ela mesma construiu faz com que o filho viva o prazer da repetição da pulsionalidade destrutiva. Mas trata-se apenas de prazer? Em nossa opinião, quando a criança destrói a torre, ela afirma para a mãe que é diferente dela, ela lhe expressa "sou eu que estou aqui" e deseja seu afastamento. Trata-se da expressão do fantasma de dominação sádica, que manifesta todo o poder que a criança exerce sobre sua mãe, através do espaço transicional que é a torre.

Mas a brincadeira da destruição não acabou, visto que:

– a mãe constrói uma torre para ela, depois uma torre para a criança, esclarecendo: "Essa é a sua, esta aqui é a minha". A atuação e a verbalização confirmam a diferença entre a mãe e a criança, o que traz como conseqüência a satisfação da criança e a suspensão de seu desejo de destruir, na medida em que a criança é reconhecida como tendo seu próprio espaço simbólico, diferente do espaço da mãe, porém semelhante, como tendo sua própria identidade simbólica;

– quando a mãe reconstrói a torre, impedindo sua destruição, pois deseja ensinar ao filho a construir uma torre, impondo-lhe um modelo, a criança corre o risco de ficar com raiva da mãe, lançando violentamente os cubos. A mãe não compreende por que a criança reage assim, manifestando seu descontenta-mento com gestos e palavras culpabilizantes. Mas essa mãe, que parece querer fazer um bem para seu filho, não favorece em nada a evolução da pulsionalidade destrutiva que lhe foi dirigida, nem o processo de separação, nem tampouco o de afirmação narcísica da criança.

Mais tarde, por volta do terceiro ano, a criança será capaz de construir sozinha a torre sem destruí-la, porque não estará

mais pressionada pelo peso da busca da diferenciação com a mãe. Bem identificada com sua imagem, ela poderá dizer:
– Eu faço, eu sou, eu tomo conta.

d. O "lobo", metáfora dos fantasmas orais

A brincadeira do lobo expressa a intensidade fantasmática e emocional que a criança pode viver durante o período oral.

Com as crianças da creche ou as da escola maternal, basta simbolizar por um gesto, uma mímica, uma postura quadrúpede ou um grito, "um animal que dá medo", para que as crianças gritem "o lobo!" e corram para se refugiar num canto da sala ou numa casa construída com as almofadas, a fim de se protegerem contra o agressor. A emoção é muito forte; quando o "lobo" se aproxima da casa, algumas crianças gritam, outras tampam os olhos, outras fogem e outras brincam de provocar o lobo, imitando-o e até o ridicularizando.

Basta mostrar que o lobo não é tão perigoso, que ele pode ser gentil, que isto atenuará a angústia das crianças e o medo de serem devoradas pelo agressor.

A clivagem bom-mau tende a ser ultrapassada quando sabemos que o lobo é uma forma simbólica de uma figura parental, naquilo que esta tem de perigoso. A capacidade da criança de trocar de papel, de ser o agressor que persegue, e depois, em outro momento, de ter prazer "em ser agredido", perseguido, é um indício de maturação psicológica e afetiva que se manifesta por uma mudança de estado tônico-emocional evidente. Parece-nos bastante interessante considerar esse aspecto na evolução do comportamento da criança e na ajuda que trazemos para seu desenvolvimento.

Para algumas crianças, que não efetuaram esse percurso de maturação, há duas atitudes possíveis: ou elas se precipitam sobre o psicomotricista para "matar o lobo", ou se refugiam em algum lugar para se proteger, aterrorizadas pelo medo. Essas crianças não têm ainda a capacidade de se descentrar de suas projeções fantasmáticas e afetivas de destruição do objeto, associadas aos fantasmas de amor por demais culpabilizantes. Isto não é surpreendente, pois a capacidade de descentração supõe um longo percurso de maturação psicológica que evolui até o sexto/sétimo ano, ou seja, até o período de descentração operatória.

O prazer da identificação com "o objeto" temido é uma etapa importante no desenvolvimento da criança, que dá uma visão nova à análise das brincadeiras de identificação ao agressor e nas quais a criança se atribui um papel; com efeito, brincar de papai e mamãe que ralham, de dentista, de médico, de professora são brincadeiras que facilitam a interiorização da interdição externa, o "não!" temido do objeto-mãe.

Assim, quando a criança é punida pela mãe, pode reproduzir essa cena numa brincadeira com sua boneca: ela ralha com ela e lhe dá uma palmada. A criança se apropria do papel da mãe, que é aquela que repreende, e dá à boneca seu próprio papel. A identificação com o "objeto" exterior-agressor desdramatiza a situação e assegura a criança. Trata-se de um mecanismo de asseguramento inconsciente que lhe permite assegurar a continuidade de uma representação do Outro e de si.

A gênese da identificação ao agressor, conceito descrito por Anna Freud, é interessante, na medida em que o mecanismo de asseguramento em relação a si mesmo e em relação ao objeto externo favorece a evolução da pulsionalidade destrutiva.

"Estou com medo, tem um lobo atrás da porta"

Algumas crianças ficam às vezes angustiadas pelo medo de um lobo imaginário escondido atrás da porta: adultos insuficientemente prevenidos sobre a angústia da criança podem responder:

– Não, não há lobo atrás da porta, isso é uma história.

O rosto sério da criança mostra que ela não está nem um pouco tranqüila com essa resposta; é verdade que a criança conta uma história, a história de seus pensamentos imaginários, e o medo que a paralisa deve ser levado a sério para ajudá-la a resolvê-lo com segurança.

A criança, muito envolvida com a angústia de perda de seu amor devorante, pode ser ajudada a simbolizar as emoções que a invadem, através do desenho ou da linguagem.

A resposta do psicomotricista poderia ser:

Há um lobo atrás da porta? Como ele é? Ele tem orelhas grandes? Olhos grandes? Dentes grandes? E uma grande língua vermelha?

A criança se acalma e esboça um sorriso, depois o psicomotricista continua:

– Este lobo usa óculos, usa calça, sapatos?
A criança ri e eu pergunto:
– Quer que eu abra a porta?
A criança faz, então, um sinal para dizer que é inútil ir ver atrás da porta.

O lobo, produto dos fantasmas orais da infância, toma forma através da linguagem. Ele poderia ter tomado forma pelo suporte de um desenho do lobo pelo psicomotricista; sendo assim representado pela imaginação, rapidamente o lobo é exorcizado. Além do mais, "óculos, calça e sapatos" são referências parentais que não são desveladas à criança, mas que a levam a uma dinâmica pré-consciente na direção da origem da atenuação de seus fantasmas e de seus medos.

"*O lobo e os três porquinhos*"

A história do lobo e dos três porquinhos contada para as crianças é muito interessante. É uma história universal, na medida em que evoca a angústia de perda e os fantasmas orais que perturbam e, às vezes, aterrorizam a criança. É verdade que as crianças de pouca idade são muito sensíveis a qualquer coisa que evoque comer, devorar, medo de ser devorada, ingerida ou, ainda, partir, perder-se, encontrar-se na barriga de alguém, sair viva da barriga... Os contos, Chapeuzinho Vermelho ou O lobo e os três porquinhos, ilustram o que estamos afirmando.

Mas na história dos três porquinhos, Prático, Heitor e Cícero não são devorados pelo lobo: os dois primeiros têm muito medo, mas resistem à ameaça do lobo e conseguem escapar, correndo para a casa do terceiro porquinho, que construiu sua casa com tijolos. Na verdade, os três porquinhos são um só e simbolizam as "etapas da construção do Ego, do edifício psíquico".

Diferentes versões são propostas com relação ao triunfo dos três porquinhos sobre o lobo: este cai pela chaminé e morre escaldado dentro do caldeirão ou consegue escapar pela porta, fugindo, correndo para longe da casa. Nós preferimos esta última versão, que faz coincidir a partida sem retorno e a morte, pois esse aspecto corresponde ao pensamento infantil sobre a morte que se articula com a partida...

Entretanto, nas duas versões, os três porquinhos triunfam sobre o agressor, eles festejam, não têm mais medo do lobo, conseguindo expulsar da casa o medo de serem devorados. Eles venceram o medo do agressor: tal é o sentido metafórico da história do lobo e dos três porquinhos. O fantasma contido vai permitir uma identificação mais serena com as imagens parentais representadas na casa pelo casal formado pelo pai e a mãe.

e. O prazer de ter medo

"Espera, eu vou te pegar." Basta esboçar um gesto que simule uma perseguição e logo a criança se refugia atrás de uma porta para não ser vista nem pega. Mas se o parceiro de brincadeira não se mexe nem diz nada, a criança pode provocá-lo para que ele reitere seu gesto de tentar agarrá-la. O que a criança aprecia, sobretudo, é ser pega, sem sê-lo de verdade. Se, porém, a criança é agarrada sem poder escapar, ela pode debater-se, contrair-se, e, se a "captura" se prolongar, pode surgir um comportamento de angústia que mostra que o que a criança vive não é sem importância. Entretanto, à medida que a brincadeira se desenvolve, a criança ganhará confiança e saberá libertar-se com a cumplicidade do parceiro, alegrando-se a seguir com o triunfo. Após a brincadeira, será então possível pegar a criança, falar-lhe, e esta se abandonará na alegria de estar nos braços de seu parceiro de brincadeira.

Mas por que a criança busca na brincadeira situações que lhe dão medo?

Na vida cotidiana, a criança não busca o medo. No entanto, ela o sente e ele desestabiliza suas funções de adaptação por excesso de descargas emocionais. A criança evita as situações que poderiam gerar medo, mas, num espaço de confiança, a criança é capaz de brincar com seu medo para assegurar-se de que ele não pode destruí-la. Em seguida, ela torna-se capaz de propor a cena: "Vamos brincar de meter medo um ao outro".

Brincar com o medo cria um prazer que dá à criança a impressão de ter completado uma façanha, mesmo que esta seja ilusória, pois dominar seu medo é uma façanha que valoriza e "narcisiza" ("eu não tenho medo", dirá a criança): é dominar o medo de ser devorada.

Brincar com situações "perigosas" permite à criança representar o que vai acontecer e, assim, antecipar a situação futura: a partir do momento em que a situação difícil se inscreve numa área de asseguramento, com referenciais confiáveis e possibilidades de antecipação, essa situação torna-se muito menos inquietante para a criança.

Wallon[5] insistiu na importância da representação que facilita

---

[5] WALLON, H. *L'Origine du caractère chez l'enfant*, Presses Universitaires de France, Paris, 1949.

o controle das emoções. Na verdade, a partir do momento em que conseguimos ligar a emoção às imagens e colocar palavras sobre essas imagens, a intensidade da emoção diminui. Trata-se de um aspecto teórico, cujas aplicações práticas são importantes para ajudar a criança em seu processo de asseguramento.[6]

f. Sobre os fantasmas ligados à absorção: reunir e separar

Todos os bebês colocam o polegar na boca, assim como todos os objetos que se encontram a seu alcance. Em outros momentos, eles exploram os objetos côncavos com as mãos, colocam os dedos na boca de seus pais; do mesmo modo, eles colocam o dedo no gargalo das garrafas ou em tomadas de eletricidade. Eles procuram insistentemente colocar a chave nos buracos das fechaduras!

Em outros momentos, eles encaixam objetos uns nos outros, depois separam e encaixam de novo. Utilizam caixas, copinhos, baldes, bonecas de encaixe e, quando não conseguem fazer encaixar um no outro, ficam zangados e os atiram longe. Na creche ou na escola maternal, as crianças fazem buracos na massa de modelar para colocar aí objetos.

Os encaixes fazem referência aos fantasmas de ação de penetração recíproca ou de "interpenetração", segundo G. Haag. Eles nascem das experiências de alimentação durante as quais a mãe e o bebê se interpenetram pelo seio ou pela mamadeira no nível da boca, assim como pelo contato de suas peles, de seu calor, seu tônus, seu ritmo e seu olhar.

A criança interrompe, ela mesma, as interações de alimentação quando não tem mais fome; rejeita o mamilo ou o bico da mamadeira com a língua, ou cuspindo o leite, ou ainda desviando a boca e o olhar; a criança exprime por um "não-corporal" o afastamento do seio e, por conseguinte, da mãe. O bebê expressa

---

[6] MARTINET, H. *La théorie des émotions*, Introdução à obra de Henri Wallon, Aubier, Montaigne, Paris, 1972.

a saciedade e recusa o que vem da mãe. Essas experiências nascidas das necessidades fisiológicas fundam, como já havíamos mencionado, os fantasmas e os desejos de incorporar o objeto com prazer e de se sentir contido; depois, de rejeitá-lo e afastá-lo com um prazer "sádico". Mas pode acontecer que a mãe não compreenda esses sinais de recusa e de desejo de afastamento e insista em alimentar a criança. A dominação sobre esta é tal que pode engendrar violentas pulsões destrutivas expressas pela recusa de ser alimentado, ou, mais tarde, de alimentar-se, ou ainda pela recusa permanente em obedecer. Poderá também ocorrer o inverso, ou seja, a criança poderá ficar totalmente submissa à dominação e desencadear comportamentos de ódio dirigidos à mãe.

As brincadeiras de reunir e separar simbolizam os fantasmas de penetração e de incorporação, assim como os fantasmas de rejeitar e agredir são simbolizados por brincadeiras de asseguramento em relação à angústia de perda do objeto-mãe e da perda de si. São brincadeiras de conotação cognitiva que evoluirão para brincadeiras de classificação e de seriação, a partir das quais se desenvolverá o pensamento operatório.

Penetrar o espaço

Na mesma linha teórica, pensamos que a maneira tônico-emocional de estar no espaço graças à voz, aos gritos, ao riso, e através do ritmo, do movimento, da postura, da marcha e da corrida, representa o simbolismo dos fantasmas de penetração, de um desejo inconsciente de penetrar o corpo da mãe. Através do modo de estar no espaço, a criança manifesta seu poder sobre o mundo dos adultos, ela controla a dominação dos pais sobre ela, encontrando aí seu próprio prazer de agir.

A respeito da atividade rítmica

A partir do oitavo mês, todas as crianças se balançam, quando ouvem uma música ritmada ou batem regularmente em um objeto, sobretudo, se a mãe faz disso uma brincadeira de comunicação: "minha vez-sua vez". O prazer da atividade ritmada é freqüentemente associado a engramas de ritmos biológicos da mãe, durante o período pré-natal (ritmo cardíaco, respiratório), mas a atividade rítmica da criança refere-se também ao ritmo da fome e de sua satisfação, ao ritmo da sucção, bem como ao ritmo das funções que se sucedem regularmente.

A atividade rítmica da criança, indissociável dos ritmos da mãe, seria um dos primeiros continentes dos excessos corporais, ainda mais se a mãe a acompanhar vocal e gestualmente, acrescentando a linguagem.

A atividade rítmica é um meio de fazer aparecer o "objeto-mãe" e de expressar fantasmas de amor e de destruição do objeto.

Por extensão, no adulto, a atividade motora ritmada pode ser considerada como uma evacuação dos fantasmas de agressão, mais ou menos recalcados e insuficientemente simbolizados; mas a atividade motora rítmica pode ser considerada, também, como o desejo de perder-se no Outro, uma busca fusional imaginária com o objeto de amor expresso por um acordo tônico-emocional e rítmico quase perfeito com o(a) parceiro(a). O prazer da dança ilustra com pertinência essa afirmação.

G. Haag antecipa a hipótese de que a maneira pela qual a criança e a mãe penetraram-se pelo olhar, pela boca e pelo seio, com prazer ou desprazer, expressar-se-á simbolicamente pelas variações tônicas e emocionais na atividade de pontilhamento deixada sobre a folha de papel.

> Esses traços não parecem apenas, como tenderíamos a acreditar, expressar a agressividade, mas sim as experiências de penetração e, sobretudo, a penetração do olhar, indissociável, no vidente, das penetrações psíquicas.[7]

---

[7] HAAG, G. "Entre figure et fond", in *Dans le monde des symboles*, 9e Congresso FNAREN, *Revue l'ERRE*, Aubervilliers, 1993.

g. A ecopraxia

Uma brincadeira interessante mencionada por Gibello[8] é a da ecopraxia, que, em nosso entender, refere-se à evolução do fantasma de interpenetração.

A mãe alimenta o filho com uma colher. Quando a criança abre a boca para receber o alimento, observamos que a mãe também abre a boca. Será a abertura realizada por mimetismo ou por identificação?

Em seguida, o bebê pega a colher vazia e dá de comer à mãe, que finge comer e exclama:

– Hum! Está bom!

E a criança ri.

A criança se apropriou da atividade da mãe que estava destinada a ela, retornando-a, a mãe brinca de fingir que come e que se transforma ao exclamar "Hum! Está bom!". A criança torna-se ativa quando finge alimentar sua mãe, e esta brinca de "verdadeiro-falso", confirmando para a criança o valor simbólico de sua ação.

Essa brincadeira é mais que uma atividade de imitação. É também uma brincadeira de comunicação e de iniciação à dimensão simbólica oral, a partir da necessidade de ser alimentada.

É uma brincadeira, fruto de uma tripla experiência: a de ligar os fantasmas de interpenetração oral a um prazer narcísico, a de agir sobre o Outro e a de dominar o registro simbólico através da relação.

A brincadeira ecopráxica é a continuação das brincadeiras ecolálicas e ecomímicas vividas entre a mãe e a criança, resultantes das interações ao longo das quais um e outro se transformaram reciprocamente.

---

[8] GIBELLO, B. *La pensée décontenancée*, Bayard, Paris, 1995.

2. Os fantasmas de ação e a preensão

a. "Pegar"

A boca é o primeiro elo entre o interior do corpo da criança e o mundo exterior. Já na atividade de sucção e de deglutição, existe uma coordenação arcaica entre a boca e a mão. Com efeito, podemos observar o bebê que amassa com as mãos o seio ou o braço da mãe no mesmo ritmo utilizado para sugar. Aliás, a mãe é muito sensível a esses indícios de regularidade rítmica que a informam sobre a satisfação e o prazer de seu bebê. Ao contrário, um ritmo irregular, sem continuidade nem relaxamento, a inquietará.

Bem antes do sexto mês, a união boca-mão permite à criança explorar o interior da cavidade oral: ela lambe, suga a mão que ela envia ao exterior, num espaço para tocar, acariciar, pegar e bater. Progressivamente, a experiência da mão se expande, passando a funcionar independentemente da zona oral, coordenando-se com o olho.

A partir do momento em que a criança coloca as coisas que vêm de "lá de fora" na boca, ou seja, "lá dentro", ela se torna totalmente "preensora".[9] Todo o corpo da criança se volta para a mão que apreende, segura, participa da atividade; os olhos se fixam no objeto, a boca e a língua guiam o movimento da mão, os membros inferiores se agitam freneticamente para ajudar na progressão para frente até o sucesso da preensão. A obstinação em segurar o objeto, com uma tensão global, cria uma descarga de prazer que só se enfraquece quando o objeto é segurado. Percebemos na criança uma pulsionalidade para conquistar o objeto desejado, um desejo de pegar e apreender, semelhante ao desejo de incorporar e devorar por amor.

O desejo de segurar mostra que existe uma continuidade do fantasma de apreensão com os fantasmas nascidos da absorção.

---
[9] KERTENBERG, J. *Op. cit.*

O fantasma de apreensão resulta do desejo da criança de encontrar o contato com a mãe, de tocá-la, de pegá-la em si e ficar perto dela. A criança toca, segura, para encontrar a mãe que está nela. As mãos da criança crescem, explorando o espaço com tanta facilidade, cuidado e precisão, quanto as mãos da mãe empenharam-se em cuidar dela.

A criança pega as coisas que estão a seu alcance e as larga como ela pegou o seio da mãe e rejeitou: suas mãos pegam, acariciam, aspiram, batem, brincam como a mãe fez com prazer quando a criança foi alimentada, manipulada, cuidada. As mãos da criança substituem às da mãe. Segurar um objeto traz um sentimento de unidade, de completude, e evita uma possível ameaça a sua integridade.

Quando a criança torna-se "preensora", colocada no chão, todo o seu corpo participa da exploração horizontal do espaço para a tomada do objeto sobre o qual ela age e busca transformar ao manipulá-lo. Emergem atividades de exploração, de observação. A criança bate os objetos no chão para avaliar os diversos sons, vira-os e revira para distinguir neles o vazio do cheio; ela os observa por cima, por baixo ou ainda tenta encaixá-los uns nos outros. O exterior da criança é um espaço próximo onde existem objetos que ela pode pegar e manipular, objetos que estão ali porque estão perto dela. Há também aqueles que ela não pode pegar e manipular, pois são objetos que não estão ali ou estão longe dela. Por outro lado, objetos colocados diante dela pela mãe, depois segurados pela criança, adquirem um valor excepcional: esses objetos investidos de afeto de prazer pela mãe tornam-se objetos transicionais que estão "aqui e lá", mas que não estão "nem aqui nem lá".[10]

A criança adquire a permanência do objeto porque pode segurar e manipular os objetos e, mais ainda, porque são objetos transicionais, espaços materiais que pertencem tanto à mãe, quanto à criança, que são, ao mesmo tempo, presença e ausência

---

[10] KERTENBERG, J. *Op. cit.*

no espaço, no tempo e o lugar de expressão dos fantasmas de ação, de apego e de dominação. Entretanto, a criança vai privilegiar quase sempre um objeto transicional, noção fundamental que devemos a Winnicott, mas que já havia sido apresentada por Freud através da brincadeira do carretel.

b. Especificando o conceito de "objeto transicional"

O objeto transicional é um objeto ao qual a criança se apega particularmente, como um ursinho, uma boneca de pano, um pedaço de pano qualquer. Esse objeto é carregado para todos os lugares, tem a função de dar segurança, de facilitar o adormecimento. Quando a criança não encontra esse objeto eleito, fica perdida, desconsolada.

Paradoxalmente, o ursinho é amado de paixão e não se pode, de jeito nenhum, retirá-lo da criança para lavá-lo ou ser trocado por um novo. No entanto, ele é agredido ferozmente, a criança lhe arranca os olhos, as orelhas, pisa em cima, joga-o longe e o esquece num canto qualquer.

Na verdade, esse objeto desempenha três papéis importantes:

– ele assegura a criança, pois presentifica a figura da mãe em sua ausência, no momento em que a criança não tem ainda a segurança representativa do objeto. O objeto transicional tem, então, um papel essencial, que é o de criar uma área de segurança que lhe permite organizar no tempo sistemas de espera;

– ele prepara para a função simbólica: com o objeto transicional, aparecem as premissas da função simbólica. Na verdade, ele é símbolo porque é uma coisa que não é tomada por ela mesma, mas torna-se significante de alguma outra coisa. O ursinho expressa uma ação de retorno e uma presença. Ele é resultado de uma criação compensatória da angústia de uma perda assumida. Com o objeto transicional, nasce a função simbólica que vai permitir o desenvolvimento das capacidades

O objeto transicional facilita o aparecimento de formas
de comunicação mais evoluídas

de antecipação, quer dizer, de antecipar ações e seus efeitos de transformação, sem realmente agir. O verbo de ação permitirá a afirmação dessa capacidade de antecipação tão importante para o desenvolvimento da inteligência prática;

– ele é vítima; o objeto transicional é amado e agredido. Torna-se o lugar da expressão pulsional dos fantasmas de incorporação e de destruição. Já mencionamos o amor devorante que a criança experimenta pela mãe: ela a ama e quer assimilá-la. Será, então, que a criança não vai destruir a mãe, fazê-la desaparecer?

Ora, a criança quer que sua mãe subsista, pois ela a ama.

O objeto transicional desempenha um papel de asseguramento, assim, ele deve sobreviver diante do "amor agressivo". Subsistindo, ele exorciza a culpa e reitera, no nível inconsciente, que as pulsões agressivas correlativas do amor não podem aniquilar nem fazer desaparecer os objetos de amor que se instalam na permanência, tanto no plano espacial, como no plano temporal.

O objeto transicional contribui para exorcizar a angústia de perda da mãe e desculpabilizar a criança de suas pulsões de amor. Ele favorece formas de amor mais gratificantes para todos os parceiros que facilitarão a dinâmica da evolução e o aparecimento de formas de comunicação mais evoluídas.

"Não mexa aí"

O fantasma de apreensão é projetado no espaço: a criança aponta com o dedo para obter aquilo que ela quer e, se não consegue, fica zangada, ou então segura os objetos que pertencem à mãe ou os que esta utiliza com freqüência, e isso com maior facilidade ainda, quando adquire a posição de estar de pé ou quando já consegue deslocar-se facilmente. A criança torna-se um "mexe em tudo", claro que para seu prazer de explorar e conhecer, mas, sobretudo, para ter um domínio sobre a mãe. A expressão "não mexa aí" é necessária para proteger a criança diante de eventuais acidentes, mas essa interdição renovada somente por excesso de dominação da mãe sobre a criança traz como resultado a manutenção da culpa do prazer de pegar e a limitação das competências manuais e criativas. Esse raciocínio pode ter interesse na compreensão da inabilidade manual.

3. Os fantasmas de ação e a motricidade. A verticalização e a mobilização do corpo no espaço: "Alçar vôo, voar, aterrissar, cair, rodopiar, oscilar"

O irresistível desejo de se colocar em posição de pé faz referência ao fantasma de ação de se elevar no espaço vertical.

Esse fantasma de ação de elevação provém do fato de que a criança, desde o nascimento e até o momento em que se desloca sem a ajuda dos pais, foi pega e levantada muitas vezes do plano horizontal ao plano vertical, para ser levada nos braços até a altura do rosto da mãe ou do pai.

O prazer da atração para o alto, depois para baixo, para ser colocada no berço ou no chão em segurança, está na origem de transformações corporais e, mais particularmente, da tonicidade da musculatura de equilibração. Engramas de ação resultantes dessas transformações vão nascer dos fantasmas de ação, tais como "elevar-se, alçar vôo, voar, aterrissar, cair, rodopiar, oscilar".

Esses fantasmas de ação mantêm o desejo de levantar-se, de crescer, de subir, de descer, de saltar em profundidade, mas também o de cair.

Que prazer subir o mais alto possível para ficar tão ou mais alto que os pais e poder dizer: "Olha! Eu estou maior que você!" E que prazer ser carregado nos ombros do pai e ter uma visão que lhe permite dominar o mundo dos adultos!

a. O prazer de ficar em pé: um segundo nascimento

A conquista da verticalização é dependente da maturação neuromotora, comum à espécie humana, mas essa conquista também é sustentada por uma força pulsional, a dos fantasmas de ação de elevação. Trata-se de uma representação inconsciente, que assegura à criança a sensação de segurança indissociável de um ambiente afetivo seguro, no qual o adulto está muito presente, sem intervir diretamente na competência da criança, embora estimulando a renovação do prazer de seu esforço.

A criança, autorizada pela mãe, sabe o que pode e o que não pode fazer durante as experiências de equilíbrio, para elevar seu centro de gravidade e para levantar-se, evitando a queda.

Quando a criança busca segurar no chão objetos dados pela mãe, objetos que lhe dão segurança durante sua ausência, ela progride com o apoio dos joelhos, dos pés, e a extensão dos membros inferiores: essa intensa atividade dos membros inferiores facilitará a passagem da posição horizontal para a posição vertical.

Toda a atividade motora de elevação, que leva a cabeça em direção ao alto, dá aos membros inferiores e aos pés uma função de apoio e de base estabilizante. A partir da posição de pé, que demanda da criança uma enorme tensão e um esforço contínuo (similar à expulsão das fezes), a criança unifica um "corpo partido em dois" pelo estágio sentado, em que as pernas eram apenas auxiliares que acompanhavam os movimentos das mãos.

Essa extensão no sentido vertical, encorajada pela mãe, proporciona um grande prazer à criança, pela rigidez tônica em resistir à gravidade. Tensionada, firme como um bloco, o estágio erguido lhe proporciona um sentimento de unidade poderoso e independência, embora ela esteja agarrada ao objeto que está servindo de apoio.

A conquista de se levantar, a partir das sensações de alongamento e de aumento do corpo no espaço, permite à criança interiorizar um posicionamento do corpo na vertical, favorecendo a constituição de um esquema corporal não-consciente que leva à segurança do ajuste postural.

A conquista de se levantar é como um segundo nascimento: a criança tem acesso ao mundo dos humanos, das "pessoas grandes"; "agora eu existo, sou como vocês, de pé, mas diferente de vocês!".

Ela adquire competências

A criança adquire sempre novas competências na ausência da mãe, porque o prazer das ações desta está nela; ela está, então, em relação com a mãe por intermédio de seus fantasmas, ela pode, assim, experimentar com toda a segurança. Assim, a tensão centrada na parte inferior do corpo e na estabilidade dos pés permite à criança experimentar seu peso pela repetição dos movimentos de flexão e extensão dos membros inferiores, exercitar sua musculatura antigravitacional, jogando a cabeça para trás, de pé para descobrir seu abdome, suas coxas, seus joelhos e seus pés, que ela descola do chão alternativa ou simultaneamente, ou se levantando nas pontas dos pés, como para ter uma melhor estabilidade. A criança reproduz as atividades de levantamento e de desequilíbrio para o prazer de sua própria unidade, mas também para mostrar à mãe que ela não tem necessidade desta para crescer e, paradoxalmente, manifestar-lhe que o prazer dessa solidez experimentada na posição de pé é o resultado de ter sido bem envelopada, sustentada e carregada com toda a segurança.

A esse respeito, andar nas pontas dos pés, como algumas crianças costumam fazer, é uma manifestação de sua insegurança afetiva, a de não ter raízes originárias estáveis. A rigidez tônica, devido ao desequilíbrio permanente, assegura-lhes uma "segunda pele", como falso continente de sua pulsionalidade.

O sentimento de segurança é a condição de um relaxamento tônico responsável por uma adaptação práxica ao mundo, um mundo externo de pé, que fala e lhe assegura continuamente a validade de todas as suas ações, para uma descoberta optimal de si e do ambiente. O estágio de pé adquirido, bem estabilizado, libera a mão que se torna um instrumento de preensão mais apurado: ela pára, abaixa-se e se acocora para pegar delicadamente no chão uma linha, um minúsculo pedaço de papel que ela se apressa em entregar com toda a seriedade à pessoa que ama. É o período do pontilhismo, que corresponde à percepção sincrética do objeto.

A partir do prazer do domínio estático e móvel do corpo, a criança adquire rapidamente o controle das direções e das dimensões do plano vertical. "Está em cima, está embaixo", empurrando, recolhendo, suspendendo ou jogando longe os objetos, a criança começa a diferenciar suas qualidades: leve, pesado, fraco, forte; tocando, apertando, encostando de leve, ela aprecia a textura dos objetos suaves e os rugosos; alongando-se ou encolhendo-se, ela avalia o tamanho dos objetos: pequeno, grande. É o período em que a criança se liga aos objetos, condição indispensável para adquirir a permanência destes. Seu ajustamento tônico-postural e emocional é tal, que ela se apropria do objeto do mesmo modo como ela age: "ela os fez tal como são, firmes ou flexíveis, leves ou pesados, fluidos ou sólidos, duros ou moles".[11]

A apropriação do objeto torna-se mais segura porque este é, em grande parte, um objeto transicional, que pertence ao mesmo tempo à mãe e à criança, porque lhe foi dado e autorizado pela mãe. Assim, quando a criança descobre um novo objeto, ela o eleva acima da cabeça para mostrá-lo à mãe. Cada objeto terá o valor que a mãe lhe quiser atribuir, admirando o gesto triunfante da criança ou desaprovando seu gesto.

O período em que a criança se liga aos objetos corresponde àquele em que a criança se liga ao espaço, por um ajuste permanente de ações que levam ao controle do espaço topológico (quer dizer, um espaço interiorizado, totalmente dependente do

---
[11] *Ibid.*

espaço externo). A criança descobre, assim, as relações de posição com relação a ela: em cima, embaixo, na frente, atrás, ao lado, em volta.

São necessários para a criança vários anos até passar progressivamente do espaço topológico ao espaço euclidiano (ou seja, um espaço que se organiza em formas geométricas reconhecíveis: retângulo, quadrado, triângulo, losango, e que são mensuráveis), que permite comparar os comprimentos, as direções, os ângulos. Trata-se da conquista de um espaço independentemente de suas próprias referências adquiridas a partir da descentração tônico-emocional.

As crianças que adquiriram um bom equilíbrio dinâmico sobem em todo lugar, nas cadeiras, nas mesas, as escadas, situações consideradas muitas vezes perigosas pelos pais e algumas vezes proibidas. Mas a criança insiste, pois se ela sobe, ela o faz para seu próprio prazer, brinca de desequilíbrio sem perder o equilíbrio; finge ter medo da queda, mas sem ter realmente medo. A criança coloca os pais à prova em sua própria insegurança e os obriga a olhá-la, e, por sua dominação sádica sobre eles, afirma sua onipotência, seu desejo e seu prazer de ser ela mesma.

Quando a criança corre o risco de cair subindo uma escada, ela abaixa imediatamente seu centro de gravidade e volta à superfície de apoio que

Brincar de desequilíbrio

corresponde a uma posição anterior na qual ela se sentia em segurança. Trata-se de um ajuste tônico-postural, possível graças a uma representação postural contínua de si, que consideramos como um processo de asseguramento em relação à perda da unidade de si.

Entretanto, a criança pode cair com força no chão, de nádegas, ou de costas, porque a estabilidade dos pés falhou. Essa queda provoca uma mudança de estado tônico instantânea, ela fica totalmente demolida, abatida, sem reação; depois aparece uma desordem emocional, um sentimento de perda violenta de sua onipotência. De um momento para outro, ela deixa dolorosamente o mundo "dos grandes". A mãe, alertada pela queda, é a pessoa que poderá acalmar a criança e desdramatizar o incidente, que é certamente doloroso pela tensão dos membros inferiores e pelo choque do contato com o chão duro. A mãe está lá para reconfortá-la e recolocá-la na posição de pé, para incitá-la a recomeçar suas tentativas, mas, logo que se vê em pé, ela pede para ser deixada livre. Os dois formam um par harmonioso que se escuta e se ajuda mutuamente para o bem-estar comum.

Um outro equilíbrio

Eu farei aqui a analogia entre o prazer de se reequilibrar e a aprendizagem da natação. Na verdade, nadar não envolve apenas a questão da propulsão na água, mas, antes de tudo, a questão de um novo equilíbrio em um meio novo (o meio aquático), onde o polígono de sustentação é a parte anterior ou posterior do corpo, conforme o nado, seja de barriga para baixo ou de barriga para cima. Aprender a nadar requer um processo de reequilibração tônica totalmente excepcional e intensamente emocional. O mesmo acontece quando se aprende a andar de bicicleta; esse novo equilíbrio sobre um polígono de sustentação muito reduzido requer, por parte da criança, um ajuste tônico-postural e emocional muito preciso do sistema de equilibração, a fim de evitar a queda.

A esse respeito, existe hoje a moda de imergir os bebês como uma atividade que favorece sua autonomia futura, mas trata-se neste caso, em nosso entender, de um engano. Na verdade o bebê, logo no nascimento, perde o suporte vital da bolsa uterina; ele vive o medo da queda e, por isso, tem necessidade de sentir-se bem sustentado.

"A água coloca à prova a inconstância do vazio, do mistério, do estranho";[12] imerso, o bebê vive a perda angustiante de seu suporte vital e esta perda cria reações motoras de deslocamento para reencontrar o suporte vital de segurança. "Essa angústia desencadeia um retorno ativo do bebê em direção à mãe ou ao pai."

Trata-se de um condicionamento reacional que não pode favorecer a autonomia, e sim, ao contrário, a dependência na busca de uma ancoragem afetiva.

Retirada e colocada bruscamente

Quando a criança é levantada muito bruscamente do chão ou do berço, sem precaução, e que essa situação se repete, ela pode viver sensações dolorosas da parte inferior de seu corpo. Os membros inferiores, com fraca tonicidade, balançam e são como "aspirados" para baixo pela gravidade. Isto pode provocar sensações de descolamento, de "quebra" entre a parte inferior estabilizante e a parte superior do corpo, mesmo que a criança esteja bem firme nas mãos do adulto. Sensações penosas de despedaçamento da parte inferior do corpo poderiam explicar o atraso de integração dessa parte na unidade de prazer. As conseqüências seriam o atraso da aquisição do estágio em pé e o da marcha. Esse despedaçamento poderia explicar também as dificuldades de equilibração por falta de solidez dos apoios.

---

[12] VADEPIED, A. *Laisser l'eau faire*, Ed. Scarabée CEMEA, Paris, 1976.

Da mesma forma, quando a criança é colocada muito rapidamente em seu berço, ela pode, se a situação se repetir, viver dolorosas sensações de vazio na musculatura posterior, como se tivesse sido "largada" no vazio. Se essa situação se repetir, ela pode desencadear reações de agarramento com o olhar, as mãos, reações de toda a musculatura anterior, associadas a bloqueios respiratórios, por causa do medo de ser precipitada no vazio. Nessas condições, pode existir um desequilíbrio tônico importante entre a musculatura anterior e a musculatura posterior que pode "modificar" os dados genéticos morfológicos.

Alguns pais ou educadores estimulam excessivamente a criança para apressar o desenvolvimento do estágio de pé. Seu domínio sobre a criança, devido a estimulações impróprias para as possibilidades tônico-posturais e emocionais, pode deixá-la insegura e levar a um resultado inverso. A criança inibe seus atos de levantamento, perdendo o prazer de se reajustar permanentemente diante do desequilíbrio.

Outros pais, acreditando agir corretamente, escoram seu filho com almofadas em posição sentada, a fim de estimular, pensam eles, a aquisição da posição sentada, uma etapa importante para a posição de pé. A criança, nessa posição, faz muito esforço para estabilizar seu equilíbrio, mas às vezes, levada por seu peso, cai pesadamente para o lado sem poder controlar sua queda. Ela fica assim, como se não tivesse mais recursos tônicos nem desejo de reencontrar a posição sentada. Entretanto, uma criança bem escorada, tranqüilizada pelo olhar, pela voz e pelas palavras dos pais, pode aproveitar essa posição para dialogar, manipular, enriquecer suas experiências sem ficar preocupada com o restabelecimento de seu equilíbrio.

É normal que os pais estimulem seu filho e este encontrará nisso o prazer e o desejo de reproduzir atividade para dar-lhes prazer e preservar seu amor. Assim, pode-se compreender a repetição das atividades da criança diante dos pais; porém, estimulações em excesso aniquilam o desejo de ser ela mesma, de agir sobre os pais, e isso não permitirá à criança encontrar o caminho da autonomia, sentindo-se acompanhada em seu desenvolvimento.

O medo do desequilíbrio

A observação mostra que crianças que têm medo de ficar desequilibradas reagem por tensões tônicas exageradas e crispações, que bloqueiam o conjunto do tônus dos músculos da vida de relação e talvez dos órgãos da vida vegetativa para recuperar seu equilíbrio estável. Constatamos seus limites em agir corretamente sobre o mundo externo: as posturas são precárias, as ações ineficazes para a realização de um projeto, a imperícia é evidente e a criança fica invadida por um sentimento de insegurança afetiva que limita sua capacidade de comunicar. Ela gera em seu entorno um sentimento de proteção. De fato, essas crianças não foram suficientemente sustentadas, envolvidas e tranqüilizadas por seus pais.

b. *O prazer de cair*

Há alguns anos, eu brincava com meu netinho, no dia de seu primeiro aniversário: sentado num tapete eu brincava de cair para o lado, a criança, não muito estável em suas pernas, estava em pé e me olhava, surpresa, imóvel, o rosto sério. Eu recomeço então minha queda, ele começa a chorar, eu o consolo, o aperto em meus braços, ele para de chorar e seu rosto se relaxa.

Aos dezoito meses, eu recomeço a mesma brincadeira, caio para o lado, o menino começa a rir e cai pesadamente sobre mim. Nós recomeçamos nossa brincadeira de queda um sobre o outro, seu prazer é evidente. Depois, ele fica de pé e brinca sozinho de cair no tapete. Quando está no chão, solta os braços e as pernas em todos os sentidos, depois fica de pé e recomeça a mesma cena várias vezes.

Entre doze e dezoito meses, produziu-se uma mudança na criança, um processo de desenvolvimento que lhe permite agora superar o medo da queda, brincando. Com efeito, antes do décimo oitavo mês, a criança não tem ainda a segurança do estágio de pé, ela se desloca cambaleando, seus deslocamentos são ainda pouco firmes e observamos, sobretudo, que ela contrai o rosto por causa de uma retenção emocional ligada ao medo de cair.

Mas a partir dos dezoito meses, as crianças brincam de cair de barriga no chão sobre almofadas, a partir de uma situação de corrida ou da posição de pé em que elas estão paradas; elas reproduzem inúmeras vezes essa queda com o mesmo prazer, até porque a brincadeira acontece na presença de um adulto que as tranqüiliza e reconhece seu bom desempenho.

A partir dos dezoito meses a criança é capaz de provocar voluntariamente sua queda, passando rapidamente do estágio vertical para o estágio horizontal; ela brinca de perder o estágio em pé porque está segura deste.

A criança tem a segurança do estágio em pé porque tem dele uma representação suficientemente estável; ela pode então brincar de perdê-lo caindo só pelo prazer. A construção desta representação de si resulta de todas as ações de levantamento, provenientes dos fantasmas de ação de elevação.

A queda é uma nova competência em abandonar-se à gravidade, em contrapartida de todos os esforços realizados para conquistar o estágio ereto com o encorajamento dos pais. Essa nova competência do prazer da queda é uma maneira de mostrar-lhes que ela está segura de si e que pode voltar ao chão para melhor se libertar sem a ajuda deles. Essa segurança de si é o meio de se libertar de seus pais para mostrar a eles que ela é diferente deles e que pode agora deles se separar.

A queda é um prazer em si e uma afirmação de si diante dos pais. Ela é a prova de uma separação bem assumida. A queda é um indício de maturação psicológica, pois marca uma etapa na constituição de uma unidade de prazer de resistência firme e estável; ela marca a continuidade de uma representação de si. A queda é também um indício de maturação psicológica, visto que

Brincar de cair

se deixar cair simboliza um fantasma de ação, que provém das transformações do corpo quando a criança foi colocada com segurança em seu berço ou no chão, sem viver o desprazer do abandono. O prazer da queda é também um indício de que ela não foi "largada", de que viveu bem a separação. Na brincadeira de queda, a criança perde voluntariamente o controle de seus movimentos, abandonando-se à gravidade: a queda cria um relaxamento tônico excepcional que libera o afeto de prazer. A partir daí, a criança pode viver suas emoções independentemente dos outros. Não será isso um outro meio de afirmação de si? A liberação tônico-emocional abre a criança para a fluidez corporal e a torna disponível para a ação e a brincadeira com os outros.

Observamos, durante sessões de prática psicomotora educativa, tanto na creche quanto na escola maternal, o intenso prazer das crianças em brincar de cair, em brincar com o prazer de transformar violentamente seu corpo. No entanto, algumas crianças ficam tomadas de pânico quando se encontram desequilibradas e levadas à queda; elas se agarraram ao material ou as pessoas próximas para não caírem. Essas crianças têm uma fragilidade de constituição da representação de si. Nelas perdura um grau de angústia de queda que limita a integração psíquica das experiências de levantamento. Quando acontece de elas caírem sem se poder conter, elas ficam como precipitadas no vazio, paralisadas pelo medo de se desintegrar.

c. O prazer de correr[13]

A criança adquire, progressivamente, o equilíbrio dinâmico, brincando de correr com facilidade. O corpo da criança se torna um objeto de brincadeira, tanto mais quando seus pais admiram seu desempenho. O corpo da criança se torna um espaço transicional, que é ao mesmo tempo prazer de um e prazer do outro.

A criança corre pelo prazer de se mover no espaço, descobrindo a velocidade e a autonomia dos movimentos dos braços e das pernas em relação ao tronco. O corpo da criança se torna flexível. Ela modifica à vontade sua forma, tamanho, ritmo: ela passa, progressivamente, de uma unidade de prazer rígida e estável para uma unidade de prazer móvel e elástica. Essa liberação da motricidade é também uma liberação das emoções, tanto mais quando os pais participam desse desempenho, encorajando a criança ou a perseguindo para brincar de pegar.

Se o prazer de correr libera o corpo, ele também permite à criança afastar-se de seus próximos, correndo na frente da mãe ou longe dela, afirmando sua busca de liberdade. Porém, algumas vezes, ela corre muito rápido para se jogar nos braços da mãe ou do pai, braços nos quais ela poderá se perder, como para buscar ajuda, a fim de conter sua velocidade e seu desequilíbrio que não pode ser controlado devidamente. Ela se joga correndo nos braços dos pais para lhes dar uma prova de amor.

d. O prazer de se balançar

Balançar-se em um balanço, numa rede, suspensa por uma corda, são atividades muito procuradas pelas crianças. Essas

---

[13] AUCOUTURIER, B., MENDEL, G. *Qu'est-ce qui fait courir l'enfant?* Université catholique de Louvain, Bélgica, Louvain-la-Neuve, 1999.

atividades são a expressão de um fantasma de ação pendular, "oscilar", resultantes de engramas provocados pela marcha oscilante da mãe durante a gravidez, assim como dos embalos, segundo ritmos e amplitudes diferentes que os pais exercem sobre o bebê para acalmá-lo ou fazê-lo dormir. Freqüentemente, o prazer do embalo ocasiona o prazer de um desejo de regressão, desejo de ser envolvido pelo ritmo e de se deixar levar pelo desejo inconsciente de se perder no corpo da mãe.

e. O prazer de saltar em profundidade

A brincadeira de queda evolui para os saltos em profundidade. Saltar no vazio acarreta a perda dos apoios e os referenciais espaciais. Para compen-sar essa perda, a criança enrijece o corpo durante o tempo em que está em suspensão. Saltar em profundidade é a expressão de um fantasma de ação, o de "voar". A criança levantada, colocada e transportada em todas as direções vive sempre essas ações exercidas sobre ela com tanto prazer que elas são engramadas e representadas em forma de fantasmas de ação, como a ilusão de voar: voar no espaço como onipotência mágica do desenvolvimento individual.

Saltar no vazio

A repetição do salto em profundidade na criança, que encontramos no adulto quando este, por exemplo, pratica cama elástica, pára-quedismo ou parapente, é um meio para a criança poder manifestar sua vontade de poder e o prazer de ser si mesma e de controlar o domínio dos pais sobre ela.

f. O prazer de girar

Todas as crianças giram sobre si mesmas ou em torno dos pais, segurando num poste, rolando no chão, fazendo cambalhotas ou saltos perigosos. Elas brincam de girar objetos: piões, arcos, mas preferem deixar-se levar pelo giro das portas giratórias dos jardins, bem como em carrosséis dos parques de diversão ou no colo de seus pais.

O prazer de girar é a expressão de um fantasma de ação, o de "rodopiar", que anima todas as atividades giratórias repetidas pelas crianças e que os adultos reencontram, mais tarde, através da dança, das atividades acrobáticas no chão ou na água, quando mergulham. Esses fantasmas de rodopio nos remetem a engramas do período pré-natal, quando o feto está mobilizado por todos os movimentos da mãe, e depois, quando se mobiliza e se volta pela gravidade no útero. Esses fantasmas fazem também referência ao momento em que, após o nascimento, o bebê é virado muitas vezes no sentido privilegiado pela mãe, quando é cuidado ou é transportado de um lugar para outro. Essas mobilizações estimulam intensamente o labirinto, a musculatura de equilibração e todas as outras funções que vão assegurar o equilíbrio. Por que preferimos girar à direita mais do que à esquerda ou vice-versa?

Girar continuamente é uma simbolização arcaica do fantasma de rodopio para encontrar o Outro que está em nós.

g. As brincadeiras de prazer sensório-motor

As brincadeiras que envolvem o desequilíbrio, como cair, saltar, girar, balançar-se, são atividades que solicitam intensamente o sistema labiríntico e estimulam particularmente a musculatura que participa da equilibração. O prazer da transformação dessa musculatura, associado ao prazer de transformação de inúmeras funções sensoriais necessárias ao processo de manutenção da função de equilibração, ocasionam um sentir do corpo, a partir da musculatura mais profunda.

As brincadeiras de prazer sensório-motor, como as chamamos, são brincadeiras inteiramente simbólicas, pois têm uma função de promover o asseguramento em relação à angústia de perda da mãe; elas têm também a função de manter a unidade de prazer e de afirmação de si. Por outro lado, essas brincadeiras promovem o acesso às brincadeiras de identificação.

As brincadeiras de prazer sensório-motor, sustentadas pelos fantasmas de ação, mantêm contidos esses fantasmas no espaço e no tempo. Efetivamente, a criança não pode alçar vôo nem voar. Assim, a realização do fantasma tem limites impostos pelos limites do corpo e da gravidade. A perda progressiva da intensidade pulsional do fantasma é atenuada, mas está sempre presente nessas brincadeiras repetitivas.

Se as experiências corporais do bebê na relação com a mãe estão na origem dos conteúdos fantasmáticos de ação, o corpo é também continente desses fantasmas, na medida em que permite, pelo prazer de agir, dar-lhes forma no espaço e no tempo. Assim, o espaço e o tempo tornam-se continentes psíquicos que participam da estruturação de si.

Observamos com freqüência, durante as sessões de prática psicomotora educativa, que quando as crianças descobrem as brincadeiras de prazer sensório-motor e a espontaneidade do prazer, elas simbolizam e se transformam de um momento para outro, como pudemos, muitas vezes, constatar, visto que a motricidade, a linguagem, a comunicação e o pensamento "se liberam". Essas brincadeiras são, assim, importantes na transformação da criança. Na ajuda individual, a passagem pelo prazer sensório-motor compartilhado entre a criança e o psicomotricista é a garantia de uma evolução às vezes espetacular da criança.

Traços gráficos

Os primeiros traços gráficos da criança antes dos três anos, como riscos, sinuosidades, traços verticais e espirais, são, em nosso entender, simbolizações arcaicas de fantasmas de ação que representam ao mesmo tempo ações do sujeito e do objeto misturadas; essas simbolizações já são sinais da existência de uma representação de si.

h. As brincadeiras de asseguramento profundo

Todas as brincadeiras da criança mediatizam os fantasmas de ação. As brincadeiras são criações simbólicas que visam assegurar ou re-assegurar à criança diante das angústias de perda e, simultaneamente, favorecer a integração da realidade e a vivência do prazer de ser si mesma.

As brincadeiras de asseguramento profundo, como as brincadeiras de destruição, de prazer sensório-motor, de envelopamento, de esconde-esconde, de ser perseguido, e as brincadeiras de identificação com o agressor têm uma função específica de assegurar ou re-assegurar a criança contra a perda original de si e do "objeto-mãe".

Essas brincadeiras repetitivas, fundadas no medo de ser destruída ou abandonada, articulam-se com seu contrário tônico e emocional que re-assegura a criança: equilibrar-se e desequilibrar-se, esconder-se e ser descoberto, perseguir e ser perseguido, identificar-se com o agressor e com o agredido.

As brincadeiras universais fazem referência às ações simbólicas de ter e de não ter para se assegurar da continuidade do objeto e para dele se diferenciar e ser si mesma.

As brincadeiras de asseguramento profundo permitem à criança, meninos e meninas, assumir plenamente suas angústias de castração e viver com mais segurança o processo de identificação ao pai do mesmo sexo.

A prática psicomotora educativa e preventiva traz uma contribuição considerável aos processos de asseguramento e reasseguramento contra as angústias, quer dizer, a segurança emocional, através de meios educativos que estudaremos no capítulo reservado às aplicações práticas.

4. Os fantasmas de ação e a expulsão: "Dar, receber, reter"

a. *O prazer de dar e de reter*

As zonas genital e anal são zonas do corpo da criança particularmente sensíveis às ações da mãe, quando esta lhe dirige os cuidados. Essas zonas solicitadas tantas vezes pelos contatos são fonte de prazer e de transformação. A criança fantasma a ação de dar as fezes para sua mãe, a fim de receber o prazer das ações desta: as fezes são oferecidas como um dom simbólico para o prazer de receber, para manter uma relação afetiva com a mãe durante sua ausência.

> As fezes constituem o primeiro presente, o primeiro sacrifício que a criança consente para quem ela ama, uma parte de seu corpo da qual ela se priva, mas apenas em favor de uma pessoa amada.[14]

No momento da expulsão das fezes, todo o corpo participa, os membros e os pés se enrijecem, as mãos se crispam, o rosto

---

[14] FREUD, S. "Análise de uma fobia de um menino de cinco anos", in *Cinq psychanalyses*, Presses Universitaires de France, Paris, 1909.

fica vermelho, os dentes serrados, o abdome se contrai. Todo esse esforço é dirigido para as zonas pubiana e anal, e é acentuado por liberações respiratórias barulhentas. A tensão, que parece penosa para a criança, na verdade, proporciona-lhe prazer, ainda mais quando a mãe acompanha e encoraja a expulsão.

O relaxamento da expulsão cria um sentimento de unidade de prazer que compensa certa angústia da perda das fezes.

Constatamos muitas vezes que, durante o relaxamento que se sucede à defecação, depois da queda tônica da expulsão, a criança dobra ligeiramente as pernas e apóia suas mãos no chão, com as nádegas para cima, a fim de ter quatro apoios firmes e estáveis. Essa postura é de asseguramento, pois a perda das fezes pode ser vivida como alguma coisa que se separa e cai do corpo, podendo gerar uma angústia de despedaçamento; felizmente, a mamãe está lá para constatar e gratificar o resultado desse grande esforço físico. Se a mãe não dá atenção a essa perda do corpo, a criança insiste para mostrar sua produção, a fim de dá-la como um presente de sua própria criação.

As fezes tornam-se, então, um objeto transicional, que tem a particularidade de ser criado pela criança e não mais pela mãe, mas é um objeto transicional que pode ser dado ou recusado: é a partir dessa criação que começa a fase anal.

Simultaneamente à expulsão ou um pouco mais tarde, a criança adquire o prazer da retenção das fezes. Esse prazer se percebe pelas contrações diferenciadas e elaboradas das mãos, enquanto que os membros inferiores estão mais relaxados. O prazer se percebe até mesmo no rosto que se ilumina com um sorriso fixo e extasiado. O prazer da retenção é, algumas vezes, percebido pela mãe; esse reconhecimento pode, então, desencadear o relaxamento e a expulsão, mas a criança não retém as fezes por seu único prazer de guardar e de chamar a mãe para que ela reconheça seu esforço. A criança desfruta de um prazer "maroto" de recusar voluntariamente dar as fezes. Assim, ela controla a dominação da mãe que espera a expulsão, rompendo a dependência que as une.

A defecação fornece à criança a primeira ocasião de decidir entre a atitude narcísica (guardar o prazer para si) e a atitude de amor com o objeto (dar um presente ao objeto).[15]

A criança manifesta seu desejo de separação e de autonomia pelo prazer que experimenta em protelar a doação das fezes: "a retenção-expulsão voluntária é um indício do controle da ancoragem das relações com o objeto".[16]

A fase anal poderia ser melhor nomeada como a fase do aprendizado da separação.[17]

b. Os ganhos do controle esfincteriano

Os ganhos do controle esfincteriano, na relação com o objeto, marcam uma etapa importante da evolução da criança. A retenção voluntária das fezes é um tempo de suspensão do ato de defecar que permite à criança imaginar e antecipar o prazer da transformação do corpo, devido ao relaxamento esfincteriano e à expulsão.

Esse tempo de suspensão "é um tempo intermediário entre o desejo e a atividade, é um tempo de elaboração psíquica que permite o desenvolvimento dos fantasmas de ação e sua separação da motricidade. Em contrapartida, um investimento insuficiente da analidade mantém o sujeito numa relativa impossibilidade de separar seus fantasmas de uma descarga motora".[18]

A expulsão postergada pode simbolizar, na fantasmática anal, uma expulsão destruidora do objeto interno. Pode significar também um ataque do objeto interno, como uma recusa em se dobrar às exigências da mãe e dominá-la. A recusa em evacuar é uma conseqüência somática.

---

[15] PERRON-BORELLI, M. & PERRON, M. "Fantasme et action", in op. cit.
[16] Ibid.
[17] MENDEL, G. La psychanalyse revisitée, La Découverte, Paris, 1998.
[18] PERRON-BORELLI, M. Op. cit.

É a partir do período em que a criança é capaz de controlar a expulsão em relação ao objeto que se inscreve no psiquismo a bipolaridade da passividade e da atividade, quer dizer, o elo entre a passividade, que nasce do prazer anal controlado de guardar para si, e a atividade, expressão da pulsão de dominação sobre o objeto-mãe e o mundo ao qual pertence. Trata-se de uma passividade cheia de espera e de antecipação de representação da ação sobre o objeto.

Todo ato da criança, até mesmo, mais tarde, do adulto, reativa a problemática anal e pode ter um sentido inconsciente, seja de um desejo ativo sobre "o objeto" para dominá-lo e penetrá-lo, seja de um desejo passivo sobre o objeto de se deixar levar por ele e de se deixar penetrar por ele.

A expulsão-retenção é a prova de que existe doravante no inconsciente da criança o desejo de destruir "o objeto" e, ao mesmo tempo, o desejo de amá-lo. É a partir daí que nasce a ambivalência de destruir, odiar e amar: a ambivalência do fantasma de se apegar e do fantasma de se desapegar.

Os ritmos de contração do esfíncter anal se encontram em muitas outras atividades motoras. Quando a criança se levanta, mantendo a posição tensionada, depois salta e cai ou se deixa cair, ela vive o prazer de ser grande e pequena. A criança é também capaz de segurar um objeto apertando-o com força antes de jogá-lo; ou, ainda, ela abraça com força sua mãe para depois largá-la rapidamente, a fim de dirigir-se para um objeto que a interesse. "Ela se agarra às pernas da mãe e a abandona como se a expulsasse de sua vista e de seu contato."[19]

O controle esfincteriano anal é um indício do controle da atividade muscular. A capacidade de coordenação evolui rapidamente entre os dois e três anos: a criança sobe e desce as escadas alternando os pés, participa ativamente do vestir-se e despir-se, lava suas mãos, come sozinha, utiliza o lápis com maior precisão, brinca com massa de modelar (material indefinidamente

---

[19] KERTENBERG, J. *Op. cit.*

transformável!). São muitos os indícios da atividade da criança que lhe asseguram que ela se torna semelhante a seus pais, sendo, ao mesmo tempo, diferente e autônoma, e ela lhes mostra isso através do "eu sei fazer", "eu sozinha". Quando a criança está no urinol, para disfarçar a espera, a mãe lhe dá objetos para manipular, evitando que ela toque em suas fezes. Essa interdição do tocar parece ter uma ligação com o prazer de manipular os objetos e o prazer de deixar marcas no papel.

Por outro lado, a criança se torna capaz de agachar-se para expressar sua vontade real ou fictícia de defecar, imitando os ruídos vocais da expulsão. Essa é uma maneira de exercer seu poder sobre os outros e de manipulá-los. Mas, através das significações posturais e vocais, a criança manifesta, pelo corpo, sua capacidade de representar no mundo exterior, para os outros. Essa é uma prova de sua capacidade de representação interior e da constituição da representação de si. A capacidade de representar e de verbalizar sua própria vivência emocional encontra aí uma origem possível.

c. *A respeito da micção*

Antes do segundo ano, a criança tem o escoamento da urina e encontra prazer em inundar e ser inundada num banho quente de urina. Mas, entre o segundo e o terceiro ano, a criança começa a controlar a necessidade passiva de urinar, como controla a expulsão das fezes. Por isso, a criança utiliza-se da micção para exercer seu domínio sobre a mãe.

A esse respeito, Mélanie Klein[20] estabelece uma relação entre o prazer sádico uretral e o prazer sádico oral. Na verda-de, "os fantasmas de destruição nos quais as crianças inun-dam, submergem, destemperam, queimam e envenenam, com ajuda de enormes quantidades de urina, constituem uma reação sádica à privação de alimento liquido infligida pela mãe e são finalmente dirigidos contra o seio materno".

---
[20] KLEIN, M. *Op. cit.*, 1959.

A criança cria para si fantasmas de ação de urinar, em que "a urina é imaginada como um agente de corrosão, de desagregação e de corrupção, e ainda como um veneno secreto e insidioso".[21]

A enurese para inundar e destruir é freqüentemente associada a brincadeiras com o fogo. A enurese é a expressão de um desejo de reencontrar a mãe para agir com crueldade sobre ela.

d. Os ganhos do controle uretral

Quando a criança começa a controlar a necessidade passiva de urinar, ela pode reter a urina, controlando-a. Orgulhoso e forte com esse controle, o menino se exibe com seu pênis, procura fazer xixi o mais longe e o mais alto possível, deixa manchas, marcas no chão com sua urina, ao passo que a menina, ao observar a façanha do menino, parece viver um sentimento de frustração por não poder fazer a mesma coisa e, sobretudo, por ser obrigada a sentar-se para urinar.

"Por que é que eu não posso fazer xixi em pé como ele?", perguntam as meninas. Porém, nos meninos e nas meninas, a micção cria um sentimento de unidade por causa do relaxamento generalizado provocado pela perda da urina; e isso não proporciona um vazio tão importante quanto a perda das fezes, já que essa perda líquida pode ser controlada no tempo, e isso a torna menos angustiante.

A capacidade de controlar a urina marca o controle do início e do fim voluntário da micção: a criança torna-se consciente do tempo que flui.

Antes do controle da micção, a criança deambula, anda, corre para todo lado, por prazer, sem um rumo certo a alcançar. Por não poder controlar sua pulsionalidade locomotora, a criança se movimenta sem parar e, freqüentemente, esbarra nas coisas, não sendo capaz de levar a cabo ações reguladas que tenham um começo e um fim.

---

[21] *Ibid.*

A criança torna-se consciente do tempo

Quando a criança é capaz de se mobilizar, desacelerar, parar, ela toma consciência do tempo. À medida que controla o tempo, encontra prazer em brincar, em parar, recomeçar, terminar suas atividades. A criança anda para frente, para trás, abre e fecha torneiras, brinca com os interruptores, lança, mira alguma coisa, brinca com líquidos, enche e esvazia, carrega os objetos, com ela os faz correr, andar e pular.

A criança modifica à vontade sua forma, sua altura, seu ritmo e modela as formas de seu corpo: ela fica cheia de si quando toma a iniciativa da ação e vai murchando quando pára. É "uma unidade de prazer móvel e elástica".[22]

Antes do período da consciência do tempo, a criança constrói alinhamentos, empilhamentos sem fim, com as mesmas peças de madeira, ou então alinha carrinhos uns após os outros. A seguir, ela constrói alternando grandes e pequenas peças de madeira, brinca com os carrinhos que param "no sinal"; com os trens que partem e param na estação, com os caminhões que se vão "em direção a", "até" os locais de carga e descarga.

É a partir do momento em que a criança se torna consciente do tempo que ela começa a antecipar o que vai acontecer, inclusive as reações emocionais das pessoas de seu entorno. "Raiva não, mamãe!", diz ela a sua mãe insatisfeita com seu comportamento.

A criança "torna-se um operador eficaz que faz as coisas ou finge tê-las feito",[23] um operador que tem a linguagem para assegurar a perenidade de suas ações. Agora, ela já compreende a ausência da mãe em relação aos acontecimentos: "ela vai voltar depois do lanche". A criança localiza no tempo a continuidade de sua relação privilegiada com a mãe. Ambas têm uma história afetiva e temporal: "hoje você vem me pegar na escola", "amanhã nós vamos ao parque de diversões". Progressivamente, a criança

---

[22] KERTENBERG, J. Artigo cit.
[23] Ibid.

abandona o mundo do bebê e entra no mundo das relações edipianas da fase fálica.

Encher e esvaziar

Quer seja na creche, na escola maternal ou na praia, as crianças brincam de encher copinhos com água, areia e, assim que o copinho ou o balde estão cheios, elas os esvaziam rápida ou lentamente, mas sempre com muito prazer.

Essa brincadeira repetitiva refere-se ao par absorver-expulsar que só assume seu pleno valor funcional quando vem articular-se à problemática anal e uretral. Mencionamos anteriormente a ação de sugar, que era complementar à recusa do leite e ao afastamento da mãe, agora, a ação de absorver o alimento com prazer se articula com o prazer de dominar a relação com a mãe por intermédio da expulsão controlada das fezes.

A repetição de encher e esvaziar

Notamos que a qualidade da absorção dos alimentos, como a evacuação das fezes do bebê, é uma preocupação constante da mãe, qualidade que lhe confirma ser uma boa mãe!

A brincadeira de encher-esvaziar é uma simbolização da absorção e da expulsão. É interessante, aliás, observar como a criança enche e esvazia: para algumas, o copinho nunca se enche suficientemente rápido; outras esperam com um prazer evidente que o copinho se encha completamente até transbordar; para outras ainda esvaziarão lenta ou pulsionalmente o conteúdo. Algumas crianças vão encher, mas nunca vão querer esvaziar, e outras esvaziam ao mesmo tempo em que enchem. Todas essas maneiras de fazer são a expressão de fantasmas de ação mais ou menos contidos, resultantes da oralidade e da analidade, vinculados a uma relação inconsciente com a mãe.

5. Os fantasmas de ação e a genitalidade: "Amar um, destruir o outro, amá-los um e outro"

Até o terceiro ano, as crianças procuram o asseguramento em relação à angústia de perda da mãe. Porém, por volta dos três ou quatro anos, elas buscam o asseguramento em relação à angústia de castração. Para a menina, é a angústia de ter perdido o apêndice genital, para o menino, é a angústia de perdê-lo.

A menina observa que ela não tem o apêndice para fazer xixi de pé como seu irmão ou seu pai, e, na medida em que nenhuma explicação lhe foi dada pelos pais, ela imagina que esse apêndice, que o menino exibe, ainda não cresceu ou que ele caiu, ou ainda lhe foi tirado, pois, talvez, ela tenha sido má. Esse medo está na origem de uma vivência emocional dolorosa e de uma angústia por se sentir incompleta. Porém, a menina, cercada pela segurança afetiva dos pais, encontra o meio de reparar simbolicamente essa mutilação, ainda mais se seus pais a asseguram através de palavras tranqüilizadoras:

— Claro que você tem, só que não é como o de seu irmão, e depois quando você for grande, você terá seios, poderá ter bebês assim como a mamãe.

De qualquer maneira, essas palavras vão gerar outras interrogações, outras elaborações fantasmáticas e não serão suficientes para exorcizar totalmente a angústia da castração.

a. Os fantasmas de ação de amor incestuoso

Na problemática edipiana, o menino quer guardar a mãe apenas para ele, fantasmando uma ação de amor incestuoso com ela, mas o pai é um obstáculo nessa relação exclusiva, pois a criança quer eliminá-lo, fantasmando a ação de matar o pai, de destruir o rival, embora o ame. "Ele deixa entender que, nele, o amor pelo pai está em conflito com a hostilidade contra esse pai por causa de seu papel de rival junto à mãe."[24]

A criança, por essa ação inconsciente de querer destruir seu rival, pensa que pode ser punida, agredida, castrada e, assim, perder sua integridade física como punição pelo desejo da morte do pai. Para "reparar" suas más intenções e a culpa que experimenta em relação ao pai, a criança inibe sua ação destruidora, adotando uma atitude de ternura com relação a ele, mostrando-se, progressivamente, distante e agressiva perante a mãe. A criança inverte os papéis, e a relação com o pai do sexo oposto dá lugar a sentimentos afetuosos em relação ao pai, criando uma ação fantasmada homossexual, rapidamente recalcada. A criança toma o pai do mesmo sexo como modelo e faz dele um herói cheio de qualidades. Para o menino, o pai se torna "o super-pai" admirado, mas também o parceiro com o qual ele poderá "lutar" e brincar de triunfar, como um modo de se apropriar da potência do pai e de tomar o lugar dele junto à mãe, simbolicamente.

Esse mecanismo psicológico inconsciente de inversão de

---

[24] Freud, S. "Analyse d'une phobie d'um petit garçon de cinq ans", in *Cinq psychanalyses*, Presses Universitaires de France, Paris, 1909.

papéis é o mesmo para a menina, que fantasma ações de amor incestuoso com o pai, pensando que ficará privada de prazer, que foi mutilada, castrada, como punição por ter desejado a morte da mãe, pois ela deseja destruir sua rival, mesmo que a ame. A culpa faz com que a criança se identifique ao pai do mesmo sexo, e a menina admira sua mãe, sem perder a relação afetuosa com o pai. Mas que conflito inconsciente para ela de identificar-se com o mesmo objeto de amor! E que conflito é se liberar de uma ação fantasmada homossexual que lhe permite encontrar o pai, que dispõe de todos os favores da mãe!

As relações entre a mãe e a filha podem ficar conflituosas, na medida em que a menina deve identificar-se com uma pessoa que é semelhante a ela. Como tornar-se diferente de uma pessoa semelhante? Como evitar a confusão de identidades?[25]

Apesar desses conflitos, o menino e a menina vivem uma "identificação verdadeira" que se refere, doravante, a um modelo que eles imitam e que supervalorizam. Eles não se projetam nesse modelo como antes, pois passaram a adquirir sua individualidade e sua identidade sexual de menina e de menino. Eles não precisam eliminar o modelo para manter sua identidade. Essa forma de identificação não culpabilizante, que supõe a superação progressiva da identificação projetiva e do pensamento mágico, é a prova de um processo de descentração, cuja comprovação é a mudança de estado tônico-emocional, abrindo a criança para o pensamento operatório (seis/sete anos), para uma disponibilidade para as atividades cognitivas, para a cultura e para a comunicação mais aberta com os adultos.

b. A inibição inconsciente da ação

A inibição inconsciente da ação fantasmada de destruir o pai do mesmo sexo favorece a inibição da pulsionalidade motora,

---

[25] ELIACHEFF, C. & HEINNICH, N. *Mères-filles, une relation à trois*. Albin Michel, Paris, 2002.

assim como a mudança de estado tônico-emocional. Assim, a ação se torna mais adaptada ao mundo externo. Por outro lado, essa inibição permite à criança antecipar o prazer da transformação. Essa espera ativa antes da realização da ação (de destruir, por exemplo) é fonte do prazer de pensar. Desta forma, a criança poderá, progressivamente, evocar as transformações do objeto sem agir sobre ele, o que supõe que a ação não é mais realizada no nível sensório-motor e tônico-emocional, mas somente evocada no tônus e na motricidade. Essa evolução implica uma longa maturação tônico-emocional que dura vários anos.

c. Período edipiano e atividade operatória

Essa última reflexão nos leva a esclarecer os laços existentes entre o conflito edipiano, a angústia de castração, o pensamento mágico da criança e a descentração, fator necessário aos investimentos culturais.

> A psicanálise subestimou que a saída do período edipiano era correlativa a uma mudança na maneira de estabelecer relações menos subjetivas com o mundo externo, necessárias para a entrada no pensamento operatório. Do mesmo modo, os piagetianos não ressaltaram suficientemente que a descentração operatória se traduz por uma mudança importante no nível dos ajustes tônico-emocionais da comunicação, da socialização e, portanto, da aceitação das regras.[26]

Captar os laços existentes entre o pensamento mágico, a angústia de castração e a resolução da problemática edipiana supõe imaginar que a criança de três/quatro anos não perceba nem o espaço, nem o tempo, nem os objetos e não pense como o adulto. Se a criança tropeça ao bater numa cadeira, ela bate nessa cadeira, pois, para ela, esta é a responsável por sua queda.

Para a criança, o objeto se comporta como ela, quer dizer,

---

[26] EMPINET, J. L. Texto ainda não publicado.

com uma vontade de potência projetada sobre o mundo que faz com que os objetos sejam animados. É o período da onipotência mágica, durante o qual a criança não coloca nenhuma distância entre sua intenção e a causa.

Suas intenções de atos valem como atos. Assim, ela não pode centrar-se suficientemente, nem sobre as transformações externas e internas de seu corpo, nem sobre as conseqüências de seus atos. A criança ainda está demasiadamente na subjetividade fantasmática e emocional que não lhe permite sair de seu próprio ponto de vista e considerar o ponto de vista do Outro objetivamente.

A criança atribui seu modo de pensamento indiferenciado aos objetos materiais e, particularmente, a pessoas de seu entorno de quem ela gosta. Ela se projeta no Outro, sente-se como o Outro: é uma identificação mágica projetiva em que a criança é rei, rainha, príncipe, princesa, lobo, bruxa, monstro...

Mas a criança tem desejos, fantasmas de agressão e de destruição devorante dos objetos de amor que ela continua mais ou menos a querer assimilar e pensa que o Outro funciona como ela, sem diferença, e que ela pode sofrer os desejos de agressão das pessoas de quem gosta, como resposta a seus próprios desejos de agressão. Será, então, que a criança não corre o risco de ficar privada de prazer, punida, mutilada (para a menina, ter sido mutilada; para o menino, ser mutilado)?

A culpa leva a uma inversão dos papéis e das identificações sexuais verdadeiras que alteram as relações afetivas da criança com o pai e a mãe, em primeiro lugar; e, em seguida, com o mundo feminino e masculino de seu entorno. Essa alteração de estado tônico-emocional condiciona o processo de descentração e de abertura para o pensamento operatório, na medida em que operar é utilizar referências independentes da subjetividade fantasmática e emocional. Não ficamos surpresos quando as crianças que se identificam com facilidade e alegria ao pai do mesmo sexo não tenham problemas maiores no momento das aprendizagens fundamentais do saber.

d. As brincadeiras e a castração

A angústia latente da castração, bem assumida pela criança, gera processos de asseguramento bem diferentes na menina e no menino. Observamos que as meninas privilegiam brincadeiras com boneca: elas cuidam, vestem, despem, dão-lhe de comer e depois, em outros momentos, ralham com a boneca ou a embalam para fazê-la dormir ou consolá-la.

A brincadeira de boneca é alimentada por uma dimensão cultural (damos bonecas às meninas e carrinhos aos meninos), mas essa brincadeira não é somente cultural, ela é uma brincadeira de identificação com a mãe e também uma brincadeira de asseguramento ligado à castração, que se apóia em mecanismos inconscientes, independentes das culturas. O mesmo acontece para todos os objetos usados no corpo, como as fantasias, os vestidos, chapéus, bolsas, colares...

Observamos que a boneca é sempre trazida delicadamente junto de si, que os gestos utilizados para manipulá-la são lentos e precisos. Essa gestualidade lenta, voltada para si, favorece a evolução da pulsionalidade motora e das emoções, bem como a interiorização das ações e o desenvolvimento de competências motoras precoces, como as brincadeiras de destreza (pular corda, jogos de bolas, salto com elástico) ou atividades manuais precisas e elaboradas (desenhos, colagens).

Por outro lado, a descentração tônico-emocional, conseqüência do processo de identificação, permite à menina estabelecer relações afetivas preferenciais e duráveis com alguns colegas, mais do que relações simplesmente passageiras.

Quanto aos meninos, eles privilegiam as brincadeiras de onipotência fálica e de potência (corridas de carro, de moto, de cavalo, que ocasionam acidentes, feridos transportados em ambulância, socorro em hospitais com doutores e enfermeiras). Quando essas brincadeiras aparecem, instalamos rapidamente um hospital com sala de espera, e o psicomotricista, auxiliado pelas

Identificar-se à imagem feminina

crianças, presta o socorro necessário aos feridos. Bastam algumas manipulações e contatos, sob forma de brincadeira, para aliviar o ferimento imaginário da "mutilação" e evitar que a angústia de castração esteja muito presente.

Do mesmo modo, o menino privilegia as brincadeiras de agressão, de competências físicas, identificando-se com personagens masculinos onipotentes, como os heróis de desenhos animados: o material é transformado em espada, em fuzil de combate, para expressar o poder ou a dominação.

Correr e saltar o mais rápido e o mais alto possível, levantar o que é mais pesado para mostrar sua força, contrair os bicípites são muitas das manifestações simbólicas para assegurar a angústia de "mutilação". Os gestos do menino são rápidos, tônicos, algumas vezes violentos. Quando o menino pega um tecido para se fantasiar de super-homem, ele faz logo uma capa; caso pegue uma boneca, afasta-a de si com os braços esticados, tenta fazê-la andar ou virá-la para dar cambalhotas, ou ainda jogá-la longe. A boneca, após os três anos, é raramente levada junto ao corpo, cuidada e acariciada.

As brincadeiras de asseguramento do menino, com uma gestualidade tônica, rápida, voltada para o exterior, marcada pela pulsionalidade, diminui o desenvolvimento de suas capacidades de concentração e de descentração tônico-emocional. Por outro lado, essa limitação mantém uma percepção mais sincrética do mundo externo, assim como as competências cognitivas mais globais.

Em contrapartida, a liberação das emoções, que se deve à intensidade da mobilização motora, favorece uma pluralidade de relações afetivas de curta duração com vários colegas. Seria interessante notar que a menor capacidade de descentração tônico-emocional no menino, com relação à menina, mantém identificações projetivas e o risco de se perder mais facilmente nos papéis. O exemplo que se segue ilustrará esse aspecto do desenvolvimento psicológico da criança.

A diferença das brincadeiras entre as meninas e entre os meninos é bastante evidente a partir dos três/quatro anos. Trata-se, é claro, de uma tendência que não deve ser radicalizada, pois uma menina pode muito bem brincar com as brincadeiras de menino e vice-versa. Entretanto, os comportamentos, as compe-

Brincar com a agressividade

tências e as relações se distinguem e dão a cada um deles uma individualidade, uma originalidade que só buscará afirmar-se em seu desenvolvimento afetivo e em suas relações sociais futuras. Os homens dão mais importância ao sucesso social, ao passo que as mulheres dão mais importância ao sucesso pessoal e afetivo.

Brincadeira de meninos

e. *Plano fantasmático, registro simbólico e plano da realidade*

Jean é uma criança bastante reservada, mas, após algumas sessões, ele brinca com os colegas e se veste de Zorro, com máscara e espada. Depois, progressivamente, seus gestos tornam-se amplos e rápidos, mais impulsivos, sua voz fica mais forte e cortante. Não é mais possível cruzar seu olhar, ele persegue violentamente inimigos imaginários e suas emoções se liberam sem limites. "Ele vai com tudo" em seu papel, ignorando os colegas que se afastam dele, pois percebem que Jean poderia machucá-los com seu bastão. Depois, ele sobe rapidamente no topo da escada, o que nunca havia feito antes, e salta sobre o colchão com um grito de alegria. O psicomotricista que acompanha a cena o interpela:

– É a primeira vez que vejo você saltar tão alto!

A criança, com um gesto de cabeça e com um sorriso, expressa que está bem e que voltou à realidade.

Os dois fatores parecem tê-lo ajudado a evitar uma "desconexão" que poderia ter durado mais tempo. A intensidade do prazer das sensações fisiológicas do salto, associadas às palavras de reconhecimento da façanha pelo psicomotricista, trouxeram a criança para o aqui e agora do prazer da realidade de seu corpo e da realidade do mundo externo.

A mudança do plano da realidade para o plano fantasmático é freqüente para a criança, pois a alternância de comportamento na brincadeira e no estado tônico-emocional lhe permite viver plenamente "identificações projetivas" e vivas emoções, a fim de encontrar com maior prazer o registro simbólico da brincadeira, em contato direto com a realidade do mundo circundante. Trata-se de um desejo inconsciente de perder-se nos fantasmas de ação onipotentes, para melhor encontrar sua identidade; mas essa alternância entre três/quatro anos e seis/sete anos pode faltar em algumas crianças, que permanecem ainda num plano fantasmático invasor, de difícil retorno à realidade. Trata-se de uma situação que estudaremos mais tarde, quando evocaremos o tratamento da compulsão de repetição na ajuda psicomotora.

O exemplo anterior nos possibilita clarificar o que entendemos por plano fantasmático-registro simbólico e plano da realidade. A criança vive o fantasma de sua plena potência e perde, assim, a vigilância sobre o mundo exterior; ela fica além dela mesma e além da realidade, sendo compreendida como um ajuste aos fatores humanos e materiais do mundo circundante.

Essa desconexão com o mundo que a cerca manifesta-se pela perda do olhar sobre o ambiente, a mudança de estado postural e tônico, por uma intensa descarga pulsional e emocional e, sobretudo, por uma perda da comunicação com seus pares. Constatamos um enfraquecimento do registro simbólico que não está mais em contato direto com a realidade, ou seja, das capacidades de simbolizar.

É preciso esclarecer a relação que existe entre um e outro. Um símbolo é um "sinal de reconhecimento" e de laço afetivo (em sua origem, o símbolo é um objeto partido em dois, dos quais os dois hospedeiros conservariam, cada um deles, uma metade que seria transmitida aos filhos; quando as duas partes se aproximassem, seria para provar que as relações de hospitalidade tinham sido contraídas). Esse símbolo, sinal de reconhecimento, é um código compartilhado; ele tem um valor de relação social, mantendo o ajuste com o mundo do Outro e assegurando essa manutenção no plano da realidade. Assim, o registro simbólico é mantido quando o "significante" (o objeto) guarda seu valor de elo (o "significado"), tornando-se um código de preservação de relações sociais e de comunicação, que garante a perenidade do plano da realidade.

O equilíbrio desses três planos – fantasmático, simbólico e da realidade – é, com efeito, frágil; o registro simbólico pode ser intensamente invadido por fantasmas e, neste caso, o plano da realidade fica desestabilizado, até mesmo aniquilado. O plano fantasmático pode tornar-se um refúgio para evitar o enfrentamento da realidade. A desconexão da realidade requer, então, uma ajuda terapêutica, que estudaremos no capítulo dedicado à prática.

Inversamente, pode ocorrer que o registro simbólico seja penetrado de forma intensa pela realidade, por um ajustamento excessivo e rígido ao mundo exterior. Neste caso, a dinâmica dos fantasmas de ação torna-se deficitária; há empobrecimento da originalidade e da espontaneidade dos pensamentos imaginários, do pensamento e do comportamento.

f. A cama dos pais

Os fantasmas de ação nascidos da genitalidade estariam incompletos se não evocássemos o desejo das crianças de se interrogarem sobre as relações amorosas de seus pais e, particularmente, quando estão na mesma cama. Todos os pais vivem a insistência de seus filhos em dormir com eles em sua cama, ou acordarem à noite e irem aninhar-se furtivamente entre o pai e a mãe.

A relação de amor que une os pais faz nascer na criança um forte sentimento de ciúmes e agressividade contra e entre eles, tanto mais que a menina quer seu pai só para ela e afasta a mãe, enquanto o menino quer a mãe apenas para ele, afastando o pai.

Sabemos que são necessários vários anos para que o menino, assim como a menina, resolvam esse delicado problema inconsciente de amor exclusivo. A resolução da crise edipiana é o resultado disso.

Menino e menina expressam claramente seus desejos amorosos ao pai do sexo oposto através de abraços ou tentativas de beijos na boca, como fazem os pais que se amam; para as crianças, beijar na boca é fazer amor. Em tais condições, em que as crianças exprimem seus desejos amorosos, é importante que o pai, assim como a mãe, não sejam ambíguos, a fim de que tanto a menina quanto o menino não se sintam culpados por estarem na cama deles, em função de palavras inadequadas à dinâmica inconsciente da criança. É fundamental que os pais exprimam, por sua atitude, seu amor um pelo outro, que sejam solidários em dizer à criança que a "cama de casal" é para eles e que a criança tem sua própria cama, onde poderá continuar a sonhar com a cama de casal dos pais.

A metáfora da cama dos pais deve ser enunciada claramente para a criança, o que não exclui que essa cama seja um espaço de acolhida, de segurança e de brincadeira, quando a criança se sentir muito sozinha em sua própria cama.

A respeito do asseguramento parental

Apesar das palavras tranqüilizadoras por parte dos pais diante da angústia de seus filhos, essas palavras geram sempre outras interrogações e outras elaborações psíquicas inconscientes, tanto mais que os pais utilizam muito freqüentemente justificativas racionais demais para que as crianças possam compreender e possam ser tocadas emocionalmente, já que essas palavras não correspondem a sua estrutura de pensamento.

Mais do que as palavras, são às atitudes dos pais que as crianças são particularmente sensíveis: seus gestos, suas posturas, seus contatos, seus sorrisos, seu olhar levam a sentimentos amorosos mais ou menos conscientes para a criança, que podem desdramatizar e manter um clima de segurança e clareza nas relações parentais com os filhos.

O que eles fazem na mesma cama?

A partir de indícios fragmentários ouvidos no quarto dos pais, respirações ofegantes, gemidos, risos; a partir de posturas e movimentos captados furtivamente, de cenas de amor vistas na televisão, as crianças imaginam a "cena primitiva", sobre a qual a psicanálise insistiu muito, e que talvez não seja assim tão importante nos dias de hoje para o inconsciente das crianças, quanto o foi na época em que Freud elaborou a teoria da sexualidade infantil. No entanto, esses indícios levam meninas e meninos a criar fantasmas de ação nos quais eles podem possuir a mãe ou o pai, em um corpo a corpo, em um boca a boca, para seu próprio prazer, tanto mais que os fantasmas de interpenetração boca-seio estão sempre presentes no inconsciente da criança.

A esse respeito, não nos parece pertinente falar de prazer sexual na criança, pois sua sexualidade é toda fantasmada, ela não tem realidade enquanto não existir o impulso biológico sexual que determina a busca de um parceiro sexual. No lugar de uma pulsão sexual na criança, seria preferível falar de "pulsão de prazer",[27] conforme propõe G. Mendel.

De onde vêm os bebês?

Os fantasmas de ação de possessão de um dos pais fazem com que as crianças se interroguem sobre a origem do nascimento. Hoje, os pais explicam que os bebês vêm da barriga da mãe. Assim, a menina diz que ela tem "um bebê na barriga, como a mamãe, e que foi o papai que o colocou ali"; e o menino

---

[27] MENDEL, G. *La psychanalyse revisitée*, La Découverte, Paris, 1998.

dirá a sua mãe que "o bebê que ela carrega foi ele quem colocou lá em sua barriga".

Diante dos fantasmas do nascimento, é necessário que os pais não deixem pairar nenhuma ambigüidade em seus filhos e digam que beijar na boca não é suficiente para se ter um filho; é preciso, claro, amarem-se muito, mas é preciso ser grande e que a origem dos bebês não está no beijo. Essas respostas não satisfazem totalmente a criança, mas deixam a porta aberta para novos fantasmas de ação, novas interrogações às quais os pais responderão com sinceridade, à medida que as crianças forem questionando-lhes sobre a origem dos bebês.

Outras questões serão formuladas, por exemplo "Como é que o bebê sai da barriga da mãe?". Na lógica infantil, o bebê só pode sair da barriga da mãe pelo ânus, a menos que se utilize um facão para abrir a barriga e tirar o bebê, mas isso não poderia provocar a morte dela? Fantasmas de agressão dirigidos à criança que vai nascer emergem a partir dessas interrogações e se manifestam através de gestos agressivos sobre a barriga da mãe, gestos que poderiam estar na origem das dificuldades relacionais que existem sempre entre as crianças de uma mesma família.

g. Aparecer-desaparecer, ter-não ter

Pierre, discretamente, afasta-se de sua mãe e vai esconder-se num armário de seu quarto, dizendo:

– Eu estou aqui, grita a criança (um sinal feito à sua mãe para que ela venha procurá-lo).

– Eu vou tentar encontrar você, responde a mãe, deixando entender que ela pode não encontrá-lo!

Onde você está?, continua ela.

Pierre não responde, mas, à medida que avança, a mãe verbaliza:

– Ele não está no banheiro e também não está na cozinha. Intencionalmente, ela faz com que Pierre espere, sabendo que este vive muito prazer na espera em ser achado. Na porta do quarto, ela exclama:

– Estou certa de que ele está aqui, mas onde?

A mãe olha embaixo da cama, sob a cômoda, enfim, abre a porta do armário rapidamente:
– Ah! Ele está aqui!, grita.
E Pierre se deixa tomar pela alegria de ser achado. Sua mãe o abraça bem apertado e o beija.

A brincadeira de iniciativa da criança é uma brincadeira de asseguramento com relação à ausência da mãe. A criança se esconde para ser encontrada por sua mãe e assegurar-se de que é importante para ela, tendo assim a prova da permanência de seu amor. "Se você me procura é porque me ama", e, simultaneamente, esconder-se permite-lhe pôr à prova a permanência da imagem da mãe. Esta brinca com seu retorno, fazendo com que a criança espere, e a tranqüiliza com suas palavras durante a procura. Ela mantém, assim, a antecipação de seu retorno, acrescentando a isso o medo de um não-retorno, causado pelo fato de não ser achada, mas estando, ao mesmo tempo, certa de ser encontrada.

Trata-se de uma brincadeira sutil, fundada no prazer de esperar, de ser encontrada, associada a um possível desprazer de não ser achada. Essa brincadeira cria uma forte excitação sensorial, emocional e psíquica, uma jubilação que se atenua rapidamente a partir do momento em que a criança é descoberta pela mãe. O prazer seria mais intenso no desejo de ser procurado que no de ser encontrado? Por extensão, o prazer seria mais intenso na espera da realização da ação do que na realização em si mesma?

A brincadeira de aparecer-desaparecer é muito precoce. Entre o quarto e o sexto mês, a mãe brinca de estar presente e ausente diante de seu bebê. Ela mostra e esconde, alternativamente, o rosto com as mãos e exclama:
– Olha, sou eu.
Quando a mãe esconde o rosto, o bebê fica sério, manifestando assim sua inquietação, o que é compreensível, pois ele não tem ainda a imagem permanente da mãe; quando ela se mostra, o bebê deixa explodir toda a sua alegria.

Quando acontece de a mãe brincar de esconder o rosto da criança com o lençol do berço, imediatamente a criança fica agitada, chutando com os pés para retirar o lençol; descoberta, a mãe exclama:

– Ah! Você está aí!

Mais tarde, a criança pode responder a essa brincadeira, colocando a mão nos olhos ou virando a cabeça para não mais ver a mãe.

É durante o período do segundo semestre de vida que a criança brinca de aparecer e desaparecer diante do espelho, sem que, para isso, ela reconheça sua imagem nele projetada. Por volta do oitavo mês, o rosto materno é o mais importante, porque ele é para a criança um espelho de prazer que lhe reflete seu próprio prazer. Um outro rosto, que não lhe oferecesse esse reflexo similar, poderia ser vivido como um objeto angustiante, que ela deve rejeitar ou do qual ela deve-se desviar. Se esse outro rosto lhe oferecer mais ou menos o mesmo espelho de prazer, ela perceberá que o rosto da mãe não é único e que ela poderá perdê-la, o que poderá ser também causa de sua angústia (o medo do estranho). A mãe, que esconde e mostra seu rosto regularmente, ajuda seu bebê a constituir uma imagem de antecipação dela mesma para superar sua ausência. Ela já o prepara para ter, mais tarde, uma certeza relativa que as pessoas e as coisas não desaparecem, não deixam de existir quando não estão lá, mas estão simplesmente "escondidas". A capacidade de antecipação permitirá organizar um mundo de representação que nos garanta que as coisas continuem a existir no tempo e no espaço, mesmo que tenham desaparecido de nosso campo perceptivo. A linguagem vem permitir, mais tarde, estabilizar a identidade.

A brincadeira de aparecimento e desaparecimento é sinônimo de ter e de incorporar, bem como de não mais ter, de destruir e de perder. A brincadeira de esconder-mostrar, vivida entre a mãe e a criança, inaugura todas as brincadeiras de asseguramento provocadas pela angústia de perda da mãe e de si, isto é, "todas as brincadeiras de ser e de não ser, em função da presença materna, mas também todas as brincadeiras de asseguramento com relação ao ter e ao não-ter, o ver e o não-ver".[28]

Dessa forma, as brincadeiras de esconder-e-mostrar, de presença e ausência, brincadeiras de ser e de não-ser são uma evolução da brincadeira de tomar para si e de rejeitar para fora de si os alimentos; em seguida, a brincadeira do dentro (guardar as fezes no interior) e do fora (expulsar para o exterior), as brincadeiras de exploração do corpo e do corpo do Outro, e da curiosidade sexual (ver, ser visto, exibir, não ver, esconder). Mais tarde aparecem as brincadeiras com regras, do "eu não vi", "não peguei", as brincadeiras de esconde-esconde, de ataque e defesa, com um vencedor (aquele que tem o falo) e um vencido (aquele que perdeu o falo), seguidas das brincadeiras de se fantasiar, nas quais as crianças brincam de mostrar uma outra imagem, ou seja, ser elas mesmas, porém, dando a aparência de um Outro.

> Assim, opõem-se, num par dialético: por um lado, a vertente da presença da mãe, do alimento, das fezes no interior do corpo, do pênis; por outro lado, a ausência desses. A categoria psicológica do duplo expressa a flexibilidade e a dinâmica do psiquismo infantil e proporciona ricas possibilidades dialéticas de adaptação ao mundo.[29]

Na sala de prática psicomotora, as crianças da creche e da escola maternal brincam de se esconder nas almofadas ou nas casas que elas constroem para que as educadoras as achem, o que fazem, aliás, com grande prazer. Trata-se de uma brincadeira de asseguramento profundo com relação à angústia de perda da mãe. Mas observamos que algumas crianças nunca brincam de se esconder: são elas incapazes de assumir a ausência da pessoa que lhes dá segurança? Há ainda outras crianças que se escondem sem parar, para serem encontradas: estão elas em busca do retorno de uma imagem que nunca foi aquela que desejavam?

---

[28] GUTTON, P. *Le jeu chez l'enfant. Essai psychanalytique.* G.R.E.U.P.P., Paris, 1973.
[29] *Ibid.*

Capítulo 3

A representação de si

Nós evocamos, muitas vezes, ao longo do capítulo 2, o conceito de representação de si, com seus distúrbios provocados pela intensidade das angústias arcaicas, que a criança não consegue assumir devidamente através do prazer de fantasmar e de agir.

Antes de abordar melhor o conceito, preferimos ilustrá-lo mediante a descrição de seqüências de um vídeo de quinze minutos, filmado no Centro de Tours. Essas seqüências acompanhadas de comentários sobre a criança, sobre o espaço e o material, bem como sobre a relação com a educadora, colocam em evidência a continuidade temporal de si. Chamaremos a criança de dois anos, Paul, e a educadora, Chantal.

Algumas palavras sobre "a continuidade de si". Ela se desenvolve depois do quinto mês e se deve à qualidade das interações vividas entre a criança e o ambiente que se deixa transformar continuadamente. A continuidade de si resulta da integração da continuidade dos processos de transformação que asseguram uma unidade de prazer ininterrupta, que garante a segurança afetiva. O sentimento de continuidade de si funda-se, progressivamente, no prazer da continuidade de existir, no registro das ações simbólicas, como ser de criação, de comunicação, e, acrescentamos, como ser de conhecimento.

O sentimento de continuidade de si supõe um funcionamento narcísico voltado para o mundo dos outros, ao prazer de ser si mesmo e aberto ao prazer de viver com e para os outros. Quanto ao conceito de si, ele não é somente uma instância psíquica como o Ego, mas sim uma representação da pessoa inteira do sujeito, que engloba o que é somático e o que é psíquico. O "si" se manifesta pela via do registro simbólico não-verbal, assim como pela autenticidade das palavras que exprimem emoções e a intimidade da vivência.

1. Paul e a corda

Aqui "sou eu", "não é você".

Paul brinca com uma corda vermelha e pega duas bolas de ping-pong com a mão direita; corre e anda arrastando a corda. Paul deixa cair umas almofadas (sempre segurando a corda e as duas bolas) e circula entre as almofadas. Uma criança se opõe a ele; Paul se zanga, recolhe a corda e anda novamente entre as almofadas; olha em volta de si e vai embora.

Paul sobe num colchão, depois se desloca na presença de outras crianças, sempre segurando a corda e as duas bolas. Ele volta para as almofadas e se senta, dizendo:

– Ati (para dizer "eu estou aqui")

A uma educadora que lhe responde:

– Olá, Paul.

Uma criança entra no esconderijo de Paul, este reage com descontentamento e sai para a sala segurando a corda e as duas bolas.

Paul arrasta a corda ao andar, pára e olha algumas crianças que batem num tambor.

Paul joga a corda e as duas bolas, dirigindo-se para os tambores; a corda é deixada no chão.

Paul, durante essas diferentes seqüências, se apropria da corda e das duas bolas, buscando espaços protegidos onde possa se instalar. Uma vez instalado, ele provoca uma educadora para ser reconhecido em seu espaço, mas é contrariado por uma outra criança e prefere ir embora. O desejo de brincar com o tambor é mais forte que o de possuir os objetos: ele abandona a corda e joga as bolas para longe.

Durante essas diferentes seqüências, Paul revela seu desejo de ter seu próprio espaço e busca uma relação com a educadora.

Paul se apresenta diante de Chantal, segurando a corda vermelha e uma bola azul; joga a bola para Chantal e esta a segura; Paul a retoma para si.

Chantal faz um círculo com a corda de Paul; este coloca a bola no círculo e o fecha com precisão, fazendo com que as duas extremidades se toquem. Então, Paul, satisfeito diz:
– Olha aí.

Paul entra no círculo e o rompe, dizendo:
– Oh, quebrado.
– O círculo quebrou, retoma Chantal.
Paul conserta, fazendo com que as extremidades se toquem novamente.
– Pronto, diz Chantal, está consertado.
Paul bate no peito, Chantal chama Paul pelo nome. Ele entra no círculo, segurando sua bola azul.

Esta segunda seqüência anuncia todo o resto da brincadeira. Chantal, tendo observado anteriormente Paul nas almofadas, responde ao desejo de Paul de ter um espaço bem delimitado. A consideração, por parte de Chantal, com Paul, cria imediatamente uma relação; ele se sente protegido e cercado. Quando o círculo é rompido e depois consertado por Paul, ele manifesta sua alegria e diz "sou eu", batendo no peito; e Chantal reforça dizendo "Paul", com o objetivo de identificar bem a criança e seu território. Aos dois anos, a criança está plenamente identificada com o espaço.

Paul dá uma corda amarela para Chantal; ela constrói um círculo tangente ao de Paul e este manifesta sua alegria. Paul e Chantal estão em dois territórios diferentes.

Paul deseja que Chantal esteja em um espaço semelhante ao seu, o que simboliza a relação deles. Paul e Chantal têm cada um seu território, mas um elo os une.

Paul coloca a bola no espaço de Chantal sem largá-la, depois a retoma e a coloca em seu território; ele está contente e brinca com a bola.

Paul demonstra para Chantal: "aqui, sou eu" e lá "é você".

Chantal destrói seu espaço. Paul fica contrariado, joga a corda de Chantal, que reconstrói rapidamente seu espaço. Paul reúne as duas extremidades da corda e recria depressa o espaço de Chantal. Cada um encontra seu território. Paul manifesta sua alegria.

Paul vive mal a ruptura do território de Chantal, pois a segurança de seu próprio território é, nos parece, dependente do de Chantal. A relação entre o território dos dois ilustra bem a relação afetiva que os une. Paul parece dizer para Chantal: "Eu só estarei aqui se você estiver".

Chantal passa para o território de Paul, que, contrariado, lhe indica, apontando com o dedo, para voltar para seu espaço:
– Lá, diz ele.
Depois que Chantal volta, ele pula de alegria e brinca com a bola.

Trata-se de uma provocação de Chantal. Paul se recusa a que seu território seja invadido, até mesmo por Chantal. Ele defende esse território.

Jacques se aproxima do território de Paul e este o olha intensamente. Jacques se afasta, o que agrada a Paul. Parece que a aproximação de Jacques é uma ameaça para Paul, uma ameaça para seu território, assim como para sua relação com Chantal.

A bola que Paul continuava segurando rola em direção a Chantal. Esta a segura por alguns instantes. Paul fica contrariado, grita, gesticula. Chantal lhe devolve a bola; Paul fica satisfeito.

A bola é o objeto de Paul, objeto que lhe dá segurança, sendo, ao mesmo tempo, seu território. Que relação existe entre a forma arredondada no chão e a forma esférica da bola?

Chantal coloca sua corda invadindo o território de Paul. Este, contrariado, levanta-se rapidamente e joga a corda de Chantal para fora de seu território. Depois ele pega sua corda, se afasta de Chantal e reconstrói seu próprio território com cuidado, fazendo encontrarem-se as duas extremidades. Paul entra em seu território segurando a bola. Chantal e Paul estão sentados, cada um em seu espaço.

Essa foi mais uma provocação por parte de Chantal, mas Paul se defende e recusa a invasão de seu espaço por ela. O território de Paul é vital! Ele o defende, mesmo sob pena de colocar em risco a sua relação com Chantal.

Chantal rompe novamente seu espaço. Paul dá sua corda para ela, que lhe diz:
– Você quer que eu entre aí?
Ela constrói um círculo em volta dela com a corda de Paul e este, contrariado, pára. Então, Chantal envolve o menino e ele diz: – Assim!, aperfeiçoando seu território ao juntar as duas extremidades da corda. Paul entra em seu território, continuando a segurar a bola junto ao corpo, manifestando sua alegria.

Paul deseja que Chantal tenha seu próprio espaço, tanto quanto ele, e lhe dá, então, sua corda. Mas percebe logo que, assim, ele vai perder seu território, pois sua corda é um símbolo desse território.

Chantal faz várias tentativas para entrar no território de Paul; ela o seduz, o solicita, o convida e o provoca:
– Eu posso ficar com você? Posso vir para cá? Vem você aqui para o meu. Você me dá sua bola?

Mas Paul resiste às tentativas de invasão. Chantal terá, então, de buscar outras soluções para se reaproximar dele.

Chantal envolve o espaço de Paul com sua própria corda. Este observa

e, depois, brinca com a bola. Arruma com precisão as duas cordas para que se toquem e diz: – Pronto!, quando os dois espaços se tangenciam. Mas, bruscamente, ele rompe o espaço da educadora e diz: – Quebrou –, consertando-o depressa. Sentado no interior de seu território e envolto pelo espaço de Chantal, Paul brinca com sua bola.

Paul aceita que seu território seja envolvido pelo espaço de Chantal, onde ele se sente incluído. Mas essa inclusão não pode ser vivida como um aprisionamento que libera a agressividade destrutiva de Paul? Então, ele manifesta sua ambivalência: fechado em volta, mas livre! Entretanto, ele fica contente por estar sozinho em seu território, protegido, contudo, por um envelope.

Pierre pega a corda de Chantal, que contorna o território de Paul. Este fica furioso e grita. Pierre larga a corda e Paul recupera as duas cordas, indo embora com sua bola debaixo do braço; ele dá a corda que pertence a Chantal e fica com a sua.

Paul fica contrariado porque Pierre destrói o espaço de Chantal, que dava a ele um duplo envelope de segurança.

Chantal constrói um espaço com sua corda e Pierre a pega; Paul, furioso, joga a corda de Chantal. O conflito se agrava entre os dois meninos e Pierre cai no chão. Paul continua segurando sua corda e sua bola.

Paul demonstra violentamente a Pierre que ele não tem o direito de pegar a corda de Chantal, pois foi ele que deu a corda para que ela fizesse seu espaço.

Paul pega uma terceira corda, verde, e a entrega para Chantal. Esta constrói um espaço no chão, onde Pierre entra. Paul se afasta, dizendo: – Tchau – , e Chantal responde:
– Tchau, Paul.

Sem poder fazer nada contra Pierre, até porque Chantal não se opôs a Pierre para defendê-lo, Paul se resigna e parece dizer-lhes: "Agora brinquem vocês dois", "eu dou a corda para vocês, mas fico com a minha e vou embora com minha bola". Um verdadeiro psicodrama vivido por uma criança de dois anos.

Pierre entra no espaço construído por Chantal. Paul, sempre segurando sua corda e sua bola, entra também nesse espaço. Pierre quer tomar a bola de Paul; este o ameaça com a corda para afastá-lo e bate nele. Chantal adverte:

– Paul, você vai machucá-lo.

Paul não consegue aceitar que Pierre entre no espaço construído por Chantal, nem que o outro ameace tomar a bola que ele segura desde o começo da situação. O resultado é a agressão de Paul contra Pierre.

Pierre destrói o espaço verde onde está Paul; Chantal constrói uma superfície para ela, e os dois meninos entram nesse espaço. Ficam os três no mesmo círculo.

– Assim, pronto! – diz a educadora, e Pierre continua a atacar Paul, mas como este o ameaça, ele vai embora.

As duas crianças encontram refúgio no espaço de Chantal, mas as agressões e as ameaças continuam. Pierre abandona a cena, diante da obstinação de Paul, que reencontra a relação privilegiada com Chantal.

Paul, sempre com sua corda e sua bola, está no mesmo espaço de Chantal:
— Onde está a roda de Paul? pergunta ela. E ele, feliz, responde:
— Aqui — mostrando a corda que segura nas mãos.

Enfim reunidos. A pergunta que Chantal dirige a Paul é pertinente, pois ela sabe que, há algum tempo, Paul está acuado e privado de seu território; então, Paul apresenta a corda espontaneamente como seu espaço potencial. Ele possui a continuidade de seu território, independentemente da forma. A corda simboliza seu território e sua relação com a educadora. Um território que ele defendeu com todas as suas forças! O território é uma projeção de uma representação interna contínua, que lhe garante sua identidade.

2. Análise teórica

A análise das seqüências do vídeo mostra que a criança defende com vigor seu território. Ela quer mantê-lo intacto, apesar das invasões da educadora e dos ataques de outras crianças, aos quais ela responde com dureza.

A expressividade motora dessa criança é clara! "Eu quero manter meu território e minha bola, e manifesto isso para vocês!" Existe um laço muito forte entre a criança e seu território, espaço vivido como vital, indispensável para sua existência, e esse espaço é defendido continuamente. Compreendemos que o espaço ocupado pela criança seja defendido com bastante energia e entendemos que deva ser realmente difícil para ela ver seu território invadido várias vezes pela educadora, que se torna, ao mesmo tempo, a "agressora" e aquela que o havia construído antes. A criança manifesta o quanto é importante ter continuamente um espaço todo seu para ser ela mesma, diferenciando-se da educadora. Ela pode perder seu território, mas tem a permanência deste, através da corda, que lhe permite reconstruí-lo. Ela antecipa seu espaço, mesmo que este não esteja ainda construído.

A continuidade emocional da criança é evidente. Cada vez que ela está em seu território intacto ou o reencontra, ela exprime sua alegria com mais ou menos intensidade, conforme a situação de dividi-lo ou não com a educadora. Mas toda vez que a criança o perde ou que a educadora perde o seu, ela fica contrariada e furiosa. Reencontrando seu território, a criança vive o prazer de ser envolvida, o prazer narcísico de ser ela e de viver sua identidade. Privada do território, ela fica privada de seu prazer de ser si mesma, e então se revolta. A privação espacial é um limite para seu prazer de ser, para sua identidade. Isso evidencia a estreita relação que existe entre a criança e o espaço.

A criança, em seu território, vive um sentimento de plenitude, sentindo-se unificada, mas, quando o perde, ela se vê desunida, desestruturada. Como resultado aparecem as reações de mal-estar e de agressividade.

Existe uma ligação entre a liberdade de criar seu espaço, com base na relação com o "objeto" perdido, e o prazer de ser si mesma; existe, também, um laço entre a perda de seu próprio espaço e o sentimento de fragmentação, de despedaçamento e a agressividade. A continuidade emocional do prazer de encontrar seu espaço e de ser si mesma é a prova de que a criança assume a angústia da separação do objeto de amor.

Por outro lado, a emoção da criança é forte quando seu espaço é envolvido pelo da educadora. Aliás, ela faz com que os dois espaços se toquem, como forma de dizer; "Se eu toco você, você também me toca, e, assim, eu me sinto mais protegido".

A criança se vê duplamente envolvida e protegida no espaço da educadora, sem se perder, permanecendo ela mesma, o que traz, como conseqüência, a segurança da continuidade de seu prazer de ser si mesma: "Eu sou eu em você", condição para "ser eu sem você".

A seqüência de inclusão do espaço de um no espaço do outro, no qual eles são dois em um só, faz referência à constituição do envelope do bebê, dependente do envelope que a mãe lhe oferece, que lhe dá segurança e o unifica. Por conta desse duplo envelope, eles são dependentes um do outro sem, contudo, perderem-se um no outro.

A inclusão em um espaço desejado, no qual a criança é reconhecida onde ela pode expressar seus desejos, seus fantasmas e seus afetos, é um espaço de segurança e liberdade, necessário à construção de si.

Antes de abordar a continuidade do pensamento cognitivo da criança, parece-nos interessante evocar o sentido dos dois objetos utilizados pela criança, a corda e a bola, durante toda a situação, e dos quais ela jamais se separou. Trata-se de dois objetos que ela defende energicamente, que não quer perder: uma é transformável, a corda; o outro, a bola, permanece intacto. São dois objetos que lhe trazem segurança afetiva e bem-estar e que têm um sentido inconsciente. A corda é um objeto que serve para ligar, amarrar, manter, é símbolo de cordão, aquilo que permite manter uma relação, ao passo que a bola, por sua forma plena, poderia evocar o seio, mas sua capacidade de voar no espaço seria um símbolo arcaico de onipotência fálica. Segundo E. Gaddini, os símbolos de forma redonda estariam mais na categoria dos símbolos sexuais "pré-diferenciados".[1]

Já mencionamos a manutenção no tempo da forma redonda fechada. Essa representação marca a evolução do dentro e do fora do corpo, cuja evolução se estende do período oral ao período anal.

A forma redonda é a primeira representação estruturada de si, projetada para o exterior, do mesmo modo que, mais tarde, as

---
[1] GADDINI, E. "Image corporelle primaire et période phallique, considérations sur la genèse des symboles de forme ronde", in *Scritti*, Cortina Milano, 1959.

formas espaciais e geométricas (a construção e a simetria) e, depois, todas as construções futuras da criança, devem ser consideradas como projeções dessa representação.

> Essa primeira representação de si é semelhante a uma bolsa fechada (uma forma circular), na qual os orifícios naturais poderão ser figurados posteriormente, o que permitirá ao sujeito sentir-se novamente capaz de conter esses constituintes psicossomáticos, as secreções, as pulsões, os pensamentos.[2]

O fechamento da forma, na qual a criança insiste tanto, tem o significado de circunscrever a energia dos estados emocionais e fantasmáticos da pulsionalidade motora, assim como o término de um tempo circular permitirá à criança entrar em um mundo temporal linear, a partir do qual ela vai adquirir referenciais de duração de suas ações.

A permanência da forma redonda fechada é uma continuidade cognitiva que a criança mantém sem concessão. Podemos compreender, então, porque ela recusa a interseção de seu espaço com o da educadora, que o priva em parte do seu, mas aceita bem a inclusão ou as tangentes internas e externas, pois seu espaço está protegido e, sobretudo, permanece inteiro.

3. Reflexões sobre a representação de si

A forma redonda fechada preservada com tanta energia é a prova de que a criança constituiu para si uma representação contínua, a despeito dos períodos tormentosos inevitáveis que teve de enfrentar ao longo dos dois primeiros anos.

• A representação de si é uma estrutura de permanência fundada na continuidade temporal da unidade de prazer

---

[2] BERGER, M. *Les troubles du développement cognitif*. Privat, Toulouse, 1992.

interiorizada, nascida da própria continuidade do prazer das transformações corporais recíprocas, vividas durante as interações. É uma estrutura de permanência que se constrói simultaneamente à construção da permanência do "objeto-mãe", durante o período pré-verbal.

• A representação de si procede de uma perda assumida na ausência do Outro. As primeiras atividades simbólicas do bebê, sustentadas por uma dinâmica de fantasmas de ação, manifestam a precocidade em se representar: tocar, tocar-se, movimentar-se no espaço, assim como as ecolalias, as ecomímicas, as ecopraxias, ou seja, todas as atividades rítmicas que dão provas da representação de si. Todas as produções simbólicas da criança, até aquelas que parecem mais distantes, como as identificações, são sempre formas para se representar, para "falar de si".

• A representação de si ininterrupta contém a energia pulsional dos fantasmas de ação e permite à criança viver:
– o prazer da continuidade de seus limites corporais, assim como o prazer da continuidade do espaço e do tempo;
– o prazer da continuidade da vida psíquica, de seu desejo de ser e de viver emocionalmente;
– o prazer da continuidade do pensamento associativo, antecipador de relações e ações imaginadas.

• A representação de si é um continente de pensamento: "Um continente de pensamento não existe por si só. Ele é uma representação inconsciente que o sujeito tem de si mesmo de ter sido envelopado, unificado, graças à interiorização de certo número e de certa qualidade de experiências-limites psicossomáticas, cuja origem está situada em um período pré-simbólico e pré-verbal".[3]

---

[3] GIBELLO, B. *La pensée décontenancée*, Bayard, Paris, 1995.

- Para nós, a representação de si é um continente psíquico que perdura no campo do não-consciente, até mesmo do pré-consciente. Ela é um continente ativo, indispensável ao prazer de ser si mesmo, ao prazer de sonhar, de imaginar e de pensar. Mas qualquer dificuldade ou abalo da unidade de prazer, causados por um mundo intrusivo, violento ou excitante, cria uma perda da continuidade de si, que tem como conseqüência distúrbios da representação de si, podendo ser mais ou menos graves e demandar uma ajuda terapêutica. Pode aparecer, nos casos mais graves, a perda da consciência do corpo, do espaço e do tempo, bem como a perda do reconhecimento da imagem no espelho. Também podem aparecer um sentimento de corpo deformado e o de se estar "mal consigo mesmo",[4] associado ou não a síndromes de despersonalização, hipocondria, dispraxia, marcadas por um desajuste importante.

Sobre a imagem de si:

> A imagem de si é a representação mental consciente e a avaliação que cada um faz de si, a todo instante da vida e das circunstâncias... Ela procede da avaliação feita por cada um de suas próprias relações, conhecimentos e competências.[5]

A conquista da imagem de si é um objetivo da educação. A identidade e a representação de si vêm ao encontro uma de outra: adquirir a identidade significa permanecer semelhante a si mesmo diante das dificuldades de sua evolução. Adquirir a identidade é transformar-se diante da diversidade das experiências, sem perder sua própria continuidade do prazer de ser si mesmo.

---

[4] N.T. Cf. observação feita na nota n. 32, capítulo 2, primeira parte.
[5] GIBELLO, B. *La pensée décontenancée*, Bayard, Paris, 1995.

Capítulo 4

A expressividade motora da criança

Ao longo da primeira parte deste livro, empregamos com freqüência o conceito de expressividade motora que gostaríamos de explicitar bem, pois ele é indispensável para o psicomotricista. *A expressividade motora é a referência a partir da qual o psicomotricista "trabalha".*

No livro *A prática psicomotora – reeducação e terapia,*[1] eu já havia enunciado a idéia de expressividade psicomotora da criança "como uma maneira original e privilegiada de ser da criança no mundo... que atualiza uma vivência longínqua, cujo sentido podemos captar graças às mais diversas variações de sua relação tônico-emocional". Essa definição permanece válida, mas consideramos que, hoje, "vivência passada" pode beneficiar-se de uma nova luz a seu respeito. A motricidade é o caminho privilegiado de expressão dos conteúdos inconscientes que são os fantasmas de ação. Estes guardam o sentido oculto do desejo de recriar o objeto de amor originário e de agir sobre ele, ou para amá-lo, ou para odiá-lo (para dele se apropriar e destruí-lo).

Assim, a criança poderia expressar-se:

---

[1] Aucouturier, B., Darrault, I., Empinet, J. L. *La pratique psychomotrice rééducation et thérapie*, Edition Doin, Paris, 1984. Neste livro, utilizamos a idéia de expressividade psicomotora da criança, o que nos pareceu ser uma redundância, na medida em que o conceito de expressividade já contém uma dimensão projetiva de conteúdos inconscientes.

"Eu me aproximo de você porque eu tenho o desejo de afastá-lo, ou então, eu me afasto de você porque desejo que você se aproxime de mim, para que eu seja eu".

"Eu desapareço porque desejo que você me procure, ou então, eu o procuro porque desejo que você desapareça, para que eu seja eu."

"Eu agrido você porque desejo que você me ame, ou então, eu amo você porque desejo destruí-lo, para que eu seja eu."

A expressividade motora permite à criança fazer aparecer o "objeto" através do conflito entre o desejo de amá-lo e de odiá-lo. Sabemos que a evolução desse desejo depende amplamente da maneira pela qual os pais permitem à criança viver a continuidade do prazer dessa contradição inconsciente.

A expressividade motora é uma construção do psicomotricista, fruto de uma compreensão teórica que lhe permite captar, mediante o prazer das relações que a criança estabelece com as pessoas e o mundo físico, de que modo essa criança resolve esse conflito inconsciente, vivendo, assim, o prazer de ser ela mesma.

> A expressividade motora é para a criança a maneira de manifestar o prazer de ser ela mesma, de construir sua autonomia, de expressar o prazer de descobrir e de conhecer o mundo que a cerca.

O prazer de ser si mesma anima o sentimento de ser livre, ou seja, de ir o mais longe possível na realização de si e na alegria com os outros, pois a alegria e a liberdade residem no compartilhar. Ao contrário, o inferno não é os outros, mas sim, o individualismo, o egoísmo, o fechamento em si mesmo e a solidão.

O afeto de prazer, bem como, sua dimensão pulsional, são indissociáveis da expressividade motora. Entretanto, é necessário observar na criança duas modalidades de expressão do prazer que encontramos freqüentemente na prática. O prazer da repetição das ações nunca é o prazer do idêntico, mas sim, o da repetição criadora de transformações internas e externas que enriquecem a atividade da criança. Essa repetição está sempre

Viver o prazer de ser si mesma

aberta a novas relações, à comunicação e à criação pessoal ou coletiva (ao passo que a repetição com base no desprazer fecha a criança para o mundo).

A repetição do prazer é um processo que:
– dá segurança à criança e cria o desejo de conhecer e antecipar ações sem angústia;
– estimula a capacidade de ajuste rítmico e tônico-emocional ao mundo externo;
– desenvolve a capacidade de atenção necessária para a memorização das ações, assim como para o desenvolvimento da inteligência prática.

Além disso, é importante precisar que a repetição do prazer determina a duração das ações de transformação e das relações, facultando à criança a possibilidade de viver uma relação afetiva bem pessoal com o tempo, indispensável para a conceitualização progressiva de um tempo histórico. Entendemos que a atenção mantida por uma dinâmica de dominação, nascida dos fantasmas de ação, é um fator indispensável para a afirmação de si.

Sobre o prazer da surpresa:
– A criança pode fechar-se em certas atividades repetitivas e monótonas e seu prazer desaparece progressivamente para dar lugar a certo cansaço.
– A ruptura da monotonia, criada pelo imprevisto de um acontecimento externo mais ou menos esperado, cria uma forte surpresa emocional, que não é senão uma descarga de afeto de prazer, devida à transformação rápida da atividade tônica. A surpresa desperta o prazer da sensorialidade da criança, além de sua curiosidade.

1. As condições da emergência da expressividade motora

O psicomotricista deve criar as condições necessárias para a emergência da expressividade motora da criança, pois a liberação dos fantasmas de ação só é possível num espaço de segurança afetiva, no qual a criança vive o prazer de agir e o prazer de sua transformação tônico-emocional. É preciso, então, *considerar a variabilidade da expressividade motora, em função da segurança afetiva que o adulto oferece à criança.*

A esse respeito, vimos inúmeras crianças, com comportamento difícil no meio familiar, na instituição escolar ou médica, mudar radicalmente sua expressividade motora, na medida em que lhes oferecemos uma relação de boa receptividade e de escuta emocional para seu sofrimento psíquico.

Assim, em um ambiente de segurança, constituído pelo espaço e o material colocado à disposição da criança e mantido pela disponibilidade de acolhida e de escuta emocional por parte do psicomotricista, a criança se sentirá "envolvida" e capaz de viver plenamente sua expressividade motora, carregada de afeto de prazer. Nós destacamos, na ajuda psicomotora terapêutica, a importância das "ressonâncias tônico-emocionais recíprocas" entre o psicomotricista e a criança, que condicionam o desbloqueio da expressividade motora das crianças com dificuldades. Mais adiante, no capitulo sobre a prática terapêutica, voltaremos a esse assunto.

2. A evolução da expressividade motora

Observamos, progressivamente na criança, uma lenta diminuição da pulsionalidade que sustenta a expressividade motora: diminuição que se deve ao desenvolvimento da capacidade de simbolizar, ao desenvolvimento identitário e à linguagem.

Entre seis e oito anos, a partir do momento em que a criança olha pra si mesma, isto é, quando ela se torna capaz de se ver agindo, aparece uma etapa importante da evolução da expressividade motora. Nesse momento, ela tem acesso a certa tomada de consciência de que ela existe no mundo como tendo um corpo, suporte do prazer sensorial e fisiológico de sua existência. Essa etapa é concomitante com as capacidades de abertura para a descentração, que correspondem a uma mudança de estado tônico-emocional, ou seja, a um afastamento da intensidade dos afetos e da pulsionalidade, notando-se que as capacidades de descentração, na menina, são certamente mais precoces que no menino da mesma idade. Entretanto, apesar da evolução psicológica, cada criança tem um estilo bem original de expressividade motora que demonstra a qualidade tônico-afetiva das primeiras relações não verbais.

3. A sala, lugar da expressividade motora: metáfora do corpo da mãe

O espaço, posto à disposição da criança com seus lugares e seu material específico, é um espaço simbólico de apoio e de segurança, que representa o corpo da mãe e no qual a criança pode viver sua expressividade motora. Rolar, girar, andar, equilibrar-se, cair, saltar, pegar, tocar, gritar, rir, balançar-se, agachar-se, destruir, construir, esconder-se e descobrir-se são muitas das atividades simbólicas de prazer que permitem à criança fazer surgir o "objeto-mãe", apropriando-se simbolicamente desse, para melhor dominá-lo.

O espaço vivido pela criança é uma representação de um corpo muito amado sobre o qual ela anda tranqüilamente, equilibra-se com segurança, cai, rola, salta com prazer, pega os objetos com delicadeza e firmeza, mas, em outros momentos, esse espaço é uma representação de um corpo pouco amado, a ser eliminado (no qual ela joga longe, aperta, ataca, destrói violentamente).

O espaço vivido da sala é um espaço transicional que tem a função de preservar e desenvolver as capacidades fantasmáticas de ação, nas quais mãe e filho se confundem. Indo mais longe nesse raciocínio, qualquer criação não-verbal da criança, como o desenho, a construção, a modelagem, tem o sentido de fazer aparecer a mãe e a história de suas relações afetivas. Mas se a criança vive uma forte limitação de sua expressividade motora, por causa de exigências educativas e pedagógicas muito rígidas, o espaço vivido e representado deixa de ser um espaço transicional que lhe dá segurança e a criança não pode ser ela mesma: nesse caso, a agressão e a provocação triunfam.

4. Os distúrbios da expressividade motora

Se a criança não consegue resolver o conflito entre amar e odiar o "objeto", um desejo de destruição e uma angústia de perda perduram no inconsciente: *a agitação motora e a passividade motora com base no desprazer* são sintomas dessa angústia. A expressividade motora, nesse caso, tem o sentido de um profundo mal-estar.

Os distúrbios da expressividade motora são acompanhados pelas manifestações da alteração psicomotora. A agitação motora e a passividade motora são igualmente sintomas do sofrimento psíquico, ocasionado por uma deficiência de integração psicossomática em seu nível mais arcaico. O continente originário não está maduro enquanto a criança constituir para si uma "segunda pele", da qual falamos anteriormente, onde a função muscular está superexcitada e a hipertonia assegurada. Nesse caso, a agitação motora é uma busca de asseguramento impossível contra a angústia; trata-se de um "pseudo-asseguramento" com relação à ausência dolorosa do "objeto". A criança, na insegurança afetiva permanente, não hesita em manifestar, através da expressividade motora, aquilo que limita sua própria construção de si.

Algumas crianças, em sofrimento psíquico, se entregam à angústia, mas não buscam este "pseudo-asseguramento" pela agitação motora. Elas se deixam levar, no entanto, pela inibição, pela depressão latente e pela hipotonia. A insegurança interior causada pelos engramas de "inibação" e pelos afetos de desprazer, bloqueia o prazer de ser si mesma e de descobrir o mundo.

As repetições, a fixidez

Os distúrbios da expressividade motora se completam pelas manifestações repetitivas: repetições de atividades, devidas à fixidez de imagens obsessivas de absorção, de agressão, de destruição, de expulsão e de regressão, assim como pelas imagens de sobrevivência, de busca de si (metaforizadas pelas cenas da "pré-história"). Essas repetições estão sempre acompanhadas de fixidez emocional que expressa o sofrimento psíquico e o mal-estar interno. As variações tônico-emocionais são impossíveis.

Para as crianças que apresentam fixidez emocional, a ajuda consistirá em desbloqueá-la pela via das brincadeiras de reasseguramento profundo, modificando, assim, suas imagens obsessivas. "As ressonâncias tônico-emocionais" compartilhadas entre a criança e o terapeuta vão permitir esse desbloqueio.

Uma estratégia de ajuda será estudada no capítulo dedicado à clínica.

> Os distúrbios da expressividade motora são os indicadores prioritários que destacaremos para uma ajuda psicomotora terapêutica.

5. A observação da expressividade motora

a. Preliminares

É muito difícil observar a expressividade motora de uma criança sem atribuir-lhe alguma coisa de nossos sentimentos ou de nossas intenções. Quando um psicomotricista observa uma criança à distância, e mais ainda, quando está interagindo com ela, ele a vê pelo prisma mais ou menos deformado de suas projeções e de seus afetos.

O psicomotricista envolvido aceita essas deformações subjetivas como se fossem normais. Elas revelam, no final das contas, que duas pessoas sensíveis estão interagindo e que vivem "ressonâncias tônico-emocionais" inevitáveis, necessárias para a emergência dos fantasmas.

> Não poderíamos explorar a subjetividade de qualquer observação como um caminho para uma objetividade autêntica, mais do que fictícia?[2]

Essas deformações devem ser o meio para o observador de se questionar sobre seu próprio olhar e aprender sobre o que acontece com ele, quais são suas projeções afetivas, e isso é ainda mais pertinente porque a observação do "não-verbal" remete às nossas emoções mais longínquas, assim como aos nossos fantasmas e nossas angústias mais arcaicas.[3]

---

[2] DEVEREUX, G. *De l'angoisse à la méthode dans les sciences du comportement.* Flammarion, Paris, 1980.

[3] MENDEL, G. "Les trois archaïsmes, à propos de la méthode de formation personnelle Aucouturier", in *Trois textes sociopsychanalytiques, impatiences démocratiques,* Arles, 2000.

A objetividade com relação aos outros pressupõe que sejamos objetivos com relação a nós mesmos, sem que para isso percamos o sentido de nossa própria identidade.[4]

A compreensão das angústias e das emoções, frente a certas situações vividas pela criança, está na origem de uma serenidade psicológica criadora de uma "boa ciência", mais justa e mais eficaz.

> Um meio eficiente para realizar uma observação do comportamento é a utilização de uma boa metodologia. Uma metodologia que não esvazie a realidade de seu conteúdo ansiogênico, mas que, antes disso, a "domestique", provando que ele também pode ser compreendido e pré-elaborado pelo eu consciente.[5]

Trata-se, então, para o psicomotricista, de ter a sua disposição uma "boa metodologia", que o ajude a se descentrar de suas projeções para realizar uma observação com empatia e com bastante cuidado. A observação da expressividade motora da criança se fará a partir da observação das relações não-verbais que ela estabelece com as pessoas, com o espaço, com os objetos e com ela mesma.

b. As condições da observação

A observação da expressividade motora pode ocorrer em todos os lugares onde a criança possa agir e brincar: na família, na creche ou na escola maternal, mas nós privilegiamos a observação num ambiente referencial, ou seja, o da sala da prática psicomotora, onde a criança encontrará condições materiais e relacionais capazes de lhe oferecer certa constância, indispensável para a liberação do prazer de sua expressividade motora.

Por outro lado, parece-nos importante não nos referirmos apenas a uma única observação, mas sim a várias delas, a fim de

---
[4] DEVEREUX, G. *Op. cit.*
[5] *Ibid.*

completar progressivamente os parâmetros. Contudo, um parâmetro muito característico pode ser imediatamente revelador de um comportamento, na medida em que se tenha certa experiência de observação da criança e que não nos limitemos a esse parâmetro único.

c. Os parâmetros de observação

A criança vive a originalidade de sua própria expressividade motora, revelada através do prazer de todas as relações não-verbais que mantém com o mundo exterior e consigo mesma. A "boa metodologia" que evocamos anteriormente deve permitir ao psicomotricista observar parâmetros reveladores da qualidade dessas relações e, por extensão, do prazer de ser si mesma.

A expressividade motora das relações com as pessoas
(Os parâmetros do prazer de interagir)

A criança é solicitada por outra pessoa
(na família, na creche, na escola maternal, pelos pais, pelas educadoras, pelas crianças, meninos e meninas)

- Quando recebe cuidados: durante a alimentação, no vestir-se, despir-se, na hora do banho, de dormir, ao despertar.
- Quando é solicitada a comunicar, brincar, cooperar.
- Quando deve respeitar as regras.

Como ela participa?
Qual é o ajuste sensorial, tônico e postural? Qual é a capacidade de transformação tônico-emocional?
Quais são os limites dessa transformação diante do domínio das ações que lhe são propostas?

A criança solicita o Outro
- Quando deseja ser protegida, estar em segurança, ser maternada.
- Quando deseja obter um objeto.

• Quando deseja interagir para comunicar, brincar e cooperar.

Como ela solicita?
• Pela sedução, imitação, antecipação, provocação, convite, agressão...
• Quais transformações posturais e tônico-emocionais são utilizadas para conseguir a dominação sobre o Outro?
• Quais são os meios acionados: sorriso, olhar, postura, contato, voz, gesto, afastamento, aproximação, mudança de ritmo, repetição?
• Como ela rompe as interações?

A atenção para com o Outro
Como ela é atenciosa?
• Ela dá, recebe, escuta, acolhe, espera, prevê, antecipa, participa.
• Ela fica sensível às emoções dos outros.
• Ela tem "o sentimento de solicitude" em relação ao Outro.

A expressividade motora das relações com o espaço
(Os parâmetros do prazer de ser e de agir no espaço)

No momento da conquista da verticalidade:
• Os encadeamentos posturais, motores e as repetições, utilizados pela criança para adquirir o estágio em pé.
• A solidez dos apoios do equilíbrio estático e dinâmico.
• A segurança dos deslocamentos.
• Os reajustes tônicos e posturais quando acontece um desequilíbrio.

No momento dos deslocamentos:
• Os trajetos privilegiados ou repetidos, conforme as direções no espaço.
• A mobilidade no espaço: andar, correr, equilibrar-se, subir, cair, rolar, balançar-se, imobilizar-se.

• As posturas de imobilização em relação ao espaço horizontal e o vertical.
• A fluidez corporal no espaço; o ajuste tônico, rítmico e emocional, as alterações de ritmo, a amplitude do gesto e sua inibição.

A atenção ao espaço:
• A antecipação diante das dificuldades do espaço;
• A apreciação cognitiva do espaço: as direções, a distância, a velocidade;
• A atenção ao espaço dos outros;
• A defesa de seu próprio espaço: os lugares privilegiados.

As representações do espaço:
• As organizações em conjunto e as construções.

A expressividade motora das relações com os objetos
(Os parâmetros do prazer de agir com os objetos)

Objetos utilizados pela criança:
• O objeto tem um caráter particular? É sempre utilizado? De onde ele provém?
• Os diferentes objetos utilizados têm uma característica comum?
• A evolução dos objetos utilizados?

Como os objetos são utilizados?
• A atenção com o objeto: a intensidade do olhar, o ajuste postural para o sucesso da manipulação, quanto tempo dura a utilização.
• Os caracteres da utilização do objeto:
– Sensório-motora e exploratória: qual a sensação preferencial?
– Simbólica: qual representação?
– Cognitiva: a criança junta, compara, seleciona?
• As maneiras de utilizar o objeto:
– Pulsional, regressiva, sensorial e repetitiva.
• A qualidade da utilização do objeto:

– O ajuste ao movimento, à velocidade, ao ritmo, ao peso, ao volume do objeto.
• A maneira de agir sobre o objeto: pegá-lo, mantê-lo, protegê-lo, destruí-lo, desmontá-lo, reconstruí-lo etc.

As transformações operadas sobre os objetos
• A alternância da construção e da destruição,
• A construção é mantida? O que faz ela com isso?

A criança e a construção
• A maneira de construir.
• A variedade dos objetos utilizados.
• A criança constrói sozinha ou com seus pares?
– Existe um projeto de construção?
– Há acordo para esse projeto com mais alguém?
– Existe um encadeamento lógico das ações para realizar o projeto?
– A alternância das ações para uma criação comum?
– O que ela faz dessa construção?

A expressividade motora das relações com a duração
(Os parâmetros do prazer de agir na duração)

– Como a criança faz durar as interações, as brincadeiras?
– A insistência em brincar, em comunicar, em cooperar?

A expressividade motora da relação com si mesma
(Os parâmetros do prazer de ser si mesma)

A atenção a si mesma
• Capacidade do bebê de se ocupar dele mesmo, de se maternar.
• O interesse pela imagem do corpo no espelho.
• O prazer do movimento: sentir-se à vontade com seu próprio corpo.
• Viver a transformação tônico-emocional.

● Agir para descobrir, experimentar, criar, controlar.

As brincadeiras de asseguramento
● Brincadeiras de asseguramento profundo.
● Brincadeiras de asseguramento superficial.
● Brincadeiras de identificação com o agressor e com o agredido (capacidade de trocar de papéis).

A representação de si
● As primeiras representações: o sorriso, o olhar, a voz, as mímicas, as posturas, os gestos significantes e a atividade ritmada.
● Os traços gráficos, o desenho de si, a modelagem, as construções.

A descentração tônico-emocional
● Capacidade de análise da realidade espacial, temporal, emocional.
● Interesse pela atividade operatória e lógica.
● Inteligência prática: resolver e colocar problemas práticos.

Concluindo

Desenvolvemos uma quantidade expressiva de parâmetros observáveis do prazer da criança de viver bem, em relação a seu mundo externo e seu mundo interno.

O quadro proposto facilitará uma observação contínua da expressividade motora da criança, indispensável para a análise progressiva do comportamento.

Todo projeto educativo supõe uma compreensão psicológica, assim como uma reflexão profunda e continuada sobre a criança em sua universalidade.

A expressividade motora tem algo de universal, na medida em que permite à criança expressar seu prazer de ser ela mesma, seu prazer de crescer e tornar-se adulta, aberta aos outros e ao mundo do conhecimento.

Parte 2

A PRÁTICA PSICOMOTORA EDUCATIVA E PREVENTIVA

Capítulo 1

Concepções gerais educativas a partir das quais a prática psicomotora educativa e preventiva assumirá seu valor

No capítulo anterior, analisamos as formas lúdicas de reasseguramento que permitem à criança:

- encontrar por si mesma os recursos simbólicos para reduzir e neutralizar suas angústias, bem como para desenvolver uma boa imagem de sua pessoa;
- experimentar um prazer renovado que lhe dá energia para desenvolver-se, progredir e, ao mesmo tempo, enfrentar as dificuldades externas, vivendo sem perigo as frustrações que todo ser humano tem de superar.

1. Uma criança aberta

– É uma criança que acolhe e que se abre aos outros, atenta às demandas de todas as pessoas que estão a sua volta.

– É uma criança que terá prazer em dar e receber, em descobrir e conhecer, uma criança curiosa e que quer tudo saber.

– É uma criança que vive feliz, que afirma seus desejos sem medo, sem dúvidas, sem culpa, e que escapa à dominação dos adultos que estão próximos. É uma criança que ousa recusar.

— É uma criança que é reconhecida em sua originalidade de criança, que exprime seu mundo interior pela via corporal, que se comunica e que pensa.

— Uma criança aberta é aquela que não está traumatizada pelos fracassos, e em particular os fracassos na escola; nós devemos, então, pensar em otimizar as condições de seu desenvolvimento intelectual para uma integração escolar desejável.

2. Um grande debate educativo e pedagógico

"Ser ou não ser modelo."

"Modelizar" é, muitas vezes, compreendido como esvaziar, nivelar ou limitar as personalidades em seu potencial. "Modelizar" suprimiria a criatividade e levaria à passividade.

Em contrapartida, não ter modelo é deixar a cada um todas as oportunidades de se desenvolver plenamente e de ter confiança na "natureza generosa". Essa atitude é, com certeza, válida para as crianças mais bem dotadas, aquelas que vivem em um meio afetivo e cultural estimulante, assim como qualquer criança que não experimente dificuldades particulares. Mas muitas crianças não têm a chance de ter tido fadas-madrinha à beira de seu berço!

Essa restrição afetiva e educativa, que encontramos tantas vezes em crianças com dificuldades, leva-nos a pensar que "a natureza generosa" é singularmente enganadora e nos desvia, muitas vezes, da ajuda que poderíamos levar a uma criança.

> Ajudar não quer dizer de jeito nenhum impor, manipular, para abafar embrionariamente as potencialidades, mas sim aceitar a criança como um ser único, diferente emocionalmente de todas as outras crianças.

A tarefa educativa, sem querer transmitir um modelo rígido que deixe muitas crianças à margem, tem como papel o de implementar todas as condições necessárias para a maturação psicológica de cada individualidade no grupo e *criar as condições particulares fundamentais para um desenvolvimento harmonioso de cada criança no âmbito educativo.* O educador tem, assim, um papel importante no desenvolvimento da criança; ele não se contenta em ser um observador ou um revelador das diferenças existentes entre as crianças, ele é o *catalisador da maturação psicológica:* maturação que o educador precisa primeiramente compreender para integrá-la a sua pedagogia e aos meios que utiliza. Assim, não descartamos que a criança possa identificar-se com seu professor, isto é, com aquele que mostra a direção, sem, contudo dirigir.

3. Reconhecida em sua originalidade

A criança, para existir em sua originalidade de criança e para conquistar o mundo, precisa viver toda a sua energia máxima, ou seja, a pulsionalidade motora que acompanha a dinâmica de seus fantasmas de ação. Ter (possuir), destruir (agredir), repetir (reproduzir uniformemente) são as formas rudimentares de um modo de existir, mas são, também, o prelúdio da perda, da reconstrução, da invenção e da criação.

Cada criança vive um dinamismo potencial que deve ser aceito e desenvolvido, na medida em que ela encontre as condições ideais para facilitar a evolução desse dinamismo existencial.

> **A metáfora da torrente**
> A pulsionalidade motora é como a torrente que jorra da montanha, nada pode frear sua força brutal e selvagem. Ela corre com violência, apesar dos obstáculos naturais. A água se avoluma, arrebenta e se dispersa em espuma, depois, ela continua correndo com força, porém, mais regularmente, pois os homens canalizam a força da torrente para uma barragem que retém a água num lago artificial, sem, contudo, parar o escoamento da água. A força da torrente é dominada e transformada em energia elétrica; em seguida, essa energia é distribuída, repartida e medida segundo as utilizações mais variadas que permitem as criações mais adaptadas ao bem-estar dos homens.

A ação educativa consiste em ajudar a criança a desenvolver sua pulsionalidade motora, que não é nem boa nem má, até o prazer da nuance da ação, em direção a objetivos socializadores. Esse domínio, cada vez mais apurado, a leva sempre para uma mudança de comportamento e de atitude em relação a si própria e aos outros, que não a remete mais a uma pulsionalidade cega, mas sim a uma grande atenção para com o mundo, até o prazer de ser responsável por sua ação.

A pulsionalidade motora evolui então para a "moção pulsional", que já evocamos anteriormente. Trata-se de um movimento tônico-afetivo interno que permite à criança evocar sensações de ação e prazer, sem agir realmente. A moção pulsional produz, então, o processo de preparação para a ação que está, também, na origem do desejo da intencionalidade de agir e da capacidade de reter em si, de memorizar. Mas se a criança não faz esse percurso, ajudada pelo educador, corre o risco de que *a impulsividade motora* perdure, isto é, que ela seja levada por uma energia desproporcional e incontrolada em relação à atividade realizada.

No entanto, compreendemos que os educadores fiquem sem saber o que fazer diante da pulsionalidade motora, que parece hoje tão forte nas meninas, quanto nos meninos. Ela dá medo e gera muitas vezes angústia no adulto, porque, talvez, reflita sua própria pulsionalidade e a culpa que a acompanha, mas, sobretudo, porque o educador parece desprovido dos meios psicológicos e pedagógicos para responder à pulsionalidade e fazê-la evoluir para o prazer de agir e o de criar com os outros.

É verdade que essa lenta evolução ocorre normalmente entre seis ou sete anos e que, infelizmente, esta é muitas vezes precipitada, ou até ignorada, por inúmeros educadores, pois estes não reconhecem a pulsionalidade motora como fonte de vida, motor do prazer de agir e de transformar o mundo, motor do prazer de ser si mesmo e de se conhecer.

4. Um projeto educativo coerente

Favorecer o desenvolvimento harmonioso da criança é, antes de mais nada, dar-lhe a possibilidade *de existir como sujeito único e expressar seu discurso particular específico*, diante dos avatares de sua história pessoal. Além disso, é também dar-lhe a possibilidade de se inscrever no discurso geral da maturação psicológica, indispensável para o desenvolvimento *do prazer de comunicar, de criar e de pensar*. No entanto, se a criança não inscreve seu discurso particular no discurso geral, ela deve suscitar uma atenção mais apurada.

A esse respeito, não há discurso geral que não integre o particular, e o educador deve ter a capacidade de interrogar-se sobre suas relações com cada criança do grupo, para evitar que esta se torne objeto de manipulações afetivas, conscientes e/ou inconscientes. Os a priori projetados sobre as crianças não fazem parte da atitude de um educador; só certa lucidez projetiva é a garantia de uma educação estimulante e feliz, na qual a compreensão, a clareza das atitudes e das palavras substituem a ambigüidade, a intolerância e o autoritarismo.

Comunicar, criar e pensar são três finalidades educativas que nós defendemos com tenacidade e que respondem por um projeto educativo coerente, no qual a prática psicomotora educativa e preventiva deve se incluir. Fora desse projeto, a prática, tal qual a concebemos, corre o risco de ser uma proposta sem vigor, difícil de gerir, e talvez sem desdobramentos. Além desse projeto educativo, a prática psicomotora se inscreve em um projeto filosófico e social, onde a escola deveria ser o lugar da aprendizagem da democracia e da responsabilidade, e o lugar de formação do cidadão![1]

a. *O prazer de comunicar*

> Comunicar com a criança desde os primeiros instantes é tão vital quanto alimentá-la.

---

[1] RUEFF-ESCOURBÈS, C. & MOREAU, J. F. *La démocratie dans l'école*. Syros, Paris, 1987.

- Uma criança que comunica é uma criança que presta atenção a seus pares, aos adultos, que escuta e capta o sentido do discurso de seu interlocutor. A comunicação é uma necessidade absoluta e vital, que encontra sua origem na qualidade das interações e no prazer das transformações recíprocas. Toda comunicação tende a se aproximar da ação pelos efeitos que produz ou que é suscetível de produzir sobre os outros.

A necessidade de comunicar é uma busca permanente, um apelo fundamental, que se satisfaz unicamente com uma relação durável com o Outro. Por isso, essa necessidade nem sempre é visível, tanto mais que a criança nem sempre possui a capacidade para expressar seu desejo de diálogo e de trocas. A abertura para o Outro não se obtém espontaneamente, mas sim como fruto da qualidade dos ajustes tônicos e posturais dos pais. Esses ajustes sutis favorecem um intenso diálogo tônico-emocional e estão na origem da riqueza da comunicação não-verbal e verbal que, no futuro, existirá entre eles. "A boa mãe" é aquela que é capaz desse prodigioso ajuste, que, felizmente, não é refletido, mas sim impulsionado pelo prazer, pelos desejos e pelos fantasmas, para o bem-estar de seu filho.

- Uma criança que se comunica não tem problemas afetivos maiores. "Ela se sente bem consigo mesma", ela tem prazer em trocar com seus pares e com os adultos que a amam e a reconhecem. É uma criança que não se coloca questões sobre sua identidade sexual no ambiente familiar. Ela existe. Ela tem seu lugar.

> Por isso, toda proposta educativa deveria, em primeiro lugar, levar em conta os problemas afetivos da criança, dar-lhe a possibilidade de exprimi-los e, talvez, tentar resolvê-los. Trata-se de uma revolução!

- Uma criança que comunica é uma criança cujos componentes não-verbais de comunicação foram reconhecidos e respeitados desde o nascimento.

A mãe, naturalmente, dá um sentido a todos os significantes não-verbais de seu filho; ela o mergulha, assim, em um ambiente de respostas não-verbais que garante o prazer de comunicar. Os componentes não-verbais devem ser respeitados, pois eles são o modo de comunicação privilegiado, utilizado pela jovem criança. Essa comunicação não-verbal é econômica, rápida e sempre carregada de afeto, estando na origem de uma comunicação verbal bem estabelecida. Porém, não se trata senão de uma etapa, pois a criança não pode permanecer nesse estágio: deixá-la satisfazer-se e fechar-se em uma comunicação não-verbal seria um erro.

> É fundamental que o psicomotricista educador perceba o sentido das mensagens não-verbais da criança e que ele responda a elas da melhor forma possível, tanto por uma qualidade gestual e emocional, quanto pela linguagem.

Comunicar é uma busca permanente, pois a criança tem sempre o desejo de se dizer para o Outro, a fim de ser reconhecida como uma pessoa única e autêntica. A criança que confia nos dá, de modo claro e sem embaraço, a simbolização de seu passado afetivo, como se quisesse superá-lo e exorcizá-lo, pelo próprio fato de representar sua história sob o olhar de Outro. É verdade que a comunicação verbal não é um simples prolongamento da vivência, mas muito mais do que isso, ela é a expressão simbólica de uma separação, de uma perda, compensada por uma substituição fantasmada; a linguagem compensa uma perda que nos vincula à nossa origem.

A criança não é espontaneamente um ser de demandas; o educador pode estimular, organizar essa busca e incitá-la a tomar a palavra. Isso será particularmente válido porque a criança será chamada a falar dela e de suas emoções; porém, precipitando cedo demais a criança num excesso de conhecimentos abstratos e de linguagem cognitiva, sem ressonância afetiva para ela, sem saber, fazemos dela uma criança com uma comunicação deficiente, sem a suficiente escuta dos outros, nem dela mesma.

Visar depressa demais uma comunicação de adulto, onde a emoção, o jogo de palavras e o prazer da troca desapareceram, é, com certeza, limitar a criança em suas possibilidades de controlar suas relações afetivas e cognitivas. Contudo, que enorme prazer experimentamos ao nos comunicarmos com uma criança, respeitando seu discurso como se fosse sempre uma aventura extraordinária e emocionante da vida!

> Pessoalmente, comunicar-me com uma criança sempre me alegra, alegria que nem sempre sinto com os adultos!

Os ganhos da comunicação

Se a criança vive o prazer da ação, ela vive o prazer de trocar com seus parceiros de brincadeiras, de participar de suas iniciativas e, por isso mesmo, de aceitar o ponto de vista deles. Assim, progressivamente, graças ao prazer compartilhado, a criança se tornará mais atenta ao Outro e ficará mais centrada nela mesma, sabendo colocar-se no lugar dos outros. Identificando-se com o prazer de outras crianças, ela se abstrai de uma situação imediata e cria para si um "outro lugar", na origem de uma criação que tem todas as possibilidades de ser percebida por outros.

Repartir o prazer com o Outro é favorecer o compartilhar das emoções e, simultaneamente, seu afastamento. Assim, o peso da afetividade se torna menor, em benefício de um reconhecimento mútuo e de um diálogo. Um tal procedimento educativo, oferecido às crianças, facilita o despertar para a percepção dos outros e para a percepção de si, desenvolvendo ainda, a percepção do mundo circundante: uma maior clareza por parte da criança vem à tona e um novo olhar a leva para o conhecimento. A criança se descentra progressivamente de seu próprio ponto de vista.

> A comunicação é o prelúdio da descentração tônico-emocional, fator indispensável para a formação do pensamento operatório.
> A comunicação é o pré-requisito fundamental de qualquer ação educativa.

b. O prazer de criar

A dinâmica da criação

O processo inaugural do funcionamento do pensamento criador foi conceitualizado por Winnicott. Com efeito, o elo inconsciente entre a mãe e a criança, o prazer compartilhado de um e de outro condicionam, desde o primeiro ano, a constituição de uma "área intermediária".[2]

A área intermediária é um espaço psíquico vital, feito de fantasmas de ação misturados com os da mãe, permitindo à criança criar para si a ilusão de uma ação que a liga à mãe: a ilusão que existe um objeto exterior – o seio – sobre o qual ela pode agir e que lhe assegura a sobrevivência biológica e seu próprio prazer. A formação dessa "área intermediária", onde uma e outra "se encontram", torna a criança capaz de criar "objetos transicionais", tais como o ursinho, que tem uma função simbólica de reasseguramento para sobreviver à angústia de perda e exorcizar a culpa do amor agressivo. O ursinho, amado e odiado ao mesmo tempo, é a comprovação de que as pulsões agressivas não podem anular nem fazer desaparecer a mãe que se instala na permanência, tanto no plano espacial, quanto no plano temporal.

O poder da criação

Durante a atividade criadora, a criança fica séria, absorvida, vivendo um fechamento em si mesma que a isola aparentemente dos outros. É claro que a criação é solidão, regressão, ou seja,

---
[2] WINNICOTT, D. W. *Jeu et réalité*. Gallimard, Paris, 1975.

tudo aquilo que pode relacionar-se com o desejo de busca do objeto de amor. Aliás, os materiais utilizados na produção (terra, areia, água, pintura, madeira, papel, tecido ou metal) são como alimentos sensuais que diminuem as tensões corporais e as pulsões agressivas destinadas ao "objeto".

É muito difícil interromper a criança em sua criação, pois esta é fonte de uma atenção febril, de uma perseverança aguda que proporciona à criança uma satisfação narcísica. A criação produzida dá à criança o sentimento de existir. A criação fascina, sendo um espelho maravilhoso no qual a criança goza do prazer de ser ela mesma entre os outros: "olha!", nos diz ela.

A criação é um poder semelhante ao do bebê que está certo de que é ele o criador do "seio" que satisfaz seu prazer. A criação dá poder à criança para que, em seguida, ela possa melhor oferecer essa criação ao Outro.

A esse respeito, o ato de criação, pela liberação que proporciona, habitua a criança a tomar distância em relação a sua produção criadora, já que ela se torna a espectadora daquilo que criou, e ainda mais particularmente, quando aparece a linguagem. O olhar sobre a produção pode ser considerado como certa tomada de distância com relação à criação e, por extensão, com relação a sua pessoa. Nesse sentido, consideramos a criação como um fator que favorece a descentração tônico-emocional.

Criar, para a criança, é uma "necessidade" vital, uma respiração reparadora que não está submetida a nenhuma finalidade exterior, bastando-se em si mesma. Criar é um processo catártico, ou até mesmo terapêutico, na medida em que a criança encontra a possibilidade de pôr em relação seus fantasmas de ação, sua experiência afetiva passada e ela mesma.

A criação é reconquista feita pelo "eu" da história de seu surgimento.[3]

---

[3] LAFARGUE, G. *Revue Pratiques corporelles*, n. 89, 1990.

A criação é plenitude, bem-estar, na medida em que faz aparecer o Outro que está em si, que moldou a criança ao sabor de seus desejos, de seus afetos e de seus valores.

A brincadeira é criação

Todas as atividades lúdicas facultam à criança a possibilidade de expressar uma verdadeira "necessidade" de traduzir a pulsionalidade do afeto e de dar-lhe forma em sua relação com o objeto primário: o brincar, ato criador, dá forma aos conteúdos inconscientes que são os fantasmas de ação. A brincadeira é prazer de encenar representações inconscientes.

O corpo, meio de expressão dos conteúdos inconscientes, encontra, assim, seu estatuto de primeiro "objeto transicional". Mas não podemos esquecer que o corpo é o primeiro "material" utilizado pela criança para criar. Esta, pelo prazer de se movimentar e de se transformar, faz aparecer o Outro e, simultaneamente, renasce, cresce, existe e, assim, vive melhor o prazer de uma separação autêntica. A brincadeira reconcilia a criança com ela mesma e, ao mesmo tempo, com os outros, pois estimula o encontro, as trocas autênticas entre as crianças, a partir de suas experiências afetivas mais longínquas, independentemente de sua origem ou cultura. A brincadeira é fonte de escuta e de compreensão sensível do Outro.

> Existe um desenvolvimento direto que vai dos fenômenos transicionais à brincadeira, da brincadeira à brincadeira compartilhada, e dela, às experiências culturais.[4]

Contudo, nem todas as crianças são espontaneamente criativas: algumas devem ser ajudadas, oferecendo-lhes uma área de segurança afetiva em que possam, aos poucos, expressar-se livremente, reconciliar-se com suas experiências afetivas mais ou menos dolorosas e relacionar suas angústias aos processos de

---
[4] WINNICOTT, D. W. Jeu et réalité. Gallimard, Paris, 1975.

reasseguramento. O educador é aquele que sabe dinamizar o prazer de criar, quando ele mesmo brinca com os materiais culturais que utiliza em sua pedagogia, para o crescimento psicológico das crianças.

c. *O prazer de pensar*

O prazer de pensar encontra sua origem na criação pela criança dos fantasmas de ação. A ação é, então, imaginada como uma ação ilusória de incorporar ou recusar "o objeto-mãe". Assim, na origem, o prazer de pensar, no campo do inconsciente, é inseparável de um objeto referente sobre o qual a criança tem o prazer de agir. O prazer de pensar nasce, portanto, de ações ilusórias que são representações mentais que a ligam imaginariamente à mãe.

Essas representações, desvinculadas da realidade, formam um imenso reservatório de pensamentos de ação que anima toda a criação de pensar, embora essa criação recubra um amplo campo que vai dos pensamentos inconscientes aos pensamentos conscientes, que permitem a interpretação e a racionalização. O prazer de pensar demanda, então, levar em consideração todas as brincadeiras de transformações que favoreçam a evolução das formações inconscientes até as suas traduções conscientes, indissociáveis do acesso à linguagem.

> Em todos os casos, o pensamento normal é criativo, quer dizer que ele pode estabelecer novos laços associativos, constituir novos sistemas de representação, novos caminhos de compreensão ou de demonstração.[5]

O prazer de pensar supõe deixar a criança expressar a riqueza de seus pensamentos inconscientes (os fantasmas de ação), pelo prazer de agir e expressar toda a sua energia para transformar o mundo e se transformar. Assim, ela poderá se desfazer dos maus

---
[5] GIBELLO, B. *La pensée décontenancée*. Bayard, Paris, 1995.

objetos internos e externos que poderiam invadi-la, limitando o pensamento criador.

Quando a criança pega, lança, reúne, separa, seleciona, associa, brinca de construir e interpreta um personagem, ela sente, pensa em ação. Mas o fato de pensar em ação vai evoluir na medida em que a criança é capaz de representar para si as ações, sem as agir, em um sistema de pensamentos associativos que liga as experiências passadas memorizadas às experiências presentes, pois é somente na mentalização que as ações podem ser feitas, desfeitas e refeitas, sem efeito sobre o mundo exterior.

A criança chegará, assim, a formas de pensamento menos carregadas de afeto, que ela poderá examinar e tratar como objetos externos que vêm dela, porém independentes dela: a abertura ao pensamento operatório e à atividade lógica são tributárias dessas formas.

A descentração progressiva é o resultado da maturação psicológica e afetiva que permite à criança descobrir que o prazer de pensar e seu pensamento significam, também, prazer de existir. A ação educativa terá como objetivo desenvolver atitudes mentais, isto é, ajudar a criança a criar em sua mente associações de ações, para melhor compreender e controlar os acontecimentos da vida e de seu meio.

– Nós lhe perguntaremos: "O que você pode fazer? O que você poderia ter feito? O que você não deve fazer? O que você não deveria ter feito?".

O prazer de pensar é também dependente das questões fortes e essenciais, que todas as crianças colocam, mas pelas quais os adultos quase não se interessam. A criança encontra o prazer de pensar quando percebe a dinâmica e a força antropológica do saber e quando percebe a angústia dos homens que sustenta esse saber:

– Por que escrever? De onde vem a escrita?
– Por que estudar biologia, matemática? De onde vêm esses conhecimentos?

– Como aprendemos a andar, a falar? Quem foi o primeiro homem?

– Por que eu sou diferente dos outros? Por que a pele dele é preta? De onde ele vem? Por que ele está aqui?

– Por que ele compreende mais depressa que eu? Ele é mais inteligente?

– Por que eu sou cristão ou muçulmano?

– Por que ele é rico?

O prazer de pensar e de aprender não pode se abstrair das questões fundadoras do humano e da humanidade. Que o educador deixe viver nele essas questões fundadoras, a fim de evocá-las e compartilhá-las com as crianças. Essa seria uma outra maneira de ensinar os saberes fundamentais, o conhecimento em uma verticalidade.[6]

A descentração

Piaget insistiu no egocentrismo durante o período que vai de dois a cinco/seis anos, como sendo um aspecto fundamental do pensamento da criança. É o período ao longo do qual ela "absorve" as pessoas e os objetos (assimilação), os faz seus e os deforma ao sabor de sua afetividade e de seus sentimentos de amor e ódio.

A ação educativa não tem como finalidade liberar a criança de seu egocentrismo, que tem um valor estruturante do pensamento, mas sim, permitir que a criança o viva e, sobretudo, o supere. A ação educativa pretende ajudar a criança a sair de um sistema de referências centrado nela mesma, a partir de seu sentir, para se descentrar, quer dizer, se dissociar do que é ela e daquilo que pertence ao mundo externo.

---

[6] MEIRIEU, P. *Influence des activités d'expression sur les processus d'apprentissage et l'élaboration des savoirs.* Institut des sciences et pratiques d'éducation et de formation, Université Lumière, Lyon II.

Essa evolução progressiva permite que a criança estabeleça entre as coisas, as pessoas e ela mesma, um sistema de relações mais objetivo. *A descentração é também descentração tônico-emocional, já que supõe a integração da emoção nas representações mentais.*

O afastamento emocional supõe que a criança não se questione mais sobre si mesma e que a clareza de sua identidade, enquanto sujeito sexuado pertencente a uma filiação precisa, seja conquistada. Parece indispensável que aquilo que a ligava a sua origem seja rompido sem drama e que a criança tenha conseguido "acertar as contas" com o conflito edipiano: pai e mãe desinvestidos de afeição e a distância afetiva sendo privilegiada e compensada por novas e variadas relações afetivas com outras crianças, assim como com outros adultos.

A descentração, reconhecida por todas as abordagens psicológicas e pedagógicas, corresponde:

- À idade em que começam as aprendizagens estruturadas que demandam a aceitação da "lei" dos códigos lingüísticos, impostos a todas as crianças (a partir do quinto/sexto ano). É preciso se interrogar para saber se todas as crianças são capazes de integrá-los com facilidade, pois esses códigos exigem a abstração de referências emocionais pessoais.
- A uma evolução lingüística importante. Antes da descentração, a linguagem acompanha as ações; depois, progressivamente, a criança ultrapassa a linguagem de ação para criar uma palavra dotada de sentido. A criança fala, por exemplo, da torre que construiu para proteger os habitantes contra os invasores. A aquisição de sentido da palavra se funda, principalmente, na qualidade da comunicação entre a criança e os pais e na capacidade para imaginar processos de asseguramento diante da angústia.

Pensemos na criança que pede que uma história, que lhe dá medo e que ela já conhece de cor, seja repetida. Essa repetição tem duas funções:

– reconhecer referenciais tranqüilizadores;
– antecipar novos meios de asseguramento muito pessoais, ou seja, criar um sentido.

É, então, fundamental satisfazer as demandas reiteradas de ouvir "histórias que dão medo" e que se prestam a uma repetição criadora para a criança. Assim, as apreensões da angústia se diluem e a criança continua a construção de seu pensamento.

• À superação do pensamento mágico. A criança tem de abandoná-lo, pois este não lhe permite deixar de lado seu ponto de vista para considerar objetivamente o ponto de vista do Outro. Como, nessas condições, estar atento ao Outro, ajustar-se a escolhas, brincadeiras, idéias que não são suas? Como viver uma diferença bem assumida?

Nós já mostramos que o pensamento mágico é correlato à identificação projetiva na qual a criança se projeta no Outro; ela é, assim, de alguma maneira, o Outro.

Tomemos um exemplo de brincadeira de criança

No início, a criança se identifica plenamente com o lobo. Essa identificação projetiva mágica faz com que a representação do lobo seja perfeita. Nós falamos com a criança, mas ela nem escuta; afinal, ela é o lobo!

Em seguida, a criança manifesta sua grande capacidade em simbolizar sua vivência fantasmada; ela é capaz, então, de verbalizar: "Eu estou brincando de lobo", quando nós lhe perguntamos: "Você está brincando de quê?"

Enfim, a criança pode conceitualizar sua vivência e nos dizer: "Hoje, eu vou brincar de lobo", ou então, "olha, eu estou brincando de lobo para lhe meter medo".

A partir daí, a criança não mais se perde em sua identificação projetiva, ela se vê agir e se olha no espelho; a criança superou a forma mágica do pensamento, prova evidente da descentração.

Já evocamos a importância da resolução da crise edipiana e a capacidade para identificar-se autenticamente com o pai do mesmo sexo, como necessária para o processo de saída do pensamento mágico. Essa resolução traz, como conseqüência, a possibilidade de tornar a criança disponível para os investimentos culturais e sociais.

A maturação da descentração é progressiva e é somente por volta do sexto/sétimo ano que a criança poderá estabelecer relações mais objetivas com o espaço e o tempo, com os objetos e com ela mesma, assim como estabelecer relações lógicas claramente enunciadas. A criança terá, então, acesso ao *pensamento operatório* (Piaget). Operar é selecionar, comparar e associar, independentemente das referências pessoais.

Reconhecemos que todas as práticas educativas levam em conta a abertura ao pensamento operatório, mas as estratégias necessárias para seu desenvolvimento nem sempre estão adaptadas. É importante, porém, não esquecer que a aprendizagem mecânica gera resistências à mudança psíquica e vai no sentido contrário ao da descentração desejada.

O educador exerce, então, um papel importante na ajuda que ele pode trazer à superação da experiência emocional, mas o problema que se apresenta é o de deixar a criança viver a expressividade motora para melhor se afastar dela. A prática psicomotora atribui a prevalência à expressividade motora, mas visa também, à perda dessa prevalência sem, contudo, desencarná-la totalmente da vivência. Talvez, aí esteja o cerne da dificuldade da prática educativa.

Os ganhos da descentração

A descentração se revela como a superação da ação e do afetivo em benefício de um olhar novo sobre si e de uma nova compreensão do mundo exterior, a partir dos quais a criança estabelece outras relações com o espaço, o tempo, os objetos e as pessoas.

Um novo olhar sobre si e sobre os outros

A descentração traduz uma mudança importante no nível da comunicação e, por conseguinte, da personalidade. Daí para frente, a criança torna-se capaz de levar em consideração o Outro e de escutá-lo. A função de socialização se desenvolve. Simultaneamente, a criança adquire a capacidade de se tornar seu próprio espelho, vendo-se agir, descobrindo, assim, um espelho mais completo de si mesma, independentemente de qualquer espelho exterior.

Após o período de descentração, a criança toma consciência de que ela existe e tem um corpo. Descobre suas competências físicas, que compara com as de seus amigos: a potência, a velocidade, a resistência, a habilidade e toda a variedade de sensações como o peso, o volume, a envergadura e as nuances de seu movimento. Além disso, a criança é capaz de falar dessas competências. A descoberta do desdobramento entre o somático e o emocional nos leva a enunciar que, até o sétimo ano, "a criança é corpo", e que, posteriormente, "ela tem um corpo". Da representação de si emerge a consciência sensorial e fisiológica.

Um olhar novo sobre o espaço e o tempo

Antes que a criança seja capaz de se descentrar, ela está ligada ao espaço. Ela é totalmente dependente de uma topologia do corpo e de sua vivência emocional; o espaço é grande quando a criança tem prazer de crescer.

O espaço é, primeiramente, antes de ser construído,[7] uma projeção emocional. Parece, aliás, que os bebês experimentam o espaço na forma de duas dimensões: é o que Donald Meltzer chama "espaço de identificação adesiva", identificação na qual o bebê sente algo do exterior, unicamente através do contato cutâneo que tem com ele.

---

[7] GIBELLO, B. & GODFRIND, J. *Le symbolique et l'imaginaire. Leur place dans les troubles du raisonnement et de l'apprentissage.* Université libre de Bruxelles, Bruxelas.

Progressivamente, o espaço topológico dá lugar ao controle de um espaço geométrico em três dimensões (um espaço euclidiano), quer dizer, um espaço que se organiza em formas geométricas reconhecíveis e identificáveis pela linguagem, tais como o retângulo, o quadrado e o triângulo, assim como as medidas que permitem comparar comprimentos, direções e ângulos. A noção de vertical é certamente a primeira noção euclidiana adquirida da imagem de si.

Quanto ao tempo, ele só é percebido inicialmente em função das projeções de afeto de prazer ou de desprazer. Trata-se de um tempo circular emocional, que faz referência ao idêntico, e que é representado pelos traços em espiral.

O processo de descentração facilitará o acesso ao tempo linear, a partir do qual a criança poderá situar os acontecimentos de sua própria vida e aqueles que não a concernem diretamente, em uma cronologia independente de sua própria história afetiva. Hoje, ontem, amanhã, antes, depois, durante, mais tarde, adiantado e atrasado são marcas que pontuam essa evolução.

Um olhar novo sobre os objetos

O objeto só assume seu valor e seu sentido se for transformado pelos fantasmas e afetos que lhe são atribuídos, em função das imagens que suscita: sem essas projeções, o objeto permanece uma coisa sem interesse.

A conquista progressiva do objeto é o resultado da descentração; o afastamento que ela provoca, favorece a descoberta de um ou vários parâmetros que compõem o objeto simbólico (por exemplo, o bastão utilizado como uma espada). O parâmetro escolhido pela criança assume o valor do todo do objeto (por exemplo, o comprimento do bastão e do fuzil). O conhecimento do objeto deve ser vivido e respeitado, pois ele faz parte das etapas da construção e do conhecimento mais completo do objeto.

> O objeto só existe realmente nas nuances que o compõem e a noção do todo do objeto só é captada na percepção mais completa de suas nuances.

Mas a conquista total do objeto é bastante aleatória, pois é impossível desinvestir completamente o objeto de fantasmas e de afeto. Logo, o objeto não é dado, ele está sempre a ser recriado entre o espaço dos fantasmas e o da realidade, realidade essa, sempre mais ou menos questionada pelos fantasmas, que só se dissolvem muito lentamente ou pelo rumor das angústias que podem, a qualquer momento, reaparecer, criando fixidez projetiva, que podem anular a descoberta do objeto.

> A ação educativa consistirá, então, em ajudar a criança na descoberta e na construção mais completa do objeto, a partir do investimento simbólico desse objeto sem, contudo, lhe infligir, nem depressa demais, nem muito cedo, nosso saber conceitual sobre esse objeto. Trata-se de fazer nascer, sem precipitação, mas com precisão, o concebido não expresso da expressividade motora.

A creche e, sobretudo, a escola maternal, insistem demais no aspecto mecânico do acesso à analise do objeto, sem se preocuparem se a criança tem as capacidades suficientes para a descentração. A etapa da dimensão simbólica e do prazer da criança é amplamente esquecida; a experiência é limitada a uma pretensa vivência que deixa apenas um pequeno espaço para a ação autêntica, para a criação do objeto e para o prazer.

O prazer seria um atributo negativo do conhecimento? O prazer seria um desvio da abstração e do racional?

O que estamos propondo é a estratégia educativa seguinte:

– o prazer de fazer e desfazer;
– o prazer de não fazer, embora podendo fazer;
– o prazer de fazer sem fazer; trata-se de imaginar a coisa feita e poder expressá-la com palavras para alguém, o que não é outra coisa senão pensar com um Outro que pensa.

Que bom programa para a escola maternal: "Do prazer de agir ao prazer de pensar e pensar para além do agir!".

Concluindo

Insistimos na descentração da criança como um fator essencial para a abertura de sua mente. A descentração é uma finalidade educativa que defendemos enfaticamente para evitar que a criança viva as dificuldades da vida escolar. A prática psicomotora, tal qual a concebemos, participa amplamente do processo de maturação da descentração. Contudo, esse processo pensado e desenvolvido no âmbito institucional escolar não exclui que os pais tenham também sua parte de contribuição para o despertar das potencialidades necessárias à descentração. Com efeito, pais compreensivos aceitam a originalidade e a autenticidade emocional de seus filhos. Essa aceitação ocorre, naturalmente, em função da própria capacidade que eles têm em reconhecer suas próprias deficiências, suas tensões e suas emoções. Esses pais ficam disponíveis para aceitar os desejos de seus filhos e para modulá-los, até com firmeza, evitando, contudo, encerrá-los em seus próprios desejos. Pais e filhos se ajustam mutuamente em uma área permanente de comunicação, fonte de um devir afetivo e intelectual satisfatoriamente equilibrado.

Entretanto, alguns pais não têm a disponibilidade necessária para a criança e, dessa forma, a criança não adquire as potencialidades de maturação afetiva indispensáveis para seu desenvolvimento intelectual. Nesse caso, será possível prever um itinerário de maturação psicológica complementar, que estudaremos mais adiante. Nós elaboraremos uma ajuda para a criança em dificuldade, porém, que tipo de ajuda podemos propor aos pais?

Se, por um lado, os pais têm uma parte considerável no processo de descentração operatória, por outro, não devemos esquecer um fator social importante que é a escolarização. A escola maternal leva a criança a sair do quadro afetivo familiar e a descobrir outros centros de interesse, outros prazeres. Por exemplo, constatamos, muitas vezes, no âmbito da prática psicomotora, que crianças que descobriam o prazer sensório-motor, o prazer de compartilhar brincadeiras, ganhavam rapidamente uma autonomia que repercutia no ambiente familiar, facilitando a superação de uma fixação no objeto de amor e a resolução da questão edipiana.

Uma ruptura desarmônica

Se a criança permanece invadida pela pulsionalidade, por fantasmas de ação insuficientemente simbolizados, por sentimentos de amor e de ódio invasivos, ela não poderá distanciar-se e viverá uma ruptura desarmônica. Suas relações tornam-se permeadas por um desejo de agressão e/ou regressão e a criança vê o mundo pelo prisma deformado de seus fantasmas e de suas emoções. Essa ruptura desarmônica existe com muita freqüência, como constatamos, em crianças que percebemos como inteligentes, mas que foram freadas ou retardadas em suas possibilidades operatórias, porque "o corpo" não teve o direito à expressão e as angústias não foram corretamente assumidas. A expressividade motora foi restrita, reprimida, e o desejo, contrariado pelas pessoas de seu ambiente, não aconteceu no tempo esperado.

A criança é como que precipitada na palavra do adulto, "desencarnada", na qual o imaginário e a emoção estão ausentes demais. Contudo, o "corpo" está aí, com suas exigências pulsionais e afetivas, e a ruptura, que se anuncia do modo que puder, só pode dar lugar a uma representação obsessiva desse "corpo sem contorno definido" e onipresente. Porém, torna-se indispensável, se quisermos ajudar à criança, oferecer a esse "corpo sem contorno definido" um lugar para se "dizer", onde ele escape momentaneamente, ou até se libere, do domínio de uma contenção excessiva, de um recalque onipresente. A criança ganhará com isso uma maior clareza de sua expressividade motora, uma descentração mais nítida e uma ruptura menos confusa.

A descentração pode ser considerada, então, como o ponto de articulação entre o afetivo e o operatório. Ela é o resultado de uma perda bem compensada pelo ganho substitutivo de uma abstração plena e criadora, oposta a uma abstração mutilada, carregada demais de afeto, desejando economizar na expressividade motora. Essa abstração mutilada[8] estaria, então, submetida às exigências pulsionais fantasmáticas e à onipotência mágica, que nunca poderiam dizer a que vieram. Essa abstração mutilada não é nem mobilizável, nem aberta ao espírito de invenção, nem tampouco à criação intelectual.

A respeito da representação e da simbolização

No primeiro capítulo, utilizamos freqüentemente os conceitos de representação e de simbolização; agora, gostaríamos de introduzir esses dois termos na prática.

Uma criança pega uma almofada e a transforma em carro para brincar com seus amigos de se chocar um com outro e provocar acidentes. Essa criança representa o carro:

• porque ela se identificou com o motorista do carro, que representa, para ela, o pai ou a mãe que ela admira, ama e que dirige essa potente máquina mágica que corre muito depressa. A capacidade em representar está, então, condicionada a um laço afetivo de identificação;

• porque ela é capaz de perceber elementos semelhantes entre o carro e a almofada (volume, cor, velocidade que a criança pode imprimir, ou o barulho que pode reproduzir, por exemplo)

Neste sentido, podemos dizer que a criança faz uma operação intelectual não consciente, que se elabora no pré-consciente, e pode ser levada à consciência graças à linguagem.

---

[8] A abstração é uma faculdade da inteligência; trata-se de uma operação da mente que separa, isola um caráter do objeto (qualidade, relação), ao qual ele está unido e que não se apresenta realmente na realidade. O círculo é uma abstração de tudo que é redondo.

> A representação de uma coisa por outra coisa garante a capacidade da criança para simbolizar, inscrever-se no registro simbólico e recriar, no imaginário, um laço afetivo perdido. Por isso, qualquer simbolização tem uma função de asseguramento em relação à angústia de perda.

Por outro lado, quando a criança representa o carro através da almofada, nós estabelecemos imediatamente a relação existente entre o objeto real (o carro) e a transformação simbólica da almofada. Mas o carro (almofada) representa ainda outra coisa que não compreendemos imediatamente, se não tivermos algumas chaves teóricas indispensáveis para um outro entendimento do sentido da simbolização do objeto. Com efeito, o carro simboliza a potência, a velocidade, a força e a agressividade. O carro é um poderoso símbolo fálico que permite à criança reparar a mutilação imaginária do pênis.

O carro, simbolizado pela almofada, é o lugar de representações conscientes e inconscientes, de fantasmas de ação de penetração que compensam a angústia de castração, ela mesma simbolizada pelas brincadeiras de acidentes, de feridos transportados para o hospital e tratados por médicos e enfermeiras, que metaforizam a "reparação" e o prazer de ser um "todo" unificado.

Mas a criança, identificada intensamente com o carro, também se identifica com o motorista; a expressividade motora e seu componente tônico-postural emocional, caracterizado pela onipotência mágica, assume, igualmente, o valor de reparação simbólica.

Essas brincadeiras aparecem espontaneamente na prática psicomotora, possuindo uma função preventiva contra a angústia, ainda mais se o psicomotricista acompanhar e compreender essas brincadeiras como sendo a expressão do inconsciente com a função de asseguramento.

Capítulo 2

A aplicação da prática psicomotora educativa

1. As condições institucionais necessárias para a aplicação da prática psicomotora educativa

A prática psicomotora requer condições em relação ao quadro institucional, exigindo um estado de espírito de abertura por parte da equipe educativa da creche, da escola maternal ou de qualquer outro lugar que receba crianças pequenas.

a. *A equipe educativa*

A aplicação da prática psicomotora demanda, por parte da equipe educativa, um objetivo comum, voltado para a criança, atribuindo um lugar importante à ação nos processos de aprendizagem, à expressão livre, à atividade lúdica, à emoção e à palavra, assim como a atenção apurada sobre as potencialidades de cada criança no grupo. É preciso que haja um objetivo comum em relação a uma pedagogia que privilegie a experiência das crianças, a busca coletiva e a elaboração constante de um ambiente institucional indispensável ao desenvolvimento psicológico de cada criança no grupo.

b. Um alerta

Se a prática psicomotora for proposta em um ambiente educativo limitador, onde a pedagogia fica centrada no professor, talvez seja preferível não precipitar a implementação dessa prática em um meio educativo, pois ela poderia tornar-se explosiva, incontrolável e até desestabilizante para as crianças e para a própria instituição.

c. Ajudar a compreender

Um trabalho preparatório com a equipe educativa nos parece necessário, a fim de prepará-la para compreender o sentido da prática e, simultaneamente, entender melhor o desenvolvimento psicológico da criança pela via motora.

O trabalho preparatório exige explicar claramente os objetivos, o dispositivo, a estratégia dos lugares, a importância do prazer de agir, de transformar e de se expressar, além da explicação do porquê das crianças não poderem ficar somente na atividade lúdica motora, visto que elas têm de ser ajudadas e solicitadas através, também, de outros meios de expressão como o desenho, as construções e a linguagem.

O trabalho preparatório não exige que a problemática das diferentes angústias seja evocada, mas que a insistência recaia sobre a observação de "como é" a criança, sobre a comunicação, a criação e a qualidade do ajuste a todas as produções da criança.

d. Com os pais

No momento da reunião com os pais, explicaremos com simplicidade o interesse da prática para o desenvolvimento de seus filhos. Nós sempre constatamos que, quando um projeto educativo coerente era proposto aos pais, estes apreciavam o trabalho dos educadores, pois reconheciam o esforço investido para proporcionar o crescimento de seus filhos.

e. As condições materiais

A sala de prática psicomotora é um local específico, reservado à prática, onde as crianças podem evoluir livremente. A sala deve ser bem iluminada e mantida com cuidado. O material precisa ser limpo e atraente. Sem um espaço válido e um mínimo de material, não é possível realizar a prática psicomotora conforme nossos princípios. Trata-se de uma sala onde o psicomotricista se sinta bem e viva o prazer de estar com as crianças. Uma sala grande demais, do tipo de um ginásio, não é o melhor espaço para a prática; uma sala do tipo sala de jogos de uma escola maternal, por exemplo, parece-nos bem mais apropriada.

2. Os objetivos da prática psicomotora educativa e preventiva

• *Favorecer o desenvolvimento da função simbólica* pelo prazer de agir, de brincar e de criar, e, além disso, ajudar a passagem a diferentes níveis de simbolização, que permitirão às crianças viver, em um determinado ambiente, o percurso "do prazer de agir ao prazer de pensar o agir".

• *Favorecer o desenvolvimento dos processos de asseguramento* diante das angústias, através do prazer de todas as atividades motoras.

• Neste sentido, a prática psicomotora encontrará sua dimensão preventiva, quer dizer, a atenuação do rumor das angústias, quando a criança delas se afastar e puder assumi-las corretamente. Da mesma forma, a prática saberá encontrar seu vetor terapêutico (que não devemos, em hipótese alguma, confundir com a terapia) para a aquisição dos processos de asseguramento psicológico diante das diferentes angústias que inquietarão muito menos as crianças, a partir do sétimo ano.

• Compreendemos então que, no âmbito educativo, a prática psicomotora educativa terá seu desenvolvimento máximo até a idade de seis/sete anos.

- *Favorecer o desenvolvimento do processo de descentração* que permita a abertura ao prazer de pensar e ao pensamento operatório.
- A esse respeito, os especialistas da infância sempre nos interrogam sobre o elo existente entre a prática psicomotora educativa e preventiva e as atividades escolares. Esse elo não é imediato, mas ele existe na maturação psicológica do prazer de pensar, indispensável ao prazer de aprender e de dominar o conhecimento, como um outro prazer de ser si mesmo.

3. O dispositivo da sessão

- *O dispositivo espacial* está estruturado em dois lugares que têm cada um sua dominante expressiva: um está reservado para a expressividade motora (primeiro lugar); o outro, para a expressividade plástica, gráfica e a linguagem (o segundo lugar). O primeiro lugar é amplo e fica reservado a todas as atividades de brincadeiras, dispondo de um material específico; o segundo lugar é mais reduzido, mas possui, também, seu material.

Antes que as crianças entrem na sala, instalamos esses dois lugares. Encontrar o mesmo dispositivo e o mesmo material em cada sessão é um fator que dá segurança e facilita a antecipação imaginária e, por conseguinte, a antecipação do prazer. Ao longo da sessão, as crianças serão convidadas a passar do primeiro ao segundo lugar.

- *O dispositivo temporal* está estruturado em fases sucessivas propostas às crianças, a fim de permiti-las passar a diferentes níveis de simbolização, de prazer e de viver. Assim, um itinerário de maturação psicológica poderia ser resumido pela passagem "do corpo à linguagem". Um primeiro momento será reservado à expressividade motora (o processo de asseguramento através da brincadeira), depois, num segundo momento, à história contada ao grupo de crianças (processo de asseguramento pela linguagem) e, enfim, num terceiro momento, o da expressividade plástica e gráfica.

Essas fases sucessivas são completadas por um ritual de entrada e um ritual de saída.

Quanto à *duração da sessão*, ela vai variar em função da idade das crianças. Uma duração de sessenta minutos é conveniente para desenvolver as fases sucessivas, mas com crianças de dois anos, a duração pode ser mais curta; com crianças de cinco/seis anos, ela pode se estender até oitenta minutos. Quanto ao número de crianças presentes na sala, a experiência nos mostrou que dez, para cada psicomotricista, é um número perfeitamente conveniente.

4. O material do dispositivo

a. *O material da expressividade motora*

- *O mobiliário*: espaldar, espelho grande, quadro, armários e cestas de plástico para arrumar o material; cavaletes de metal que possam sustentar as pranchas para construir estruturas mais ou menos grandes, para subir, equilibrar-se, deslizar, saltar de certa altura, baús móveis fechados...

- *O material mole*: almofadas de espuma cobertas de tecido colorido, de tamanhos diferentes, cuja a referência básica será de 60x40x30 cm. Essas almofadas, em número de duas por criança, no mínimo, foram criadas por nós e identificam a nossa prática. Devemos observar que, desde que as almofadas são introduzidas na sala, a prática muda!

As almofadas são leves, volumosas, silenciosas, sendo utilizadas para construir torres, paredes, casas, castelos, escadas grandes, ou são ainda utilizadas como túneis, carro, moto, cavalo...

É possível ter almofadas cilíndricas de 60 x 30 de diâmetro, utilizadas para rolar, balançar-se ou construir carros, caminhões, ou simplesmente para que possam servir de chaminé de uma casa, por exemplo. Esse material é indefinidamente transformável, ao sabor dos fantasmas das crianças. Colchões de espuma com diferentes espessuras, revestidos com tecido colorido; a referência básica é de 140 x 100 x 10 ou 20. Os colchões servem para proteger dos escorregões, dos saltos, das quedas, mas podem servir também para confeccionar escadas, para as crianças da creche, ou tapetes e telhados para as casas...

Além disso:

– tecidos coloridos de todos os tamanhos, utilizados como cortinas, lençóis, telhado de casa ou como roupas para que possam se fantasiar...

– animais de pelúcia de pequeno porte, bonecas de pano;

– cordas pequenas de algodão para amarrar ou prender;

– tubos de espuma plástica de 1 metro para brincar de combate...

– bolinhas de espuma para jogar sem machucar, para encher e esvaziar caixas (as bolas maiores não são utilizadas na prática educativa);

– "a bolsa", apelidada assim pelas crianças: trata-se de um saco de pano de quatro metros de comprimento com uma abertura ampla, contendo um outro saco de espuma plástica. Esse saco, no qual as crianças entram e saem, se aninham, se escondem ou descansam, evoca, com facilidade, um grande envelope protetor.

- *O material duro*:

– argolas de borracha;

– bastões de madeira, utilizados como arma de combate, mas que só serão dados às crianças se elas forem capazes de dominar sua pulsionalidade motora;

– bacias de todos os tamanhos, baldes para entrar dentro ou encaixar uns nos outros, encher com diferentes objetos a serem transportados;

– tambores com baquetas que ficam em um lugar fixo e só serão utilizados em alguns momentos da sessão.

Reflexão sobre o material reservado à expressividade motora

O material mole e duro metaforiza o corpo da mãe maternante e completa o que já evocamos anteriormente com relação à sala de prática psicomotora. Parece-nos, contudo, interessante assinalar as contribuições de F. Tustin sobre a integração dos aspectos materno e paterno, em um nível psíquico arcaico. Com efeito, o mole faria referência, no âmbito da parte terna do "objeto-mãe", indefinidamente transformável e fonte ilimitada de satisfação sensual, ao passo que o duro faria referência ao mamilo firme e ereto, como suporte paterno originário, que impulsiona a criança para a ação necessária, para a satisfação de sua necessidade e para seu prazer. F. Tustin mostrou a clivagem profunda desses dois aspectos no autismo infantil precoce, "clivagem representada por um fantasma de mamilo quebrado, arrancado do seio".[1] Essa clivagem impede a criança de constituir um primeiro envelope protetor. Tustin insistiu na ajuda terapêutica a essas crianças, na importância do trabalho de integração entre as qualidades sensuais contrastadas: seco e molhado, rugoso e liso, quente e frio, duro e mole, qualidades contrastadas que remetem a uma dupla polaridade, materna e paterna.

Essa contribuição nos leva a refletir sobre as propostas educativas que poderiam ser desenvolvidas com as crianças autistas, assim como sobre a importância dos contrastes vividos na educação de uma criança pequena.[2]

b. O material da expressividade gráfica e plástica

Esse local é reduzido em relação ao local da expressividade motora, pois está destinado ao desenho e à construção. O lugar está delimitado por um tapete para diminuir o barulho das crianças que estão construindo, podendo estar cercado por bancos.

---
[1] HOUZEL, D. "Le dessin de la maison, in D. ANZIEU", in *L'enfant et as maison*. Editions Sociales Françaises, Paris, 1988.
[2] LAPIERRE, A. & AUCOUTURIER, B. *Les contrastes*. Doin, Paris (esgotado), 1973.

- O mobiliário:
– mesas ovais ou redondas para as crianças desenharem;
– banquetas para as crianças mais velhas sentarem, visto que estas podem passar de quinze a vinte minutos desenhando.

- O material de desenho:
– folhas de papel branco, canetas hidrocor, lápis pretos (a tinta não é utilizada);
– as produções das crianças são guardadas por elas mesmas em suas pastas, arrumadas por ordem, em um armário.

- O material de construção:
Criamos um material de construção de madeira envernizada, não colorida. A referência é de 10 x 10 x 2,5 e todos os múltiplos 10 x 20 x 2,5; 10 x 40 x 2,5 ou os submúltiplos 5 x 10 x 2,5; 5 x 5 x 2,5 também podem ser utilizados e propostos às crianças. Esse material é arrumado em cestas no próprio local da expressividade plástica.

Observação sobre a utilização do material

A cada lugar corresponde um material específico, necessário para uma dominante da expressividade. Por isso, o material não pode ser transportado de um lugar para outro. Essa é uma regra que deve ser respeitada, se quisermos que as crianças vivam a passagem de sua expressividade motora em diferentes níveis de simbolização.

5. A instalação progressiva do dispositivo

Seria pertinente lembrar que o dispositivo espacial é instalado antes que as crianças entrem na sala, mas que esses lugares e as fases sucessivas são preparadas, progressivamente, em função da idade das crianças e do desenvolvimento de suas capacidades para agir e simbolizar. Assim, seria preciso distinguir algumas etapas na instalação do dispositivo.

a. Do terceiro/quarto mês até a segurança do estágio em pé

A partir do terceiro/quarto mês, o bebê não pode mais ficar em seu berço, este é estreito demais para que ele se movimente; então, é necessário prever um espaço apropriado para ele.

Na creche, durante esse período, não existe sessão de prática psicomotora propriamente dita, mas sim uma prática difusa, que insiste na *liberdade do movimento, no prazer da ação e na transformação.*

Por isso, o dispositivo espacial é instalado de forma permanente, a fim de que os bebês possam se beneficiar ao máximo de uma local para se moverem em plena liberdade, conquistarem o espaço vertical em segurança, segundo seu próprio desejo e, sobretudo, segundo seu próprio ritmo. A título de exemplo, nas creches onde nós intervimos, os berços estavam colocados ao redor do cômodo, liberando um espaço central onde as crianças encontravam melhores condições para suas atividades. Elas se deitavam no chão, passando de costas e de bruços, para rolar, empurrar, rastejar, sentar, engatinhar, subir, se agarrar, depois descansar deitadas no chão e talvez até adormecer, antes que a educadora os pegasse e os colocasse em seus berços.[3]

O bebê deve ficar livre para repetir muitas vezes as mesmas ações, as mesmas transformações tônicas e posturais, a fim de descobrir novas ações, cada vez mais ricas e complexas. Na creche, fora dos momentos durante os quais os bebês estão dormindo no berço, ou estão recebendo cuidados ou quando são alimentados, eles ficam no chão: um chão protegido, duro, limpo, sobre o qual estão dispostos alguns colchões de espuma, formando plataformas, escadas e planos inclinados. Por outro lado, é necessário prever um material sólido, com grades verticais e horizontais para que a criança possa se segurar e se levantar, até ficar de pé.

---

[3] FALK, J. & TARDOS, A. *Mouvements libres: activités autonomes.* Editions Em lo, Saint-Germain, 2000.

É preciso prever também um material simples, sem muita abundância, fácil de pegar, de morder e de arremessar: argolas, pequenos objetos de borracha, sonoros, almofadas perfumadas, espelhos manuais,[4] copinhos de encaixar, pratos para empilhar e dispersar, bacias utilizadas para entrar ou como caixa de ressonância e tecidos, embaixo dos quais possam se esconder.

Apesar da autonomia do bebê, é importante que uma educadora esteja presente no meio das crianças para garantir sua segurança afetiva e para se comunicar. Ela saberá acompanhar as experiências e as mínimas descobertas da criança pelo gesto ou pela palavra, saberá acompanhar a atividade, abstendo-se de intervir, o que é, algumas vezes, difícil acontecer com várias educadoras da creche!

A criança livre para agir terá o prazer de reproduzir essas atividades para mostrar à educadora que ela sabe fazer e, simultaneamente, mostrar-lhe que está crescendo com sua ajuda. Interromper a ação seria interromper seu desenvolvimento psíquico e seu desejo de relação. O dispositivo temporal não existe, o que conta é a alternância do tempo da ação e do tempo do repouso e a alternância dos cuidados.

b. Do estágio em pé até o terceiro ano

Os dois lugares são equipados com o material antes que as crianças entrem na sala e estas poderão utilizá-los livremente. Não existem fases sucessivas reservadas à expressividade motora, depois, à expressividade plástica e gráfica. As crianças podem passar sem restrição de um lugar ao outro, para facilitar a alternância dos diferentes meios de expressão simbólica. A espontaneidade desses diferentes meios de expressão deve ser respeitada. A história é contada no final da sessão.

---

[4] N.T. Os espelhos, na França, são confeccionados com material inquebrável. No contexto brasileiro, esse material não seria adequado, pois representaria um risco para a segurança das crianças.

A regra de não transportar de um lugar para o outro permanece. Entretanto, a destruição dos empilhamentos ou dos alinhamentos das peças de madeira é aceita no segundo lugar, mas devemos prestar atenção com as crianças que destroem as construções das outras!

A liberdade dada às crianças de passar de um lugar para outro nos dá a possibilidade de observar a atitude de algumas crianças que poderiam se limitar a um único local. Cabe a nós intervir individualmente junto a essas crianças para convidá-las a mudar de lugar.

c. A partir do terceiro até o sexto/sétimo anos

Durante esse período da evolução da criança, o dispositivo espacial e temporal é mantido, assim como os tempos da expressividade motora, seguidos da história e, posteriormente, o tempo da expressividade plástica e gráfica que será também respeitado. Contudo, *uma flexibilidade na utilização do dispositivo deve ser considerada*. Quando as crianças integraram bem o dispositivo espacial e temporal, é possível, após o ritual de entrada, deixá-los utilizar livremente os dois locais, passando, conforme a escolha delas, de um lugar para outro.

Dizer às crianças: "Eu estou aqui para ver as atividades de vocês", estimula o sentimento de responsabilidade e de solicitude entre elas.

A sessão encerra-se com um dos episódios de uma história e o ritual final. Tais sessões podem alternar-se com sessões estruturadas que respeitem os três tempos.

Quanto ao número de sessões, é desejável que as crianças de menos de três anos possam ter uma sessão diária. Depois dessa idade, é possível pensar-se em duas ou três sessões semanais. Essa freqüência ocorre em função da importância que a equipe dará à prática no projeto educativo, da convicção que terá da importância das atividades lúdicas no desenvolvimento da personalidade e da inteligência.

6. Os conteúdos das fases sucessivas da sessão

Neste capítulo, colocaremos em evidência as produções essenciais das crianças que aparecem na sessão e que evoluem em função do desenvolvimento dos fantasmas de ação.

Antes de evocarmos o ritual de entrada, seria pertinente abordar o despir das crianças em um vestiário espaçoso, onde cada criança tem um lugar reservado para suas roupas. O tempo de despir (quando as crianças se despem sozinhas ou são ajudadas pelas educadoras) não deve ser precipitado, pois é um tempo para se falar com as crianças. Retirar suas roupas e seus sapatos é também retirar "sua pele" à qual a "mamãe" talvez ainda esteja muito apegada!

Se as condições da sala o permitirem, as crianças ficarão descalças ou com sapatilhas leves de ginástica. O short é recomendado para facilitar o movimento. Ao longo da sessão, autorizamos algumas crianças a tirar sua camiseta quando estão com calor, entretanto, a nudez total não é permitida.

Nós acolhemos cada criança com um cumprimento e a chamando pelo nome; na sala, as meninas entram primeiro, depois, os meninos. Para evitar erros, adotamos, para cada criança, o cartão de identidade com o nome e o sobrenome. As crianças ficam, por sinal, muito orgulhosas de serem assim identificadas.

a. *O ritual de entrada na sessão*

Todas as crianças sentam-se num banco, a fim de visualizar a sala e os lugares de preferência, diante de um espelho grande, para que todos vejam o grupo.

As diferentes funções desse ritual são:

Insistimos no ritual de início de sessão para diferenciar esse momento educativo excepcional, no qual a motricidade é privilegiada, de outros momentos da jornada, preparando as crianças para agir em nível simbólico. Assim:

- Nomeamos os ausentes para demonstrar a importância da perda momentânea de certas relações afetivas entre as crianças.
- Lembramos que a sala foi preparada por nós para elas, que elas estão lá para brincar e que nós estamos lá para facilitar suas brincadeiras nos "dois lugares", mas que, para brincar livremente *em nossa presença,* algumas condições devem ser respeitadas:

> "Tudo é brincadeira, não podemos machucar as outras crianças, nem nos machucarmos".
> "Não podemos quebrar o material, nem transportá-lo de um lugar para o outro."

- Anunciamos o desenvolvimento das duas partes da sessão e advertimos que a "história" será contada antes que as crianças passem para o segundo local.
- Evocamos a (ou as) sessão anterior, falando sobre o que mais foi apreciado pelo grupo, sobre o processo de integração psíquica da evolução das competências simbólicas de cada criança e do grupo, o que não exclui denunciar aquilo que não apreciamos e que limitou a evolução do grupo todo.

b. Os conteúdos da fase de expressividade motora

A destruição, a construção

Viver a destruição sem culpa

Após o "ritual de entrada", um sinal bem conhecido pelas crianças as libera da espera do desejo de brincar. A impaciência pode ser muito grande em algumas. Cabe a nós utilizarmos essa impaciência, retendo as crianças e as liberando no momento certo da intensidade da espera.

As crianças nos impõem a destruição das paredes de almofadas, das pirâmides ou dos castelos fortificados que tínhamos construídos antes para elas, como um momento indispensável do início da sessão. Trata-se de destruir juntos essa construção liberadora de uma intensa emoção coletiva. Essa "atividade proibida de faz-de-conta" deve durar, pois o psicomotricista reconstrói rapidamente, e sempre de maneira diferente, ou então, brinca com humor com a interdição da destruição, oferecendo uma relativa resistência diante da qual as crianças poderão triunfar e viver a onipotência sobre o adulto. Assim, a destruição acontece em um ambiente de júbilo, pois elas não estão destruindo o psicomotricista, mas sim, sua construção simbólica. É aí que ocorre a suspensão da culpa do prazer de destruir, abrindo caminho para a ação e a linguagem.

Lembramos que o prazer de brincar com a destruição não é o de se inscrever na perda, mas, ao contrário, se a estrutura da parede é desfeita e dispersada, é sempre possível representar uma parede ainda mais alta, mais sólida, mais bela etc., e de reconstruí-la com a participação das crianças, para que estas se assegurem do fato que destruir não é perder definitivamente, nem tampouco, anular.

Quando o psicomotricista oferece certa resistência à destruição e, ao mesmo tempo, deixa às crianças a possibilidade de vencer essa resistência, é interessante constatar o prazer de meninos e meninas em afastar o adulto por meio das almofadas. Exercer sua força sobre o adulto é desejar afastá-lo para triunfar sobre ele e afirmar sua identidade. Inversamente, quando as crianças esgotaram, ao longo das sessões, o prazer da destruição e "acertaram suas contas" com relação a essa atividade, observamos que o prazer de destruir diminui e a destruição da parede passa a servir somente para dar início à sessão de prática psicomotora.

O prazer da destruição simbólica

A destruição agida e submetida

Abordamos o triunfo da criança quando ela destrói as representações do adulto, mas é possível examinar também a "destruição submetida" e demandada pela criança. A criança vive um grande prazer quando o psicomotricista brinca de desequilibrá-la ou de provocar sua queda. Esse prazer da passividade pode ser considerado como uma "brincadeira-limite" que exige, aliás, muita vigilância diante das reações tônico-emocionais de algumas crianças, porque o prazer pode estar muito próximo do desprazer quando se trata de desequilíbrio.

Em função do prazer da "destruição submetida", não devemos nos surpreender se o prazer de destruir evoluir sempre

A casa: um novo envelope protetor

para brincadeiras de prazer sensório-motor que permitam às crianças brincarem de se perder, mantendo-se, ainda assim, bem unificadas. O prazer sensório-motor é prazer do envelope fisiológico e sensorial, além de prazer da unidade de si, cuja representação se projeta no espaço pela simbologia das construções e, sobretudo, pela simbologia da construção da casa. *As crianças só constroem verdadeiramente aquilo que podem destruir.*

A simbologia da construção da casa

A casa é o símbolo de um reduto protetor contra a pulsionalidade dos fantasmas de ação; ela é o resultado da representação de envelopes sucessivos, que nós já havíamos mencionado por ocasião do estudo da representação de si, mas a casa é também o símbolo da integração da bissexualidade. A casa é a casa dos pais e também a referência à heterossexualidade...

"A referência ao casal heterossexual me parece fundamental para compreender a significação simbólica da casa nos desenhos das crianças ...",[5] e, aliás, sua construção pelas crianças só aparece a partir do momento em que o conflito se apresenta. Por isso, a casa tem a função de conter os excessos relacionais, os arroubos da paixão, do ciúme e do ódio.

Por outro lado, não podemos ignorar que a casa é uma metáfora do corpo em relação às aberturas e fechamentos sobre o mundo, representados pelas portas e janelas, cômodos como a cozinha, banheiros, sala de estar, o quarto dos pais, o quarto da criança, o sótão, o porão, ou seja, todos esses lugares representados no espaço, simbolizando toda a história de prazer e desprazer das experiências corporais da criança.

Uma observação

É raro que as crianças construam cabanas na sala, pois estas não devem aparecer diante dos olhos dos adultos, já que são lugares de refúgio e de liberdade, nos quais as crianças podem realizar os desejos proibidos pela família. Na cabana, vive-se a

---

[5] HOUZEL, D. "Le dessin de la maison", in D. ANZIEU, *L'enfant et sa maison*, Editions Sociales Françaises, Paris, 1988.

regressão, a imobilidade, a proteção e a onipotência, a fim de se proteger contra os maus objetos que estão no exterior, ficando os bons do lado de dentro. A cabana é um lugar de sonho, onde o imaginário funciona a pleno vapor e onde a criança se sente protegida. Sua simbologia está bastante próxima da do ventre materno.

Uma atenção particular

A partir das reflexões precedentes sobre a simbologia da casa construída pelas crianças, devemos atentar para:

– a estrutura construída, a forma, as aberturas, a chaminé, os diferentes cômodos e seu mobiliário;
– a importância dada à cama como primeiro envelope simbólico, como lugar de segurança e primeira "casa", a partir da qual a criança sonha acordada a reconstrução de seu espaço próximo, longínquo e desconhecido;
– as brincadeiras na casa, os papéis assumidos por cada criança, as relações afetivas e a qualidade da comunicação. Em tais situações de brincadeira, o psicomotricista respeita a dinâmica do imaginário das crianças e se mantém à distância.

Ficaremos ainda atentos:

– à criança que não constrói casa, ou que nunca fica satisfeita com a que construiu e, assim, não consegue terminá-la;
– à criança que destrói regularmente a casa das outras para expressar sua raiva por não poder construir seu próprio envelope protetor e tampouco expressar seu sofrimento;
– à criança que constrói uma casa toda fechada, na qual a luz não entra por nenhum lugar; a escuridão total parece protegê-la de eventuais agressores que venham bater a sua porta! Trata-se de uma casa-fortaleza na qual ela se enclausura, representando

perfeitamente a estrutura tônico-emocional acorrentada dessa criança. Quanto contraste com as casas construídas de forma aberta, onde as crianças entram, saem e brincam com uma espontaneidade surpreendente e maravilhosa!

Observação da expressividade motora durante a destruição

Ao longo dos anos, essa observação tornou-se um verdadeiro teste psicológico que nos permite constatar a evolução das crianças.

A maioria das crianças destrói com um tal prazer que elas usam espontaneamente seus fantasmas de ação através de todas as brincadeiras de asseguramento, de sua disponibilidade para brincar, para criar, para participar com os outros e para se comunicar.

O prazer de destruir alivia a criança de suas tensões tônicas e de sua contenção emocional, abrindo-a para uma fluidez tônica que a torna disponível para a ação e para a transformação tônico-emocional. O gesto fica mais harmonioso e, ao mesmo tempo, mais justo, mais apurado e preciso, mais estético, pois ele se destina a outra pessoa. Indo ainda mais longe, podemos dizer que, com isso, ela pode ser também reconhecida e amada. Assim, progressivamente, a criança se tornará capaz de se descentrar, o que traz como conseqüência sua capacidade em centrar-se muito mais nos efeitos da ação do que nos próprios efeitos de suas transformações corporais.

Outras crianças destroem impulsivamente, com uma violência evidente: atravessam a parede de almofadas como balas de canhão e, depois, crispadas, hipertensionadas, se jogam nas almofadas, sem nenhum cuidado com as outras crianças, podendo machucá-las. Isso pode até ser perigoso para os outros. Dificilmente controláveis, essas crianças demandam uma atenção particular e, se esse comportamento persistir na agressão e na instabilidade, elas terão que ter uma ajuda individual.

Outras crianças, levadas pelo grupo, se jogam para demolir a parede, mas, assim que esta começa a cair e as almofadas começam a se dispersar, elas ficam em pânico, apavoradas: elas vivem com angústia a destruição, a queda e o caos do espaço por excesso de culpa do desejo de destruir. Pode ocorrer que crianças muito inibidas nem esbocem o desejo de se dirigir para a parede; elas ficam sentadas, boquiabertas com o que vêem e ouvem.

Se, após várias sessões, essas crianças não mudarem, será necessário pensar num trabalho individual ou em um grupo restrito com elas.

Outras crianças não participam da destruição, mas riem e aplaudem quando a parede se desmorona, liberando seu prazer, mas sem agir; elas desejam, mas não podem agir. Essas crianças, parcialmente inibidas, têm necessidade de um pouco de reconhecimento e de acompanhamento para "passarem à ação". A evolução delas pode ser espetacular!

As brincadeiras sonoras de pulsionalidade rítmica

Antes dos três ou quatro anos, damos a oportunidade às crianças de viverem sua descarga rítmica. Para isso, elas dispõem de tambores com pés, em um espaço reservado, com bastões de percussão para bater sem restrição e sem medo de fazerem barulho. Contudo, essa explosão sonora deve ser contida. A duração será limitada, aumentando assim seu valor e sua importância para as crianças. Apesar dessa limitação, percebemos uma evolução rápida das percussões repetitivas. Bem depressa, os toques sonoros mais nuançados, alternando batidas fortes com batidas mais fracas, demonstram um controle da pulsionalidade motora e das capacidades rítmicas surpreendentes das crianças pequenas.

As brincadeiras simbólicas de asseguramento profundo

Na primeira parte do livro, nós apresentamos as brincadeiras de asseguramento profundo como sendo brincadeiras de segurança contra as angústias. São brincadeiras universais e isentas de dependência ou influências culturais. Colocamos em evidência várias dessas brincadeiras, que se desenvolvem durante o período dos seis/oito meses, dois/três anos, mas que podem perdurar para além dessas idades. Essas brincadeiras fazem referência ao medo de perder a mãe e ao medo de ser destruído, provocando fortes descargas emocionais, sobretudo quando o psicomotricista se envolve nessas brincadeiras, junto com as crianças, embora tenha que ser prudente quanto a isso, pois o importante é que elas possam viver experiências tranqüilizadoras.

Quando se trata de brincadeiras de asseguramento profundo, o prazer lúdico deve vencer o "medo" interpretado pelo psicomotricista. Eles têm a grande vantagem de facilitar a centração sobre si: sobre as sensações, sobre o tônus, sobre o movimento e as emoções, evitando a fuga da criança para um outro mundo.

Assim, na fase reservada à expressividade motora, vão aparecer:

– brincadeiras de destruição...
– brincadeiras de prazer sensório-motor...
– brincadeiras de se envolver...
– brincadeiras de esconder...
– brincadeiras de perseguição...
– brincadeiras de identificação com o agressor...
– brincadeiras de encher e esvaziar, reunir e separar...

Brincar de destruir

Não vamos voltar a esse assunto, que já foi amplamente abordado por nós, pois temos a certeza de que, para dar segurança à criança, o importante é que a deixemos destruir, em um contexto claro, sem culpa.

Sabemos que, se a angústia de destruição permanece obsessiva, a pulsionalidade destruidora proibida corre o risco de invadir permanentemente a vida psíquica e de levar a criança à mutilação do prazer de se comunicar, de criar e de pensar. Assim, podemos compreender melhor esse esquema de relações: destruição-prazer, destruição-construção, construção-comunicação, comunicação-criação e descentração-pensamento operatório.

- *Brincar o prazer sensório-motor*

O prazer sensório-motor, sustentado pelos fantasmas de ação onipotentes e repetitivos, deve dar a ilusão à criança de realizar feitos fabulosos, ainda mais se o psicomotricista os reconhecer com certa admiração. A ilusão é o trampolim para o progresso e a busca criativa, a ilusão encoraja a realização de novas performances, ela é geradora de confiança em si e de segurança.

O prazer sensório-motor, que solicita a sensorialidade táctil e visual da criança, assim como a sensibilidade da musculatura de equilibração, é sempre vivido com excesso, já que ele permite à criança experimentar o prazer de sua unidade, numa área de segurança. Os excessos repetitivos são necessários, pois asseguram a superação das hesitações e das resistências tônico-emocionais, bem como a superação das angústias sem medo: acelerando o ritmo, a criança as supera, diminui seu nível de vigilância e de controle, podendo realizar, assim, ações das quais ela não era capaz anteriormente, para atingir a precisão de um movimento econômico e harmonioso.

Brincar de se envelopar

- *Brincar de se envelopar*

O desejo de se envelopar manifesta-se precocemente: por exemplo, ser tomado nos braços e levado pelo ritmo do balanço do andar, escutar a repetição melódica de uma canção, ou ser envelopado pela água do banho ou um pano.

- *Brincar de se esconder*

Esconder o rosto, a cabeça no chão, se esconder nas almofadas ou embaixo de panos revelam toda a simbologia da busca da presença e da angústia da ausência. Esconder-se para ser descoberto e reconhecido é um processo de asseguramento que deve ser brincado e repetido para o maior prazer da criança, a fim de que ela fique segura pela permanência de sentimentos gratificantes e afetuosos por parte de outra pessoa.

- *Brincar de ser perseguida*

Ser perseguida para viver o prazer de ser pega sem sê-lo é um meio de asseguramento com relação à angústia de perseguição causada pela dominação excessiva de seu entorno. A criança brinca com o medo, pois, assim, ela antecipa os meios de evitá-lo. O psicomotricista brinca e repete a brincadeira de ser perseguido até o momento em

Brincar de se esconder

que a criança faz a proposta de ser ela mesma perseguida, triunfando assim sobre sua angústia.

- *Brincar de se identificar ao agressor*

Já evocamos amplamente a inversão dos papéis (ser perseguido, depois perseguir), como sendo a prova de que a criança tinha adquirido confiança nela mesma: ela é capaz de brincar de ser o agressor, o lobo, o crocodilo, o gigante ou o vampiro, para preservar sua integridade. Brincando de ser o agressor, ela desdramatiza o medo de ter sido agredida: a inversão dos papéis (de agressor a agredido) ajuda a criança a se distanciar emocionalmente do medo, favorecendo a representação do agressor.

Brincar de encher e esvaziar, reunir e separar

Essas brincadeiras são menos carregadas de emoção do que aquelas que vimos anteriormente, mas podem também sê-lo, na medida em que o psicomotricista brinca com a ruptura da repetição de encher ou de reunir, criando, assim, uma surpresa emocional.

Uma nova visão

As brincadeiras de asseguramento profundo trazem uma nova visão sobre o conceito de regressão, pois são animadas pelo desejo inconsciente de um retorno ao passado mais ou menos vivido. As brincadeiras de asseguramento são uma regressão dinâmica aberta à emoção e à comunicação não-verbal.

Precauções a serem tomadas

No âmbito da prática educativa, o psicomotricista só poderá implicar-se com muita precaução se ele estiver na presença de um pequeno número de crianças. Contudo, as brincadeiras de asseguramento profundo encontram seu apogeu na ajuda terapêutica às crianças em dificuldade, pois estas solicitam intensamente a transformação tônico-emocional, fator de mudança das representações mais inconscientes até as mais conscientes.

As brincadeiras simbólicas de asseguramento superficial

As brincadeiras simbólicas de asseguramento profundo dão progressivamente lugar às brincadeiras simbólicas de asseguramento superficial. Nós as chamamos assim porque elas permitem à criança assegurar-se em relação à angústia de castração, bem como em relação aos conflitos menores com os pais, conflitos recentes que atualizam os do passado. Todas as brincadeiras de "como se" ou de "fingir que" têm a função de perpetuar a integridade psíquica adquirida ao longo dos primeiros anos, além da função de proteger a personalidade contra certo grau de angústia, provocado pela dúvida de ser si mesma, dotada de uma identidade sexuada, identificada com a imagem do pai do mesmo sexo.

As identificações serão múltiplas

Brincar de fazer como a mamãe ou como o papai, brincar de fazer comidinha, de cuidar de bebê, brincar de fazer pequenos consertos, de ser motorista, jogador de futebol, de estar doente no hospital, acidentado, brincar de médico, enfermeiro, professora, brincar de ser alguém muito importante e com poder, viver personagens agressivos e vitoriosos. Todas essas brincadeiras simbólicas, muitas vezes acompanhadas de certa histeria, remetem a temas do ter e não ter, de ser pego e não pego, de ser visto ou não visto. Entretanto, as brincadeiras sexuais, nas quais as crianças brincam de fazer "como papai e mamãe quando se amam", aparecem raramente nas sessões; certamente, por causa de uma autocensura das crianças devida ao olhar dos adultos. Mas se isso ocorrer, palavras não culpabilizantes e tranqüilizadoras bastarão para fazer evoluir a situação. As brincadeiras de asseguramento superficial permitem à criança expressar-se sem medo da censura. Elas têm um efeito catártico, que dá a possibilidade de que as crianças levem em conta a realidade e a transformem, ao sabor de seus fantasmas e de seu prazer.

A repetição

Já assinalamos que a repetição compulsiva negativa de atividades simbólicas devia preocupar o psicomotricista. Essa repetição, que não é mais a brincadeira, corresponde sempre a uma hipertonia ou a uma hipotonia da expressividade motora, que agem como um falso processo de asseguramento. Nós só entraremos nas atividades repetitivas para fazê-las evoluir quando se tratar de uma ajuda terapêutica. O psicomotricista se preocupará com a invasão do fantasma que afasta a criança da comunicação com seus pares ou com os adultos. Neste caso, a dimensão simbólica desaparece e a criança não assegura mais o vai-e-vem entre as representações internas e as representações externas.

Os limites das brincadeiras de asseguramento superficial

A brincadeira simbólica de asseguramento superficial não é necessariamente um sinal de evolução da criança, porque pode servir de biombo para a descarga emocional pelo excesso de imagens expressas, associadas a um excesso de linguagem. Essa brincadeira simbólica pode assetizar o afeto. Não existe outra maneira de mudar a criança senão a explosão emocional da expressividade motora.

A brincadeira simbólica de asseguramento superficial é uma passagem que a criança nos impõe: não devemos demorar muito nela, nem alimentá-la. O melhor a fazer no âmbito da prática é saber afastar-se dela para não entrar no jardim secreto da criança.

Aliás, as crianças, suficientemente livres e autônomas, não desejam que os adultos entrem na brincadeira de sua história pessoal. Se, apesar disso, o psicomotricista é chamado a entrar, ele deve saber não demorar muito aí. Alguns psicomotricistas pensam que, para desenvolver a função simbólica, é indispensável que as crianças brinquem somente com as brincadeiras simbólicas de asseguramento superficial. Esse nos parece um grande erro.

Uma observação

A integração das brincadeiras de asseguramento profundo nas brincadeiras de asseguramento superficial é a prova da fluidez das representações inconscientes nas representações conscientes. Temos aí um meio de observação muito interessante de maturação psicológica da criança.

c. Os conteúdos da fase de asseguramento profundo pela linguagem: "a história"

A evolução desta fase

Ao longo do agrupamento final, antes nós propúnhamos às crianças uma roda ou um canto, algumas vezes até uma historinha

A história: uma brincadeira dramatizada pela mediação da linguagem

adaptada à idade deles; O ursinho marrom, O pequeno polegar, Chapeuzinho vermelho ou Os três porquinhos. Aos poucos, as crianças manifestavam cada vez mais interesse em ouvir essas histórias, pois estas eram contadas com uma carga emocional, prestando atenção, ao mesmo tempo, aos limites emocionais que não deveríamos ultrapassar.

Por isso, o tempo da história nos permitiu fazer a ligação com as brincadeiras de asseguramento profundo; a história tornou-se uma brincadeira dramatizada de asseguramento profundo pela mediação da linguagem e tem, definitivamente, agora, seu lugar após a fase da expressividade motora. A história tornou-se uma etapa indispensável do dispositivo temporal da prática psicomotora educativa.

O sentido da história

Na sala, a história sempre é contada no mesmo lugar e cada criança tem seu lugar fixo. A história se passa em dois registros:

• *Um primeiro registro baseado no aumento da angústia* que dá um valor dramático à narração, a partir de temas como o do medo de ser devorado, comido, despedaçado ou cortado em pedaços, perseguido, pego, encerrado, abandonado e perdido. Esses temas vêm do inconsciente e se referem à angústia de perseguição, de ser destruído e à angústia da perda da mãe.

• *Um segundo registro baseado no retorno às bases de asseguramento* criadoras de segurança emocional. É muito importante que o herói da história, com o qual as crianças se identificam, sobreviva e triunfe sobre o agressor (sobre o lobo, o gigante, a bruxa,[6] os fantasmas e sobre outras fantasias imaginárias, como os sapos, as serpentes etc.). Aliás, a história só tem sentido se o herói vencer e sair fortalecido diante da bestialidade ou do erro do agressor.

---

[6] NADJA, *Le livre des créatures*, L'Ecole des loisirs, Paris, 1997.

A onipotência mágica é um recurso fabuloso para afastar a angústia e afirmar sua existência. Entretanto, diante de certo grupo de crianças, não se exclui a possibilidade de contar histórias que terminem mal, a fim de que cada criança busque, no mais íntimo de sua história pessoal, um asseguramento profundo que lhe permita dar, ela mesma, um fechamento a esse relato que lhe dá tanto medo.

A esse respeito, parece que as histórias contadas atualmente às crianças[7] são apenas remodelagens açucaradas de contos antigos que perderam sua intensidade dramática, mas que são, entretanto, reivindicadas constantemente pelas crianças. Nós contamos muitas vezes: *A Poupoune e o Gram-Groum*, de Marie-Odile Dupé, *As três bruxas*, de Grégoire Solotareff, *A mão da bruxa*, de Peter Ulton, e *Papai*, de Philippe Corentin.[8]

"Conte para nós uma história de meter medo"

Trata-se de uma história que nós construímos com as crianças de cinco/seis anos e que contamos em episódios, ao longo de todo um ano escolar. Uma história, da qual alguns episódios que lhes davam medo foram muitas vezes repetidos, a pedido das crianças, sempre acrescentando detalhes cada vez mais horripilantes. Adotamos o hábito de, antes de partirmos para um novo episódio, fazer um resumo, com uma voz bem monótona, dos episódios anteriores, e, depois, trocar totalmente o tom, para entrar na seqüência da história.

As crianças criam, em seguida, com a história contada, uma história em quadrinhos que é vivida como um poderoso momento educativo.

---

[7] "Figures de la paix dans la littérature pour enfants", in *Peur de rien, Peur de tout. L'enfant et ses peurs*, Ed. UCL, Presses Universitaires de Louvain, Louvain-la-Neuve, 2003.

[8] N.T. Essas histórias infantis são muito populares na França. Elas contêm personagens como um ogro, que enfrenta duas crianças desobedientes, três bruxas que provocam medo, uma folha de árvore imaginária que faz lembrar a mão de uma feiticeira e um "papai" sempre protetor, respectivamente.

Arthur, Louise e a Bruxa

Arthur e Louise imaginaram sair à noite de casa, sem avisar os pais. Uma noite, Arthur e Louise se preparam com cuidado para não despertar os pais, depois os dois descem lentamente a escada, degrau por degrau, no escuro, prendendo a respiração. Arthur abre a porta da casa, prestando atenção para não fazer barulho com a fechadura. Os dois estão agora do lado de fora, na noite escura.

– Eu estou com medo! – diz Louise.

– Venha, vamos para a floresta, não tenha medo, eu conheço o caminho! – responde-lhe Arthur.

– Eu não tenho medo! – repete Arthur várias vezes.

Em seguida, as crianças param; a lua tinha desaparecido, escondida por pesadas nuvens ameaçadoras; a noite está escura e o silêncio glacial. Todas as folhas das árvores estão se mexendo, os galhos estalando e os insetos subindo até os pés das crianças; passos se aproximam...

– Eu quero voltar pra casa! – diz Louise.

Arthur não responde. As nuvens desaparecem e um raio de lua clareia a floresta. Louise abre os olhos.

– Um fantasma! – grita Louise.

– Onde? – pergunta Arthur.

– Lá, nas árvores – responde Louise.

Os troncos das árvores e seus galhos, iluminados pela lua e animados pela brisa, são como enormes fantasmas que parecem querer pegar as crianças.

– Se você tem medo, tinha que ficar na sua cama; eu não tenho medo! – diz-lhe Arthur.

Enfim, eles continuam o caminho de mãos dadas um com o outro.

– Olhe, uma luz, lá no alto entre as árvores! – mostra Arthur.

– Talvez seja o castelo da bruxa! – responde Louise. Não, eu não quero ir lá!

– Você sabe muito bem que bruxas não existem!

Arthur e Louise chegam diante dos degraus do castelo, iluminados pela lua, e lá percebem, no alto, uma grande porta de ferro, toda enferrujada. Eles sobem a escada de joelhos, pois os degraus estão escorregadios e tudo cheira à podridão. Chegando à porta, que talvez jamais tenha sido aberta, diz Arthur:

– Eu vou abri-la!

– E se a bruxa estiver aí? – pergunta a menina.

– São histórias só da sua cabeça! – responde Arthur.

Arthur tenta abrir a porta, empurrando-a com as mãos, mas ela não quer se abrir.

– Venha me ajudar! – diz ele a Louise.

Os dois empurram com mais força e, rangendo, a porta se entreabre alguns centímetros, apenas para deixar passar um raio de luz verde.

Em seguida, Arthur enfia a mão para alcançar a fechadura; tateia, busca e solta um grito de dor horrível:

– Minha mão está cortada, ela está sangrando... socorro... socorro!

Tomados pelo pânico, Arthur e Louise fogem correndo para casa, a toda velocidade.

– Mais depressa! – grita Arthur – estou perdendo sangue! Vou morrer! Papai, mamãe, socorro!

Eles correm sem parar, empurram a porta da casa que se abre com barulho. A luz é acesa, os pais das crianças estão lá, de pé, diante deles.

– De onde vocês estão vindo?

As crianças não respondem.

– Você está sangrando? O que você tem? – pergunta a mãe.

E Louise conta a aventura, enquanto a mãe faz um curativo no dedo machucado do menino. E o pai das crianças diz:

– Que aventura extraordinária, por que vocês não nos falaram antes? Nós poderíamos acompanhar vocês!

– Vamos todos os quatro descobrir o castelo da bruxa!

Louise dá a mão à mãe, Arthur a seu pai, e todos partem tranqüilamente, embora um pouco apreensivos com o que poderia acontecer. Quando chegam ao castelo, o pai empurra a porta que se abre com facilidade. Todos estão numa sala muito escura; Arthur e Louise se apertam contra os pais, depois, de repente, uma voz cortante e estridente lhes diz:

– Ah! Vocês estão aí... hein!

E a bruxa aparece na luz com o rosto todo enrugado, o nariz curvado e peludo, os dentes gastos e negros; ela é muito velha, toda curvada para frente, apoiada numa bengala, toda vestida de preto com seu chapéu pontudo, os olhos malvados e um sapo na mão.

– Boa noite, senhora. Boa noite, senhor. Boa noite, crianças!

A bruxa mudou de voz. Surpreso, Arthur diz a seu pai:

– Mas até que ela é gentil, essa bruxa. Ela está nos cumprimentando!

– Talvez haja bruxas gentis – diz a mãe.

– Vocês querem visitar o meu castelo? E mais o poço que fica no pátio?

Arthur e Louise têm medo quando se aproximam do poço com a mãe.
— Podem se debruçar! Olhem bem! — diz a bruxa.
A mãe, Arthur e Louise se debruçam, olham e vêem seus rostos como num espelho; depois a água começa a mexer e os rostos se deformam.
— Mamãe, olhe! Você parece com a bruxa! — diz Louise.
As crianças riem muito:
— Mamãe é uma bruxa, mamãe é uma bruxa!
— Vamos voltar! — diz secamente a mãe.
Depois dos quatro terem cumprimentado a bruxa do castelo, eles tomam o caminho de volta, iluminado pela lua. Arthur e Louise riem e brincam. Os pais se divertem com a mãe bruxa e, antes de abrir a porta da casa, o pai diz às crianças:
— As bruxas são feias e más, mas elas querem que a gente goste delas, tal como a que nós acabamos de encontrar!

Um contador de histórias não se improvisa

Todas as histórias contadas às crianças obedecem a dois registros: o do crescimento da emoção e do medo, e o da calma, a fim de tranqüilizá-las.

Assim, o contador de histórias saberá utilizar as variações tônicas de sua voz e gestualidade, acelerando o ritmo da narração, depois criando rupturas através da lentidão e do silêncio, da espera, provocando surpresas, sustos fortes que tenham ressonância emocional, sem para isso intensificar a angústia que afastaria a dimensão simbólica, fazendo surgir, nesse caso, o medo real.

O contador deve estar descentrado em relação a todas as crianças, ajustando-se, em especial, às mais frágeis para ajudá-las a assumir sua angústia. Nós conhecemos bem essas crianças, pois são as mesmas que entraram em pânico durante as brincadeiras de asseguramento profundo.

Em um contexto de segurança, garantido pelo contador de histórias e, em grande parte, pela repetição narrativa, a emoção é contida pela representação. A criança é, então, capaz de superar a identificação projetiva ao agressor, alcançando uma identificação

projetiva mais verdadeira, que a mantém na diferença entre ela e o agressor. A criança adquire a descentração emocional, embora viva, ainda, certo grau de emoção que mobiliza o tônus, sem que isto, no entanto, se traduza através da expressividade motora. Podemos dizer, então, que ela vive "uma moção pulsional" interna, que garante o movimento dos afetos nas representações, sem obstruir o desenvolvimento psicológico.

Uma observação preciosa

A observação da expressividade motora das crianças (entre cinco e seis anos), quando contamos a história, informa-nos sobre a capacidade de descentração delas. Com efeito, observamos:

– crianças que já estão no processo de descentração e que ouvem a história com muita atenção, manifestando suas emoções, mas sem excessos;
– crianças que ainda não estão no processo de descentração e que gesticulam sem parar, imitando o herói ou o agressor, deslocando-se, gritando e interrompendo o contador. Sua instabilidade não diminui quando a emoção é menos intensa, enquanto que há outras crianças que adotam um comportamento regressivo, refugiando-se perto do contador para se sentirem protegidas ou fingem não escutar, adotando uma atitude de isolamento...

O interesse da história no dispositivo temporal

A história apresentada após o tempo da expressividade motora dá às crianças a possibilidade de representar ações (as dos heróis) e, particularmente, ações de asseguramento que têm a função de afastar a intensidade das emoções. A descentração que resulta disso facilita o acesso a representações menos ligadas ao corpo e a passagem para o segundo local.

d. Os conteúdos da fase de expressividade plástica e gráfica

Após a fase de expressividade motora, as crianças são convidadas a passar para o local da expressividade plástica e gráfica, que nós já havíamos instalado previamente.

Estudaremos, mais adiante, as resistências de algumas crianças em passar do primeiro para o segundo local, e abordaremos uma solução de ajuda para facilitar essa passagem.

As atividades de construção e de desenho permitem o acesso a um outro nível de competência para simbolizar e o acesso à descentração. Uma sessão de prática psicomotora preventiva e educativa da qual estivesse suprimido desse segundo tempo, não atenderia aos objetivos definidos, nem ao itinerário de maturação psíquica, previsto para ajudar as crianças a crescer.

Condições a respeitar

Neste segundo local, a escolha entre desenhar ou construir é livre, lembrando que as construções são realizadas no chão, sobre um tapete, ao passo que os desenhos são feitos sobre as mesas, ou, pelo menos, sobre um plano elevado.

Jamais estimulamos diretamente as crianças a simbolizar, pois, nesse local, é preciso saber esperar a produção criativa; a precipitação levaria a produções estereotipadas, que seriam contrárias ao processo de descentração almejado. Respeitamos o ritmo de cada um, sua expectativa e sua escolha.

Contudo, nós acompanhamos cada criança ou cada grupo que constrói, fornecendo o material de que necessitam, e, sobretudo, nos comunicamos a partir de suas produções. Voltaremos a esse tema com mais detalhes posteriormente.

Uma criança ou um grupo que constrói ou que desenha nunca deve ser interrompido em sua criação, pois seria interromper a simbolização da representação de si e de sua história relacional.

Toda construção coletiva deve ser finalizada, a fim de que o grupo viva o prazer de uma obra acabada, na qual todos colaboraram.

Lembramos que não é possível transportar o material do primeiro para o segundo lugar, tendo, cada um deles, seu material específico.

A construção

Interesse da construção

J. Piaget insistiu sobre o interesse das brincadeiras de construção no desenvolvimento das capacidades de simbolizar que são, segundo ele, muito mais elaboradas que as brincadeiras simbólicas de asseguramento superficial, que têm como função principal a de proteger a personalidade diante das angústias e dos conflitos. Esse argumento nos interessa, na medida em que é comum acreditar-se que a brincadeira simbólica de asseguramento superficial é o meio privilegiado para fazer evoluir a competência de simbolizar.

A construção apresenta um outro interesse: a criação coletiva. Após um período de construção individual, as crianças se agrupam espontaneamente para a realização de uma idéia comum, onde cada um participa da montagem, com respeito mútuo (o que nos surpreende, vindo da parte de algumas crianças). A antecipação e o desejo da realização coletiva fazem com que os gestos sejam precisos e os deslocamentos cuidadosos, para evitar os choques ou os desequilíbrios indesejados que poderiam "quebrar" a construção.

J. Piaget mencionou que as brincadeiras de construção seriam uma atividade lúdica que requer uma atenção apurada e certa concentração. A imobilidade contém as descargas emocionais e favorece a criação de imagens mentais associadas ao projeto comum, alimentando uma continuidade do pensamento.

Uma observação sobre o material de construção

Já estudamos as características desse material de madeira, que não é colorido, para eliminar os parâmetros sensoriais e estéticos, a fim de que as crianças só se preocupem com a forma e com as dimensões, objetivando levar a escolhas das peças de madeira mais cognitivas do que sensoriais. Acrescentamos que destruir sua própria construção ou a dos outros não é permitido, sendo apenas possível sua desmontagem.

Observações do comportamento das crianças

Algumas crianças, e particularmente meninos impulsivos e frágeis emocionalmente, podem mudar radicalmente de comportamento quando constroem sozinhos. Parece que construir contém sua impulsividade motora e seus afetos insuficientemente simbolizados. Construir, para essas crianças, é um meio de representação de si e, ao mesmo tempo, um meio de fazer viver o "objeto" em si, o que os traz segurança, os torna atentos e concentrados em sua própria construção.

Os meninos, a partir dos três/quatro anos, privilegiam as construções montadas na vertical, ao passo que as meninas preferem o desenho sobre a folha e na horizontal. A construção para cima, cada vez mais alta, para o menino, pode ser entendida como uma compensação fálica da mutilação imaginária. A construção teria então um vínculo com a identificação inconsciente à imagem masculina. Esta seria o símbolo da masculinidade, enquanto que o desenho ou a pintura seriam mais o símbolo da feminilidade.

Na prática, as crianças têm a liberdade para escolher construir ou desenhar, mas é muito interessante propor às meninas construir e aos meninos desenhar. Observações ricas podem ser feitas, sobretudo em relação a algumas meninas, que encontram no prazer de construir com os meninos uma afirmação de si impressionante!

Observamos, também, que algumas crianças, ao final da sessão, não aceitam deixar sua construção na sala antes de sair. Pensamos que elas não querem, talvez, que subsista nenhuma representação delas. Seria em função da dificuldade de assumir estar lá sem estar verdadeiramente e de não mais fazer viver em si o "objeto"? Constatamos a mesma coisa com relação às crianças que não conseguem deixar seus desenhos na sala.

Propostas pedagógicas

Dando às crianças a liberdade de construir, o projeto de construção se elabora ao se construir, mas, por volta do quinto ano, torna-se possível propor às crianças antecipar a realização de sua construção, elaborando um projeto: um edifício, uma casa, um castelo, uma ponte. Depois, nós lhes pedimos para reagrupar o material necessário para realizar o projeto da melhor forma possível e, apesar da falta freqüente de material, elas devem aceitar essas deficiências.

Essa proposta educativa nos permite observar a distância existente entre o desejo da criação de um projeto e sua realização, assim como levar as crianças a reflexões importantes sobre o desejo e a realidade.

Uma outra proposta pedagógica é a de dar algumas bolinhas aos grupos de crianças e de propor-lhes a construção de circuitos para fazer rolar as bolinhas sem que estas saiam desse circuito. É muito interessante observar a quantidade de parâmetros que as crianças controlam através da experiência sem, contudo, conhecê-los.

A evolução das construções

- 1ª Etapa:

Antes do terceiro ano, a criança constrói sozinha alinhamentos, empilhamentos ou agrupamentos com as mesmas peças de madeira; essa construção pode se prolongar no espaço horizontal ou vertical, indefinidamente.

A repetição espacial do mesmo objeto, que se liga aos outros que lhe são idênticos, parece ser um fator de segurança simbólica da angústia de perda, assim como a repetição do mesmo gesto é um continente do tempo que passa. Por outro lado, a construção repetitiva, na qual nenhuma diferença é introduzida, é uma base de segurança a partir da qual a criança, dispersando pulsionalmente sua construção, simboliza a separação e pode, assim, representar-se.

A construção repetitiva cria segurança

O agrupamento de objetos idênticos é uma etapa da construção do pensamento cognitivo. Com efeito, a seleção e o agrupamento de objetos que têm uma única propriedade valorizam o juntar e o adicionar.

- 2ª Etapa:

A evolução das construções é significativa quando as crianças alternam peças de madeira verticais e horizontais. Essa alternância binária é uma superação da repetição linear precedente, como prova simbólica da separação do objeto-mãe. Trata-se de uma representação de si que integra a imagem fisiológica de seu próprio equilíbrio.

A dimensão cognitiva é revelada pela capacidade de estabelecer uma diferença no tempo, no espaço e no ritmo das ações. É a partir dessa etapa que as crianças começam a construir juntas, num ambiente de solicitude, que nos gratifica muito poder acompanhar.

- 3ª Etapa:

Ao longo dessa etapa, a simetria aparece em todas as construções de castelos, casas, entre outras.

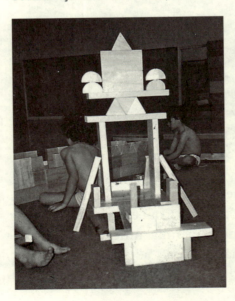

A construção simétrica simboliza a identidade adquirida

A construção em simetria é uma projeção em permanência de uma representação de si que integra o eixo corporal, eixo resultante de todas as transformações do corpo em relação, e da percepção visual do corpo dos outros e de si mesma.

A construção em simetria é a prova de uma diferenciação bem assumida em relação ao Outro, ela é símbolo da identidade adquirida. A simetria é um indício de maturação psicológica, da continuidade de um continente da expressividade pulsional e de seus afetos, assim como é um indício de um continente cognitivo. Na verdade, a construção em simetria corresponde à percepção de duas partes idênticas do corpo que proporcionam novas descobertas cognitivas, tais como a igualdade e a desigualdade.

Observações:

Observamos que a construção simétrica facilita o acesso à lateralização. Parece que a tomada de consciência do eixo de simetria em qualquer construção é um fator importante na escolha da predominância lateral esquerda ou direita. Essa observação nos leva a refletir sobre os procedimentos pedagógicos utilizados na afirmação da lateralidade. Por outro lado, se as meninas têm uma preferência pelo desenho, nós vemos aí, a simetria nos desenhos de personagens e de casas.

O desenho

O interesse do desenho livre

Como já havíamos assinalado, o desenho tem um valor projetivo evidente da história afetiva da criança, permitindo eliminar alguns conflitos relacionais. A esse respeito, é possível estabelecer uma aproximação entre os desenhos e as brincadeiras simbólicas de asseguramento superficial que apresentam efeito catártico. Porém, acon-

A forma fechada, uma primeira representação estruturada de si

tece que o desenho é também o meio para a criança expressar sua pulsionalidade destrutiva através da violência dos primeiros traços gráficos, tais como o rabisco, o pontilhado ou simplesmente o rasgar do desenho. Durante essas manifestações agressivas, é interessante notar a mudança de estado tônico-emocional da criança. O desenho é sempre individual e não tem o interesse da criação coletiva como a construção. O desenho, se a linguagem não o acompanha, pode isolar a criança em sua própria história.

Observação sobre o material

As crianças utilizam hidrocor de diferentes cores ou lápis cera, mas, a partir dos quatro/cinco anos, vamos propor a utilização do lápis grafite ou caneta esferográfica. Por causa disso, a qualidade do grafismo e a precisão das representações aumentam consideravelmente, enriquecendo, assim, a criação. A criança abandona o aspecto estético do desenho e o preenchimento colorido das formas, em prol da qualidade gráfica.

Como se situar diante do desenho das crianças

Na prática psicomotora educativa, nós nos interditamos qualquer interpretação do desenho; em contrapartida, nosso papel é o de solicitar à criança falar sobre seu desenho, como fator de ajuda à descentração. Perguntar-lhe: "O que você desenhou?", não é suficiente, pois ela poderá responder: "Olhe!". É preciso, então, perguntar-lhe: "Que história você quis desenhar?", e assim, graças às respostas que ela dará, poderemos ajudá-la a verbalizar os laços que existem entre as diferentes representações gráficas, ligando-as pelo sentido.

Uma proposta pedagógica

Quando a criança verbaliza o sentido de seu desenho, nós podemos escrever, claramente, numa folha diferente da folha da criança, o que esta diz. Assim, mesmo que ela não saiba nem ler, nem escrever, ela está na presença simultânea da simbolização espacial (o desenho) e da simbolização temporal (a escrita) de seus pensamentos. Sobrepor essas duas simbolizações é uma ajuda eficaz para a descentração. Durante a transcrição da história desenhada da criança, é possível apoiar pela voz, ou sublinhar no texto, algumas palavras que têm uma intensidade emocional. É interessante observar que algumas crianças são capazes de estabelecer laços entre suas representações, ao passo que outras só conseguem ficar na descrição. Seria um déficit em dar sentido a sua produção gráfica por falta de uma continuidade de pensamento?

Evidentemente, não é possível realizar esse projeto pedagógico para todas as crianças em casa sessão, mas propô-lo a uma ou duas crianças nos parece possível.

O prazer de se representar

A evolução do desenho

Nós nos interessamos de modo particular pela evolução dos primeiros traços gráfico que evoluem para uma representação de si mais complexa. Assim, os traços verticais ||||, os rabiscos ▰, os pontilhados ⋮ e as formas circulares e fechadas ◉ estarão associados, na busca da representação de si. E é a partir da forma fechada que a criança começará a construir uma história muito simples, referindo-se ao interior e ao exterior.

– Aqui, sou eu, e ali, papai que brinca no jardim, com meu irmãozinho.

– Aqui, é minha casa, e ali, é a chuva que cai e que faz muito barulho.

Nós também nos interessamos pelo desenho da casa como representação de si. Antes dos três anos, predominam as formas circulares fechadas ⌒ ; em seguida, depois dos três anos, a forma mais ou menos retangular aparece solta no espaço da folha ▭ . Por volta dos quatro/cinco anos, a casa está orientada segundo uma base, com teto, porta e janelas, a chaminé presa à inclinação do telhado 🏠. Em torno dos cinco/seis anos, o prolongamento aparece 🏠 ou 🏠 ou 🏠; e, sobretudo, a transparência dos conteúdos no interior da casa desaparecem, o que é um elemento bastante positivo da evolução da competência para simbolizar 🏠 ; por volta dos sete anos e dos oito/nove anos, surge a perspectiva: 🏠 .

O que fazer com os desenhos das crianças?

As crianças sabem que seus desenhos ficam na sala. Cada criança tem sua pasta em um armário e, no final da sessão, deve colocar seu (ou seus) desenho(s) nessa pasta. Duas ou três vezes por anos, pedimos a cada uma delas para ordenar no chão todos os desenhos por ordem cronológica. É raro acontecer das crianças se enganarem na ordem, embora não conheçam ainda as datas, nem a sucessão dos meses. Nós observamos, com cada uma, a evolução dos desenhos e, sobretudo, a repetição de formas, cores e temas, que assinalamos para a criança, caso julguemos que isso seja útil para sua evolução.

Propostas pedagógicas possíveis

Propostas podem ser feitas ao grupo de crianças por ocasião da fase de expressividade motora ou da fase de expressividade gráfica e plástica, desde que essas propostas sejam anunciadas no momento do ritual de entrada.

- Brincar em silêncio:

A brincadeira silenciosa é solicitada durante um período curto. A conseqüência disso é a desaceleração da expressividade motora e um afastamento importante da emoção.

Essa proposta tem a vantagem de ajudar as crianças a tomar consciência de sua descarga emocional durante as brincadeiras, além de levar à descoberta de um "silêncio pleno", resultante de um controle pessoal em oposição a um "silêncio vazio", que lhe seria imposto, e não corresponderia à evolução da pulsionalidade motora.

- Imobilizar-se:

Ao término da curta duração do silêncio, é possível pedir ao grupo de crianças que fiquem paradas durante alguns segundos como "estátuas" e que se lembrem da postura na qual cada uma ficou parada, para uma representação futura ou um eventual desenho após a sessão.

- Construir em conjunto:

Quando as crianças esgotam o prazer de destruir, eles correm para construir em grupo. É possível, então, fazer a proposta de construção coletiva de um ou de vários castelos; ou de construções individuais, como espada, máscara, roupa. A brincadeira tem algo de mágico, que reforça nosso sentimento de admiração diante da alegria e da beleza de ser criança. Isso nos remete a nós mesmos, ao que perdemos de espontaneidade, de criatividade e de emoção!

e. O ritual de saída

Um ritual deve sempre fechar a sessão; é indispensável que este seja respeitado após a fase de expressividade plástica e gráfica, ou depois da história.

O ritual proposto varia em função da idade das crianças: a roda cantada antes dos três anos, que as crianças conhecem bem, continua uma proposta que lhes dá segurança e permite uma saída coletiva. Mas, após os três anos, o agrupamento final, sempre organizado no mesmo local, é o meio de reconhecer individualmente cada criança. Cada um é chamado por seu nome e sobrenome e é convidado a voltar sozinho para o vestiário, depois que damos um aperto de mão: "como fazem os adultos quando se cumprimentam".

O aperto de mão é muito apreciado pelas crianças, como um símbolo de relações sociais entre adultos; uma maneira de ser si mesmo.

f. A arrumação do material

O problema da arrumação do material ao final de cada sessão sempre se apresenta, uma vez que as crianças devem reencontrar a realidade do material e do espaço, tal como haviam encontrado no início da sessão. Reencontrar a realidade da sala de prática psicomotora é uma ajuda à descentração.

Entretanto, a arrumação do material é o momento, para certas crianças, de voltar à brincadeira. Nós criamos, então, grupos de quatro ou cinco crianças, às quais damos tarefas precisas, com firmeza. Enquanto uns se vestem, os outros arrumam o material e esses grupos se alternam a cada sessão.

7. A atitude do psicomotricista na prática psicomotora educativa

A atitude do psicomotricista na prática repousa sobre um princípio filosófico que se mantém (em princípio) nas relações entre todos os parceiros. A escolha é a *de acreditar na pessoa!*[9] A criança de qualquer idade, incluindo a que apresenta dificuldade, é sempre considerada como uma pessoa, que é o testemunho de uma experiência única, e que deve ser acolhida com o maior respeito.

Quando a criança se encontra num ambiente de respeito e de confiança, ela é capaz de expressar seu imaginário e suas emoções sem medo de ser julgada. A atitude de acolhimento das emoções, sobre as quais o psicomotricista mantém certa distância, cria uma atitude de escuta que favorece a comunicação, a disponibilidade e a compreensão do Outro: compreensão, principalmente, do sentido de seu testemunho e de suas produções não-verbais.

Respeito, acolhimento, escuta e compreensão serão palavras vazias se não forem vividas, experimentadas e interiorizadas; palavras que transcendem o conceito de *atitude de acolhimento* empático. Trata-se de um denominador comum básico das relações que estabeleceremos com a criança.

A partir da definição da relação de ajuda ao desenvolvimento psicológico, nós definiremos alguns *princípios de atitude* do psicomotricista (podemos dizer alguns princípios pedagógicos, se considerarmos que a pedagogia é a maneira de ser do educador, necessária para a maturação psicológica e social da criança). Isso tem a ver com os princípios que já evocamos mais ou menos, em momentos anteriores, mas que gostaríamos de retomar agora, à luz de nossa experiência.

Nós experimentamos sempre *um sentimento positivo com*

---

[9] Quando evocamos a pessoa, evocamos a pessoa como história, ao passo que a personalidade resulta da história da pessoa.

respeito à criança, fornecendo-lhe as condições mais favoráveis possíveis de segurança afetiva e material para que ela possa viver sua expressividade. Assim, nossos ajustes tônicos e posturais, nossas mímicas, nosso olhar, nosso sorriso e a expressão de nosso prazer de estar disponível para ela manifestam nossa intenção de dinamizar a comunicação não-verbal e verbal. O psicomotricista fala verdadeiramente quando aborda como a criança é e como ela age. O psicomotricista coloca palavras nos gestos, nas posturas e nas emoções, facilitando assim, desde a mais tenra idade, a construção de um discurso gestual e verbal. As crianças o vivem como um psicomotricista disponível, mas que também manifesta suas variações e suas modulações tônicas; um psicomotricista com muita vivacidade, que não abre mão de sua atitude empática. Sua implicação está mais em sua sensibilidade tônico-emocional com as crianças e nas palavras que as envelopam, do que em sua participação na brincadeira das crianças. Entretanto, algumas crianças insistem em brincar com o psicomotricista, que pode, então, ser amarrado pela cintura, algemado e empurrado. Essas crianças expressam, assim, sentimentos contraditórios de ódio e de amor com respeito ao corpo a corpo.

O psicomotricista permanece aquele que garante a área de brincadeira, pois ele sabe como fazer evoluir a busca do corpo a corpo. Se for atacado, as crianças destruirão a casa que ele construiu; ele não é o que materna, mas sim o que envelopa com um pano, com a voz e o olhar, e também aquele que dá o bichinho de pelúcia. Ele não é o lobo, mas sacode um pedaço de pano preto que provoca medo ou uma marionete de lobo que as crianças conseguirão pegar e pisar em cima.

A função educativa que postulamos na prática psicomotricista apóia-se numa diretriz que responde pelos objetivos que expusemos aqui. O psicomotricista está consciente de que ele dinamiza a evolução da criança, graças a suas proposições, suas orientações e seus limites claros, não-verbais e verbais. Ele permite, dessa maneira, que as crianças vivam o prazer, que evoluam para formas cada vez mais elaboradas de simbolização, sabendo que, sem essa intervenção, as crianças, sozinhas, não o conseguiriam. Por isso, devemos ficar atentos à menor mudança das crianças, no sentido do prazer de simbolizar, comunicar e descentrar.

O psicomotricista deve, também, ter um olhar periférico, quer dizer, estar atento às atividades e às relações entre as crianças. Deve ficar em permanente alerta para poder responder do modo mais justo possível, para ajudar uma criança, ou um grupo, a continuar sua evolução no caminho do registro simbólico e do prazer de ser si mesma. O olhar periférico do psicomotricista é necessário para a segurança das crianças. Por isso, sua participação nas atividades fica limitada, mesmo quando as crianças o pedem para fazê-lo.

8. Algumas dificuldades vividas pelo psicomotricista durante as sessões

Essas dificuldades podem ocorrer quando o psicomotricista se vê confrontado com comportamentos individuais diante das outras crianças, ou com relação ao cumprimento do dispositivo.

a. Comportamentos difíceis entre as crianças

A prudência exige que não nos precipitemos, mas, sim, que sejamos vigilantes diante da repetição de comportamentos (instáveis, impulsivos, provocadores, inativos) que podem aparecer, apesar da preocupação do psicomotricista em oferecer um espaço de acolhimento e de segurança afetiva às crianças.

Diante de uma criança instável, ou agressiva com as outras crianças, não se trata de reprimir (salvo em situações de perigo para ela ou para as outras crianças do grupo), mas de canalizar a agressividade e fazê-la entender que, na sala, "a gente brinca de", ou então "a gente fala". Uma criança sempre se sente segura quando o psicomotricista lhe explica que tudo é "de mentirinha".

> Uma agressividade real não pode ser aceita; só podemos admitir a agressividade quando ela é simbolizada.

Quando se tratar de uma criança que destrói regularmente as construções dos outros, a demanda imediata por parte dos que sofreram a destruição é o castigo contra o agressor! O papel do psicomotricista é o de proteger e de restaurar os danos causados, mas também é necessário que ele devolva a confiança ao agressor, instalando com ele uma comunicação direta. Um exemplo disso pode ser a construção de uma outra casa, bem próxima da dos colegas agredidos, e com os quais ele não conseguia estabelecer um diálogo.

Diante de tal comportamento destruidor, é preciso reconhecer o desejo positivo: o de ser reconhecido e aceito pelas outras crianças e o de estabelecer uma relação afetiva, expressa violentamente, mas que, ainda assim, foi expressa. Ajudar essa criança a verbalizar sua agressividade destruidora é uma contribuição valiosa para quem não tem as palavras para dizer, mas apenas "argumentos de choque". Devemos reconhecer que, neste caso, o desejo não é negativo e que nós poderíamos dizer a essa criança: "Eu não concordo com o que você fez, mas estou de acordo com o que você deseja".

Nós falaremos individualmente com essa criança destruidora, com carinho, mas também com firmeza e sem ambigüidade. Devemos lembrar-lhe que existe uma lei, procurando dar a ela respostas, pois só se pode compreender uma criança, sugerindo-lhe respostas. A lei deve ser apresentada como positiva para seu crescimento e o que será valorizado será o registro simbólico: nós preferimos a ameaça ou o insulto à agressão física, pois nosso objetivo será sempre a comunicação.

Brincar de "como se" proporciona asseguramento

Contudo, se uma criança insiste em se recusar a integrar a lei, será necessário decidir-se sobre uma ajuda psicológica.

Quando se tratar de uma criança inibida, inativa, medrosa ou que sofra com seu isolamento, a regra de ouro é dar-lhe segurança, pois a precipitação ou provocação para que ela aja não fazem sentido. Entretanto, devemos fazer-lhe a pergunta: "Você está com medo?", ou ainda "de quê você tem medo aqui?". Esta seria já uma ajuda para a representação de sua emoção e para atenuar seu mal-estar.

Em uma área de segurança afetiva, a criança se vê protegida e envelopada pela palavra do psicomotricista. O respeito ao tempo de cada um é fundamental e, neste caso, a descontração da criança, a mudança postural e emocional, a mudança do olhar, expressando furtivamente o desejo de brincar com os outros, são indícios de que a criança está preparada para agir. Um convite gestual associado a um "eu vou com você" ou "eu acompanho você" contribuem para a participação da criança.

b. Comportamentos difíceis diante do dispositivo

Essas dificuldades aparecem por ocasião das propostas coletivas do ritual de entrada, do agrupamento para escutar a história, na passagem do primeiro para o segundo lugar, ou ainda, para sair da sala. Isso ocorre principalmente quando uma criança provocadora – ou algumas delas – tenta colocar à prova a autoridade do adulto e desestabilizar seu poder. Porém, por detrás da provocação, está o desejo de ser olhada e reconhecida como diferente e o desejo de expressar sua identidade. Não podemos entrar no ciclo infernal do provocador de onde é muito difícil sair sem culpa e sem o risco de arruinar a confiança recíproca.

Depois da sessão, falaremos a sós com essa criança para revelar-lhe eventualmente o sentido de sua provocação e mostrar-lhe o que é uma sessão como esta. Não exibir em público as dificuldades comportamentais de uma criança é um princípio a ser respeitado pelo psicomotricista, conforme indica nossa filosofia de respeito à pessoa. Além de alguns comportamentos difíceis perante a lei do dispositivo, nós pudemos constatar que *"uma sessão que não consegue terminar é uma sessão que nem chega a começar"*. Efetivamente, um começo de sessão que não permitiu às crianças um asseguramento suficiente para o prazer de agir e de se transformar é uma sessão onde nem as crianças encontram sua dose de segurança, nem tampouco o psicomotricista.

Concluindo

Desenvolvemos amplamente a prática psicomotora educativa e preventiva que elaboramos, exercemos e ensinamos, pois, para nós, a educação precoce está à frente da ajuda especializada. Para nós, a prática de ajuda psicomotora terapêutica tem uma essência educativa. As linhas de força filosófica, psicológica, prática e relacional da prática educativa são fundadoras da ajuda ao desenvolvimento da criança, mesmo quando esta apresenta dificuldades graves.

Lembremos, então, essas linhas de força:
– Criar um ambiente tranqüilizador necessário para o desenvolvimento de todas as potencialidades das crianças, das mais limitadas às mais evoluídas.
– Acolher a criança com todo o respeito, como uma pessoa em desenvolvimento, que dá o testemunho de uma experiência única.
– Compreender a criança pela via de sua expressividade motora.
– Desenvolver processos de asseguramento, através do prazer da ação, das brincadeiras e das representações.
– Viver o prazer de estar em relação empática com a criança.
– A essas linhas de força, podemos acrescentar algumas palavras-chave: fantasmar, simbolizar, agir, brincar, transformar, conhecer, pensar, comunicar, criar, ser si mesmo.

Parte 3

OS DOIS NÍVEIS DE AJUDA PSICOMOTORA: AJUDA EM GRUPO E AJUDA INDIVIDUAL

Capítulo 1

Ajuda psicomotora em grupo: o grupo de ajuda à maturação psicológica

Os grupos de ajuda foram constituindo-se progressivamente, a partir da implementação da prática psicomotora educativa. Constatamos que algumas crianças difíceis não podiam beneficiar-se plenamente da prática educativa por causa de seu comportamento excessivo ou repetitivo, aos quais o psicomotricista não podia responder de maneira favorável, no âmbito de um grupo de crianças muito numeroso. Agrupamos, então, essas crianças difíceis, a fim de trazer-lhes uma ajuda mais direcionada, permitindo que evoluíssem mais rapidamente.

Os grupos de ajuda à maturação psicológica desenvolveram-se na instituição educativa, como na escola maternal e escola elementar, com a participação de um pessoal especializado, formado para proporcionar essa ajuda, bem como no âmbito de instituições de reeducação ou terapêuticas, com especialistas formados na prática de ajuda psicomotora.

1. A criação do grupo de ajuda

O grupo de ajuda é criado a partir das dificuldades de algumas crianças, apontadas pela instituição escolar. A entrada na creche ou na escola maternal, às vezes, é vivida como uma ruptura relacional e afetiva com a família, ao passo que a escola elementar, com suas exigências de aprendizagem e sua pedagogia bastante coercitiva, seria vivida pelas crianças, que ainda não atingiram a maturidade afetiva suficiente nem a maturidade de viver o prazer de pensar, como uma repressão a seus desejos.

O problema que se apresenta é o da capacidade de descentração. Quando a criança é centrada demais em seus próprios afetos, a integração da emoção nas representações mentais é deficitária. É uma criança que se refugia em seu pensamento mágico para proteger-se contra um mundo exterior hostil e até perigoso. Ela não tem consciência de que é ela o agente e a causa da transformação do meio ambiente.

O grupo de ajuda é composto por crianças emocionalmente frágeis. As crianças que apresentam *dificuldade de descentração tônico-emocional* são capazes, em alguns momentos, de brincar com outras crianças de atividades às vezes repetitivas, apoiadas em reações de prestância; porém, em outros momentos, sua impulsividade motora ou sua inibição se impõem e as isolam de suas relações. Ocorrem então *os problemas da simbolização e da comunicação*.

As relações com os professores são bastante ambivalentes: essas crianças oscilam entre o desejo de proteção e de envelopamento e a violência verbal como reação à menor frustração. Diante dessas crianças, apresenta-se *o problema do respeito à lei institucional* em função das exigências cognitivas impostas, que elas não estão preparadas para receber. A falta de respeito a essas leis nos remete ao problema da integração da lei no nível inconsciente (da qual já falamos anteriormente). A identificação com o pai do mesmo sexo é sempre delicada. Percebemos claramente que *a base de asseguramento profundo dessas crianças é frágil.*

A partir de que idade?

O período mais propício para a ajuda em grupo situa-se entre os quatro e os sete anos, correspondendo às dificuldades de descentração tônico-emocional para certo número de crianças.

Grupos mistos?

Fizemos a experiência com grupos mistos e com grupos compostos unicamente por meninas ou meninos. Ficamos divididos quanto à melhor fórmula para os grupos de ajuda, pois a diferença entre a impulsividade dos meninos e a inibição de algumas meninas é, muitas vezes, difícil de administrar. Observamos que os grupos de ajuda são compostos, em sua grande maioria, por meninos. É verdade que o comportamento dos meninos perdura na pulsionalidade motora e na descarga emocional, limitando o surgimento do processo de descentração, isto é, de atenção e de concentração nas tarefas cognitivas precisas. No entanto, é preciso observar que a feminização do ensino não permite aos meninos identificar-se com uma imagem masculina (o professor), fator que, segundo nossa opinião, aumentaria as resistências ou a rebelião contra as propostas pedagógicas.

Quantas crianças?

Com apenas um psicomotricista, o grupo de duas a quatro crianças nos parece razoável, mas esse número varia em função da fragilidade dos processos de asseguramento de algumas crianças e da capacidade do psicomotricista para responder favoravelmente ao grupo.

2. Quem faz a demanda de ajuda?

Normalmente, são os pais que solicitam a ajuda, após terem consultado o professor, o médico da família ou o serviço de psiquiatria infantil.

> Mas qual é a natureza da demanda de ajuda para uma criança? Que análise podemos fazer dessa demanda?

Alguns pais estão muito envolvidos em um sistema complexo de relações afetivas familiares dolorosas. A criança é, então, o receptáculo dessas angústias e do mal-estar de viver dos pais. A demanda de ajuda para a criança esconde uma outra demanda, a de uma ajuda para eles mesmos, para o casal.

Se percebermos esses motivos, não conscientes por parte de nossos interlocutores, devemos saber que não estamos autorizados a levar uma ajuda especializada, mesmo quando os pais a demandam. O mais honesto é orientá-los para um especialista nas relações familiares, o que não exclui a ajuda psicomotora à criança.

Quanto ao professor, a demanda provém das dificuldades passageiras ou crônicas da relação com o grupo ou de sua incapacidade para ajudar essa criança em particular, o que abala sua competência pedagógica e seu poder narcísico de pedagogo.

> A criança com dificuldade na sala de aula revela a angústia do especialista em educação.
> Como detectar a verdadeira demanda de ajuda?

Em primeiro lugar, insistimos junto aos interlocutores para que a demanda de ajuda seja bem enunciada, seja reformulada, para estarmos certos de que ela foi bem compreendida, como sendo necessária para a maturação psicológica da criança, para seu desenvolvimento enquanto criança ou enquanto aluno. A verdadeira demanda tem tudo para se revelar pelo diálogo e pela confiança, quando podemos entender o que pertence à problemática da criança, através do que dela é dito pelos pais.

3. Criar a confiança com os parceiros da ajuda

O psicomotricista deve merecer a confiança de quem solicita ajuda para a criança, mas essa confiança não vem por decreto, ela instala-se progressivamente, quando nossas escolhas filosóficas e psicológicas permanecem as mesmas em todas as circunstâncias de ajuda e se afirmam em todas as relações com a criança, com o grupo de crianças, com os professores e com os pais. Aliás, isso é o que desejamos.

A atitude de respeito à pessoa, de escuta emocional, de compreensão de sua história, a atitude de acolhimento e empatia, denominador comum de nossas relações, levam os parceiros de ajuda a melhor tomarem consciência de suas escolhas, dificuldades e sucessos, sem esquecer suas atitudes educativas e/ou pedagógicas, falando delas com emoção e autenticidade.

> Compreender a outra pessoa não é apenas considerá-la como um objeto de análise intelectual sobre a qual devemos exercer um poder de dominação "outorgado por nossa ciência", mas sim, antes de tudo, tentar captar o sentido de seu testemunho emocional.

O discurso intelectual, por mais pertinente e elaborado que seja, sempre nos afasta de um ajuste tônico-emocional e de uma autenticidade em relação ao Outro.

Apesar da urgência da demanda dos pais ou dos professores, a precipitação para ajudar uma criança pode ser um erro, pois o psicomotricista deve, antes de qualquer coisa, criar as condições mais favoráveis, a fim de que todas as pessoas possam aderir à ajuda proposta. A confiança se instaura quando as regras de funcionamento da ajuda são respeitadas, evitando a confusão. Essas regras têm como objetivo manter um continente das emoções e das angústias de todos, garantindo a segurança afetiva.

a. A confiança se instaura quando desenvolvemos uma estratégia progressiva de implementação da ajuda

A implementação progressiva da ajuda nos parece plenamente oportuna. Durante essa implementação, cada parceiro será considerado como uma pessoa por completo, responsável pela criança e capaz de aceitar ou recusar as propostas da ajuda psicomotora propriamente dita (a esse respeito, o "sim" ao que está sendo proposto só tem sentido se a pessoa se sentir emocionalmente livre para dizer "não"). As etapas da implementação da ajuda vão permitir *criar um feixe de desejos de ajuda* a essa criança em todas as pessoas envolvidas.

Entretanto, é necessário levar em conta a mudança sociocultural imposta a certas crianças, que descobrem a escola com surpresa e angústia. Do mesmo modo, é preciso considerar as resistências familiares, não ditas, para integrar, por exemplo, a cultura e a língua francesa,[1] devido a causas diversas. Nesses casos, é indispensável levar bastante tempo até criar esse feixe de desejos de ajuda, sem que tenhamos, apesar disso, a certeza de sucesso!

O tempo necessário para essas etapas não deve ser encarado como tempo perdido e vazio. Muito pelo contrário, consideramos que ele é capital para a segurança dos pais, para suas próprias reflexões e para refletirem sobre seu filho. É um tempo de maturação psicológica para todos os parceiros da ajuda, útil para uma melhor compreensão uns dos outros, assim como para a circulação da comunicação entre realidades psicológicas e culturais, muitas vezes muito distantes umas das outras.

O professor avisa aos pais sobre a criança

Cabe ao professor da escola maternal ou da escola elementar anunciar aos pais as dificuldades do filho. No entanto, nem sempre é fácil falar sobre isso, pois um verdadeiro diálogo com os pais não é comum. Ao saberem das dificuldades, os pais têm reações de defesa, muitas vezes agressivas com o professor, a pedagogia ou o sistema escolar. Essas defesas são legítimas e provam que os pais estão tocados emocionalmente, pois vivem o fracasso de seu filho como seu próprio fracasso. Se essas defesas existem, é também

---

[1] N.T. No caso francês, trata-se do forte contingente de imigrantes que, muitas vezes, não falam a língua.

porque muitos pais de crianças com dificuldades viveram, eles também, um passado escolar doloroso por diversas causas.

Apesar dessas reações, o professor deve dizer aos pais claramente "como", quer dizer, de que maneira, a criança não vai bem na escola. Os sintomas serão evocados com precisão, a fim de afastar os fatores afetivos que minimizam ou amplificam a situação da criança. A esse respeito, o professor deve ter a sua disposição um quadro de análise que lhe permita avaliar com mais objetividade os desfuncionamentos repetitivos nos campos da comunicação, da brincadeira, da expressão, da simbolização e da organização do pensamento, sem esquecer de assinalar as competências positivas da criança, vinculadas a atividades específicas ou a relações privilegiadas.[2]

O professor não deve induzir, e menos ainda decidir, sobre a necessidade de ajuda. Apenas os pais podem escolher, dando-lhes o tempo necessário para a reflexão e uma tomada de decisão:

– ou os pais recusam a ajuda e, nesse caso, será necessário chamá-los à responsabilidade;
– ou os pais aceitam entrar em contato com uma equipe especializada para ajudar seu filho, dentro ou fora da escola.

O encontro do psicomotricista com os pais

O primeiro encontro com os pais de uma criança com dificuldade é decisivo, pois ele pode proporcionar o sucesso futuro da ajuda. Não devemos invadir os pais com nossas perguntas; basta apenas uma única questão simples: "Então, como vai seu filho?", para abrir a porta às relações e às emoções.

Se as condições de segurança afetiva estão reunidas e se percebemos que os pais estão envolvidos com a ajuda, será possível

---

[2] Pesquisa sobre informações necessárias para a compreensão das dificuldades de maturação da criança. Grupo de estudos de prática psicomotora, Tours, 1991.

obter informações sobre a vivência da criança a partir de suas atividades cotidianas no âmbito familiar (por exemplo, o acordar, a higiene matinal, a saída para a escola, as refeições, as atividades em casa, as brincadeiras, o adormecer, o sono ou as relações com a mãe, o pai, os irmãos, os avós e os amigos da família).

Nós utilizamos nesse encontro o aproveitamento de uma palavra ou de uma frase usadas na fala dos pais para obter outras informações sobre o presente ou o passado da criança. O encontro pode acontecer na sala de prática psicomotora, na presença da criança. Esta será convidada a descobrir a sala e o material, enquanto os pais e nós permaneceremos sentados para conversar. Trata-se de uma observação muito rica da expressão não-verbal e verbal dos pais, assim como a da criança: sua maneira de ser, suas reflexões espontâneas e suas emoções contidas ou explosivas já nos informam sobre as relações entre os pais e a criança.

Contudo, um encontro sem a presença da criança é necessário, na medida em que os pais hesitam em relatar acontecimentos dolorosos de seu passado afetivo na frente da criança.

b. Ser franco, para um compromisso recíproco, é primeiramente...

● Definir o estado de espírito com o qual trabalhamos com as crianças:

A demanda dos pais da criança com dificuldade é, de modo geral, uma demanda de "normalização" do comportamento e de "reparação" das deficiências. Os parceiros da criança solicitam raramente ajuda por causa de seu "mal-estar" ou de seu "sofrimento". Precisamos, então, ser francos com essas pessoas e, em primeiro lugar, definir bem o estado de espírito que anima a ajuda, da forma como nós a concebemos.

Insistiremos com as palavras convenientes, em função de nossos interlocutores, no fato de que *não trabalhamos diretamente sobre o sintoma, mas sim na busca do prazer que está ausente na criança*, o que limita bastante uma dinâmica de investimento afetivo das produções mais primitivas às mais evoluídas e, sobretudo, as que estão ligadas às atividades escolares. Podemos definir que a prática de ajuda não está centrada na impossibilidade de ser ou de viver (cuja causa são as angústias), mas na dinâmica do prazer do desenvolvimento dos processos de asseguramento simbólico.

- Explicar a prática com palavras simples:

Explicaremos que o prazer de brincar com um adulto é um meio indispensável para encontrar ou "reencontrar" o prazer de aprender. Mais ainda, que brincar vai do prazer em destruir a montanha de almofadas, em correr, saltar e identificar-se com personagens, ao prazer de construir, desenhar, falar, comunicar-se, pensar e raciocinar.[3]

- Dar as condições da prática:

– A regularidade das sessões e o estrito respeito aos horários são fundamentais para a segurança afetiva da criança e sua evolução.

– A duração da ajuda deve ser anunciada aos pais. Um ano escolar parece razoável, mas esse período poderá ser renovado com um acompanhamento mais flexível da criança, após uma avaliação de sua evolução.

– Encontros regulares com os pais estão previstos, para tratar da evolução da criança na família ou na escola, mas também para ouvir suas reações emocionais diante dessa evolução. Contudo, encontros excepcionais podem acontecer por solicitação dos pais, para tratar, por exemplo, de uma situação nova da família, que poderia trazer conseqüências sobre o comportamento da criança. A esse respeito, é bom prevenir os pais sobre a mudança da criança no decorrer das sessões. Mesmo assim, apesar das precauções

---

[3] Para facilitar uma melhor compreensão da prática, apresentaremos aos pais um álbum de fotos que ilustram os grandes momentos da prática de ajuda.

tomadas, pode ocorrer que essa mudança não corresponda ao que os pais esperavam. Nesse caso, os motivos inconscientes da demanda de ajuda talvez nos tenham escapado: os encontros com os pais se tornam particularmente pertinentes!

– Duas ou três sessões são suficientes para observar a criança na sala de prática psicomotora. Após essas observações, nós voltamos a encontrar os pais para comunicar-lhes o que pudemos perceber.

É possível redigir um relato dessas observações e mostrá-lo aos pais tranqüilamente, perguntando-lhes, em seguida, sua opinião. Estudaremos essa observação no âmbito da prática individual.

Após esse novo encontro com os pais, estes já dispõem de todos os dados para escolher definitivamente. Se eles aceitam as condições da prática, esta poderá, então, começar, mas estimamos que todo o trabalho efetuado, além da prática propriamente dita, já faz parte da ajuda à família e à criança.

c. A confiança se instaura quando não tentamos mudar as pessoas

Nosso objetivo não é mudar as pessoas, mas, ao escutá-las atentamente, sem procurar manipulá-las, evitando dar-lhes conselhos que só serviriam para subjugá-las ou tirar-lhes a responsabilidade e aceitando suas palavras, nós lhes damos confiança em si mesmas, oferecendo-lhes a possibilidade de mudança que, muitas vezes, nós subestimamos.

Em um contexto de confiança, de segurança afetiva e liberdade de expressão oral, a pessoa se transforma, e ficamos muitas vezes surpresos com a modificação de atitudes que acabam tendo muita repercussão sobre a evolução da criança que estamos ajudando. Nesse contexto, quanto menos desejamos mudar as pessoas, mais as mudanças ocorrem, pois as resistências afetivas diminuem. Aí está um paradoxo que nos surpreende e que também nos entusiasma muito!

4. A prática de ajuda psicomotora em grupo

A prática de ajuda psicomotora em grupo é um aprofundamento da prática psicomotora educativa e preventiva, conforme já havíamos definido anteriormente. Os objetivos, o dispositivo e a estratégia de base necessária para a evolução dos processos de asseguramento são semelhantes. Entretanto, o empenho do psicomotricista difere um pouco na relação e diante da expressividade motora da criança.

a. Os objetivos

Já mencionamos as dificuldades das crianças que integram um grupo de ajuda. Relembrando, então, essas dificuldades:

– dificuldade de simbolização e de asseguramento;
– dificuldade de descentração tônico-emocional;
– dificuldade de integração da lei.

São dificuldades que emergem da fragilidade dos processos de asseguramento profundo diante das angústias, que levam a um estado de fixidez repetitiva e negativa (com compulsão repetitiva), estado que é uma maneira de lembrar-se, expressa pela motricidade ou sua ausência, de um sofrimento psíquico devido ao fracasso dos processos de transformação originais. A criança cede ao automatismo da repetição para escapar à força afetiva dolorosa da lembrança. Contudo, os acontecimentos que se repetem têm, apesar de tudo, uma função de segurança momentânea contra a intensidade da angústia. A criança se fixa na agitação motora ou na passividade motora, fixidez que está sempre acompanhada de distúrbios da expressão emocional. Considerando as dificuldades dessas crianças, psicologicamente frágeis, seu maior problema é o da comunicação. Se os objetivos da prática educativa permanecem válidos para o grupo de ajuda, *o objetivo essencial dessas crianças é o da comunicação.* Devemos, então, ajudá-las a evoluir a competência para comunicar, colocando-as em situações em que possam viver o prazer de sua expressividade, em relação com as outras crianças do grupo.

> O psicomotricista será, então, o catalisador de uma dinâmica de expressão indispensável para o nascimento ou o renascimento da comunicação.

b. O dispositivo da sessão

O dispositivo da sessão do grupo de ajuda é o mesmo que o da prática psicomotora educativa, porém sua implementação se fará com muito mais flexibilidade.

Em primeiro lugar, lembremos esse dispositivo: a sala de prática psicomotora está estruturada em dois locais, o da expressividade motora, o da expressividade gráfica e plástica, e um terceiro lugar que acrescentamos agora, "a zona de não-brincadeira". A sessão divide-se em três tempos: o da expressividade motora, o da história e o da expressividade gráfica e plástica. A esses três tempos, somam-se um ritual de entrada e um ritual de saída. É preciso acrescentar que a flexibilidade do dispositivo baseia-se na possibilidade que é dada às crianças de viver uma variedade de linguagens de representação através dos diferentes meios de expressão, descobrindo, assim, diversas formas de comunicação, a fim de abrirem-se mais facilmente para as outras crianças do grupo.

O papel do psicomotricista consiste, então, em modificar as fases sucessivas da prática educativa, dando-lhes uma importância maior ou menor de acordo com sua duração, a fim de privilegiar uma dominante de expressão, conforme os comportamentos emocionais e as diferentes capacidades de simbolizar. Assim, o psicomotricista poderá, por exemplo, privilegiar a dominante da expressividade motora e as brincadeiras de asseguramento profundo para estimular as descargas emocionais e a emergência de imagens arcaicas; ou então privilegiar a dominante da "história" contada às crianças para estimular os processos de asseguramento profundo pela mediação da linguagem. Essa proposta é particularmente pertinente para as crianças pulsionais ou inibidas. Se for necessário para a intensidade e a qualidade da comunicação, uma sessão de ajuda poderá começar com uma "história", depois prolongar-se com a expressividade motora, terminando pela expressividade plástica ou gráfica.

Em compensação, se a história é vivida por um grupo de crianças apresentando um efeito sedativo, ela será colocada no fim da sessão, antes que as crianças saiam da sala. Caberá a cada psicomotricista ordenar as fases sucessivas que devem manter seu caráter de continência do estado tônico-emocional do grupo de crianças.

c. O material da sessão

Não há praticamente alteração de material na prática de ajuda. Assinalamos que o material e sua arrumação devem levar a situações de asseguramento profundo (no espaço da expressividade motora), ao passo que, no espaço da expressividade plástica e gráfica, introduzimos a massa de modelagem ou a terra, material indefinidamente transformável, que pode ser batido, furado, cortado e reunido, oferecendo a possibilidade de representar rapidamente em três dimensões.

d. Os conteúdos da sessão

O ritual de entrada

Como mencionado anteriormente, o ritual tem uma importância fundamental na prática educativa. Relembremos sucintamente:

- nomear os ausentes;
- advertir para não machucar ninguém nem se machucar;
- não quebrar o material;
- anunciar as fases sucessivas;
- evocar eventualmente a sessão anterior;
- lembrar a "zona de não-brincadeira".[4]

Durante esse ritual, nós não devemos lembrar às crianças suas dificuldades, mas devemos, em contrapartida, evidenciar "o mal-estar" ou "o sofrimento" de cada uma na instituição escolar ou na família. Nós nos apresentamos como "um especialista da ajuda às crianças com dificuldade", dizendo: "Eu estou aqui para ajudar vocês a se sentirem melhor na escola, com sua família e com vocês mesmos".

O psicomotricista, ao definir sua função, sentir-se-á mais livre para fazer propostas claras, para fazer exigências, para ajudar as crianças a saírem de seu isolamento e a se abrirem mais rapidamente para a comunicação. Ficaremos atentos à maneira de ser tônico-emocional de cada criança ao entrar na sala, a fim de captar sua disponibilidade (ou indisponibilidade) para participar da sessão. As crianças apresentam seu "cartão de entrada", aquele que lhes foi entregue na sessão anterior (estudaremos o interesse desse cartão na ajuda individual).

Em seguida, cada criança será convidada a verbalizar seus momentos desagradáveis, suas relações difíceis e seus medos, bem como os momentos agradáveis vividos ao longo da semana. Além

---

[4] "Zona de não-brincadeira": quando uma criança não pode manter sua participação na brincadeira, podendo representar um perigo para as outras crianças. Apesar da tentativa do psicomotricista de abordagens não verbais e da busca de diálogo, uma outra solução seria colocar a criança numa "zona de não-brincadeira" (lugar definido onde a criança deverá ficar certo tempo determinado pelo adulto). Nesse lugar, a criança vê e escuta as outras crianças brincarem com o psicomotricista. O interesse da retirada momentânea da criança torna-se uma necessidade para levá-la a uma tomada de consciência a respeito de uma área que impõe a integração dos limites a sua impulsividade motora. Evidentemente, não se trata de um lugar de punição! Ao contrário, é um lugar de segurança, de descentração e de comunicação com o psicomotricista, que ajudará a criança a compreender o que quer dizer "brincar".

disso, durante o ritual, o psicomotricista evocará a sessão anterior: os momentos muito carregados de emoção de cada um, as novidades de comportamento na relação com uma criança em particular no grupo ou com o psicomotricista, ou ainda as novas competências para simbolizar e se comunicar. Essa tomada de consciência são reflexões úteis que têm a função de valorizar a imagem de si de cada criança e ligar as sessões umas às outras, assegurando, assim, o processo de continuidade da ajuda.

Os diferentes tempos e conteúdos dos processos de asseguramento originários

O asseguramento profundo pela mediação do corpo

A estratégia do desvio de retorno da ajuda psicomotora

No período de implementação dos grupos de ajuda, tivemos muita dificuldade em agrupar as crianças para uma atividade comum, cada uma delas querendo agir na sala segundo seus desejos e sua demanda afetiva. Por essa razão, só encontrávamos raramente os grupos formados e a comunicação entre as crianças, e também conosco era delicada e difícil de ser estabelecida. Tínhamos então uma vivência fragmentada de relações individuais apenas começadas, mas interrompidas e nunca desenvolvidas como as crianças estavam esperando que fosse acontecer. A frustração era grande entre todos os participantes.

Mas a partir do momento em que elaboramos as brincadeiras de asseguramento profundo, observamos que estas serviam para ligar todas as crianças do grupo, tanto mais que vinham em resposta ao desejo comum, inconsciente, de asseguramento, e à demanda emocional das crianças. A comunicação que se estabelecia entre nós era, muitas vezes, bastante intensa e fonte de um sentimento de bem-estar e de unidade.

> Assim, a proposta de asseguramento profundo tornou-se a estratégia indispensável da ajuda psicomotora em grupo. Chamamos estratégia de desvio de retorno a passagem por situações de asseguramento profundo que estimulam os fantasmas de ação mais originários e os mecanismos tônico-emocionais da personalidade.

Como propiciar esse desvio de retorno?

A arrumação da sala, como está previsto na prática educativa, já é uma proposta que leva às brincadeiras de asseguramento profundo: as pirâmides e as paredes de almofadas levam à destruição, os planos elevados e inclinados favorecem o equilíbrio, os desequilíbrios, as quedas, os saltos, os rolamentos e as escorregadas; o "saco", as almofadas e os tecidos favorecem as brincadeiras de esconde-esconde e os envelopamentos.

Chamamos a atenção que, a partir do prazer da destruição e do desequilíbrio, surge, rapidamente, uma sucessão de brincadeiras de asseguramento profundo que parecem vir em resposta a certa lógica do inconsciente coletivo do grupo de crianças.

Apesar dessas induções não-verbais, apoiadas pela linguagem, o psicomotricista, graças a seu empenho nas brincadeiras, abre o caminho para uma intensa participação emocional das crianças e contribui para o aparecimento das brincadeiras de asseguramento profundo. Com efeito, se o psicomotricista, após brincar de se opor e de destruir as estruturas de almofadas, deixa-se cair no chão, deixa-se ser empurrado e sacudido, ele abre o caminho para brincadeiras de perseguição, de esconde-esconde e brincadeiras de identificação ao agressor. Além disso, ele também abre as portas para uma alteração tônico-emocional, que se manifesta pelas demandas de proteção e de envelopamento. Se as crianças se fixam em asseguramentos superficiais, repetitivos, sem mudanças, cabe ao psicomotricista encontrar o ajuste a uma ou a várias crianças para propor uma brincadeira de asseguramento profundo.

Envolver-se nas brincadeiras

Precauções a tomar

Não excluímos que o psicomotricista proponha a estratégia do desvio de retorno a fim de criar uma mobilização da estrutura tônico-emocional das crianças, mas qualquer instrumentalização das brincadeiras de asseguramento profundo, sem relação com o psicomotricista, deve ser abolida, pois essas brincadeiras perderiam o sentido e a eficácia na ajuda às crianças em dificuldade.

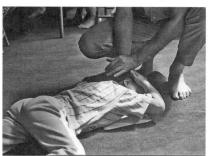 

Acompanhar o desejo de regressão

Nada de ambigüidades: sejamos claros

A estratégia do desvio de retorno nos permite esclarecer o sentido da intervenção do psicomotricista na ajuda psicomotora (seja ela em grupo ou individual).

Na primeira parte deste livro, desenvolvemos amplamente os recursos psíquicos que a criança deve encontrar para sobreviver à angústia de seu próprio aniquilamento. A criança constrói, então, para si, um campo de representações que terão como conseqüência diminuir a dor e seu desprazer. Essa compreensão psicológica da criança, centrada em processos psíquicos inconscientes, é-nos indispensável para compreender a simbologia da expressividade motora e as produções da criança, a fim de que possamos acolhê-las com tranqüilidade e, eventualmente, fazê-las evoluir com mais facilidade.

No entanto, sejamos claros: apesar desse mergulho nos processos dinâmicos que se referem ao inconsciente, a intervenção de ajuda do psicomotricista não se dá diretamente sobre as angústias, nem sobre a culpa, nem sobre as defesas psicológicas da personalidade, nem tampouco sobre a tomada de consciência dos problemas profundos.

> A intervenção está baseada no prazer de interagir com o grupo de crianças, prazer apoiado no desenvolvimento dos processos de asseguramento originários que mobilizam o imaginário e, por conseguinte, a função simbólica e a comunicação.

Nós valorizamos todas as competências simbólicas das crianças devolvendo-as "uma imagem positiva de si", que lhes permite retomar sua confiança. A criança que vive o sucesso poderá aceitar mais facilmente as frustrações inerentes ao próprio ato de crescer em um espaço social que impõe limitações (em particular, o do aprendizado escolar).

Ajudar

Além das reflexões anteriores, podemos acrescentar que ajudar uma criança é permitir-lhe mobilizar seus próprios recursos de asseguramento. Aquele que ajuda é um "mediador", que possibilita a criança acionar recursos potenciais próprios e que nunca seriam atualizados sem essa intervenção. Aquele que ajuda é apenas um catalisador.

O asseguramento profundo pela mediação da linguagem

O psicomotricista conta a história

Conforme a concebemos e desenvolvemos na prática educativa, a história assumirá uma outra configuração quando se tratar de crianças com dificuldades, pois ela representa uma excepcional mediação para liberar os processos de asseguramento, que ficam escondidos pelas angústias, e para ajudar as crianças a fazer o desvio de retorno através de um modo de pensamento arcaico, necessário a sua reestruturação psíquica. Contudo, considerando a fragilidade emocional de algumas crianças, o contador deve ser prudente e estar atento a cada uma delas, sem que para isso seja preciso tornar a narração asséptica.

Um desvio de retorno pela fonte do pensamento

As palavras do contador acompanham e moldam essas ações representadas, muito carregadas de emoção. Trata-se de uma sucessão de quadros que se impõe e se sucede (devorar, perseguir, agarrar, aprisionar, esconder, fugir, proteger, combater, perder e triunfar). Essa sucessão de quadros de ações, articuladas a angústias e fantasmas de ação, suprime o sistema de pensamentos associativos: não há lugar nem para o espaço, nem para o tempo; as emoções ficam misturadas e não existe lugar para uma antecipação. A criança é levada a só pensar em ação. Estamos diante de um modo de funcionamento psíquico arcaico, semelhante ao de uma criancinha, que ainda não controla a função simbólica e que subsiste em cada um de nós, em todo ato de criação não-verbal, mas que tende a ser esquecido, no estado consciente, pelas construções do pensamento associativo.

> Representar-se através de ações muito carregadas de emoção, sem agi-las, favorece a integração psicossomática em um nível originário de pensamento, ausente na alteração psicomotora, assim como nos distúrbios da expressividade motora.

A reintegração psicossomática encontrada, ou reencontrada pela criança, é uma garantia de evolução e de segurança afetiva. No momento da narrativa, a trama não se impõe, como ocorre na história contada durante a prática educativa, ela não é buscada pelo contador e só acontecerá posteriormente.

Esse desvio de retorno pela fonte do pensamento nos permite precisar o *conceito de emoção*. Já evocamos que a emoção é uma atualização do afeto, mas somente quando esse afeto é mediatizado por representações inconscientes, como é o caso quando a criança pensa em ação.

As crianças criam a história

Quando as crianças estão agrupadas no segundo espaço, de preferência à volta de uma mesa, será possível criar em conjunto uma história, referindo-se às brincadeiras intensamente vividas ou aos desenhos e às modelagens que exprimem uma angústia comum a todas as crianças do grupo.

Criar uma história em conjunto

Cada criança será solicitada a verbalizar seus medos e seus próprios processos de asseguramento. O psicomotricista participará da elaboração da história, trazendo suas imagens e, principalmente, escrevendo o texto. Essa história será relida em outras sessões e, eventualmente, transformada pelas crianças. Temos, assim, um excelente meio de constatar a evolução da capacidade de simbolização pela linguagem e a capacidade de se assegurar. O interesse da história construída em comum é a criação coletiva, por mais simples que seja, bem como o desenvolvimento da comunicação.

As outras mediações de asseguramento

Os desenhos, as construções e modelagens repetitivos, que não apresentam nenhuma evolução, são a prova da presença de angústias insuficientemente assumidas. Não nos cabe fazer progredir diretamente essas produções, pois será somente pelo desenvolvimento do prazer dos processos de asseguramento que estas poderão evoluir.

- O desenho é individual

O desenho é um excelente meio para ajudar a criança a alcançar um outro nível de simbolização, deficitário em algumas crianças dos grupos de ajuda. É também o meio de fazer emergir representações da motricidade, evidenciando assim, pelo traçado e pela cor, a simbolização da história das relações com o objeto de amor. O desenho devolve uma vida interior ao "objeto", pois, pela representação simbólica, a criança o presentifica em sua ausência, podendo, assim, melhor atacá-lo ou destruí-lo.

Simples rabiscos, pontilhados ou formas circulares já são formas simbólicas elementares de representação de si; são também formas de fazer aparecer o "objeto" e de atacá-lo quando essas formas são transcritas com agressividade sobre a folha de papel. Ficaremos, então, atentos à intensidade emocional que a criança manifesta para desenhar. Cabe ao psicomotricista ajudar a criança a colocar palavras em seu desenho, fazendo-lhe perguntas e fazendo com que descubra a intensidade emocional, sem que para isso ele precise revelar o sentido dessa produção.

- As construções podem ser individuais, mas o psicomotricista estimulará as crianças a construírem coletivamente, favorecendo assim a comunicação, a solicitude, o domínio dos gestos e os deslocamentos: a tomada de consciência desses fatores será útil para a estruturação do grupo. Uma foto instantânea da construção coletiva pode ser realizada para que essa imagem seja preservada.

- A modelagem pode ser proposta àqueles que têm dificuldade para representar; nesses casos, produções como bolas, serpentinas e tiras são freqüentemente achatadas, cortadas e furadas. Cabe ao psicomotricista acolher essa destruição com empatia para abrir as crianças a outras produções.

O ritual de saída

O ritual de saída se reveste de certa solenidade: cada criança recebe "o cartão de entrada" para a sessão seguinte, e nós reconhecemos a criança, apertando sua mão e chamando-a pelo nome e sobrenome. Cada criança sai sozinha da sala.

5. A atitude relacional com o grupo de crianças

a. As ressonâncias tônico-emocionais recíprocas

Na prática educativa, nós evidenciamos a atitude de acolhimento empático do psicomotricista. Esta mesma disponibilidade permanece válida na relação de ajuda à criança com dificuldade. Ressonâncias tônico-emocionais recíprocas, solicitando nossos próprios afetos, já são vividas na prática educativa, mas as ressonâncias tônico-emocionais recíprocas assumem uma outra dimensão, na medida em que o psicomotricista se envolve com brincadeiras de asseguramento profundo e com todas as produções das crianças do grupo.

Essa é a grande novidade da atitude do psicomotricista na prática de ajuda. O engajamento corporal das crianças e do psicomotricista mobiliza as estruturas tônico-afetivas de ambos. Essas mobilizações, com base no prazer, desencadeiam fortes ressonâncias tônico-emocionais recíprocas, que fazem emergir representações da história afetiva (ser machucado, esmagado, enfurnado, afogado, enterrado, envenenado), dando progressivamente lugar à expressão dos fantasmas de ação originários, através das brincadeiras de asseguramento profundo, que criam a coesão do grupo e a qualidade da comunicação entre todos.

Uma ressalva:

Na ajuda à criança, as ressonâncias tônico-emocionais recíprocas das crianças e do psicomotricista não são idênticas, já que, para este, elas terão um caráter empático. A empatia é uma qualidade da relação de ajuda que se adquire. Trata-se de sentir as emoções da criança, conforme sua maneira própria de vivê-las, sem que o psicomotricista se aproprie delas de modo restrito demais. Trata-se de se colocar no lugar da criança, sem que para isso precise perder sua própria identidade. Na verdade, é preciso colocar-se na pele da criança e, ao mesmo tempo, permanecer ele mesmo.

Sem empatia, a ajuda terapêutica seria estéril e a fragilidade psicológica da criança ficaria mais comprometida. A capacidade de empatia do psicomotricista demanda uma clareza cada vez maior a respeito de seu papel de "ajudante" e uma clareza com relação a sua própria história afetiva, não para negá-la, mas, ao contrário, para descobri-la com humildade, a fim de melhor compreendê-la e assumi-la sem a menor condescendência e sem a menor vergonha. Assim, podemos contar com as *ressonâncias tônico-emocionais recíprocas empáticas* do psicomotricista no momento do engajamento corporal com a criança.

O psicomotricista poderá, então, interagir sem invadir a criança; as conseqüências dessa interação descentrada lhe permitirão acompanhar a criança e envelopá-la de maneira estruturante. Esses dois *conceitos de acompanhamento e de envelope estruturante* serão retomados na prática de ajuda individual.

b. As ressonâncias tônico-emocionais recíprocas empáticas

Elas são um conceito-chave da atitude do psicomotricista na prática de ajuda psicomotora em grupo ou individual. Essa atitude requer, por parte do psicomotricista, a capacidade de sentir as menores transformações tônicas e emocionais vividas na relação com a criança, sem perder o prazer de participar. Certa escuta de si durante a ação impõe-se, a fim de captar rapidamente as resistências ou a insistência em viver certas situações de prazer ou de desprazer. Uma escuta de "como eu estou com o meu corpo" é indispensável para estabelecer um vínculo de alteridade na relação com a criança e para assumir seu papel sem ambigüidade: "Eu brinco para você, mas não com você!"

Quanto ao "porquê" do "como eu estou com meu corpo", trata-se de um outro nível de clareza que só se poderá elucidar "depois", demandando um trabalho pessoal de um outro nível, necessário a todo psicomotricista empenhado na ajuda.

Em todas as relações humanas da vida cotidiana, as ressonâncias tônico-emocionais recíprocas estão sempre presentes e revelam um aspecto de nossa personalidade que nos escapa: elas não se podem antecipar, nós as aceitamos mais ou menos bem e elas são uma surpresa permanente da vida.

6. As modulações da linguagem do psicomotricista

Palavras que sustentam e estruturam

O surgimento da palavra das crianças que integram o grupo de ajuda é muitas vezes difícil. Entretanto, o prazer de agir em conjunto e de viver ressonâncias tônico-emocionais recíprocas empáticas as predispõem rapidamente à comunicação verbal e a uma palavra autêntica, plena de imaginário e emoção. A espontaneidade e a sobriedade das palavras do psicomotricista durante a sessão terão sempre o sentido de apoiar cada criança do grupo em seu processo de maturação psicológica. Palavras que lhe mostrem o caminho da construção de si; isto é, as palavras do psicomotricista devem assumir modulações tônicas e modulações de sentido:

• O sentido de ajudar cada criança a colocar palavras naquilo que ela busca expressar, mas que não pode ainda dizer. Daí, o grande interesse do psicomotricista em levar em conta os menores componentes não-verbais da comunicação: "Você quer me dizer que...".

• O sentido de ajudar cada um a colocar palavras nas emoções em todas as ocasiões, sabendo que essa possibilidade será facilitada pela capacidade do psicomotricista em verbalizar suas próprias emoções, vividas na relação empática com as crianças. Ele deve saber manifestar a surpresa diante da novidade de um comportamento ou de uma competência, dizendo: "É a primeira vez que você faz isso...".

• O sentido de despertar e demonstrar a cada criança sua identidade através de suas novas competências simbólicas originais que a asseguram: "Você está brincando de...". Do mesmo modo, mostrar-lhe sua capacidade de transformação tônico-emocional: "Agora, você não tem mais medo de...". Palavras de reconhecimento do crescimento psicológico de cada um: "Eu reconheço que você está crescendo...", além de palavras que desculpabilizam: "Aqui você pode fazer barulho", mas que anunciam também, de forma clara, os limites: "Aqui eu permito que você faça isso ou aquilo..., mas lá não, porque eu sou responsável por sua segurança e aquele que vai permitir que você cresça".

• O sentido de fornecer parâmetros:

Na sala de prática psicomotora, o dispositivo tranqüilizador e o material utilizado, que não muda, proporcionam uma estabilidade de parâmetros cognitivos que serão enunciados pelo psicomotricista: "no tapete vermelho...", "você está subindo mais alto hoje...", "você está mais rápido...". Esses são referenciais que permitem integrar o espaço e o tempo, sem querer ensinar isso às crianças. Trata-se de uma ajuda para a estruturação mental, que assegura a clareza das imagens mentais e o desenvolvimento da imagem de si.

Por outro lado, quando a criança age sobre o material que transforma, as palavras que usamos permitem-lhe compreender os efeitos de sua ação. A criança toma consciência de que é o agente da transformação e saberá fazer a distinção entre o efeito e a causa, podendo sair do pensamento mágico.

7. Conclusão

O grupo de ajuda psicomotora revela-se de grande utilidade para a instituição escolar, no caso de crianças com dificuldades que não podem contar com uma ajuda psicológica individual, oferecida pela saúde pública ou pela rede do sistema privado. Essas crianças, ajudadas por especialistas formados na prática psicomotora – e também por muitos pais –, abrem-se para novas aprendizagens e para um outro olhar sobre a escola.

O grupo de ajuda psicomotora, criado na instituição escolar, levou-nos a refletir com os professores e os psicólogos sobre as conseqüências das dificuldades de maturação afetiva e simbólica de algumas crianças em um mesmo grupo-classe. Fomos levados a nos perguntar a respeito da constituição de grupos de maturação psicológica no meio do grupo, principalmente no término da escola maternal e início da escola elementar. A esses grupos poderiam ser propostas prioridades de expressão simbólica, correspondentes a seu nível de simbolização, ritmos e conteúdos de aprendizagem fundamentais, cujas exigências e intensidade seriam diferentes, em função da capacidade de descentração das crianças de cada um dos grupos.

> Ajudar a criança com dificuldade supõe ajudá-la a desenvolver suas potencialidades simbólicas, a fim de que ela adquira, com a intervenção de um especialista, os mais variados prazeres do conhecimento e da cultura.

Capítulo 2

Ajuda psicomotora individual
A filosofia da ajuda

A ajuda pode desenvolver-se segundo duas perspectivas: a de "oferecer cuidados" e a de "cuidar de":

– na perspectiva de *"oferecer cuidados"* a um doente, é a doença que está em primeiro lugar. A metodologia é médica, isto quer dizer que ela está fundada no diagnóstico e que a resposta terapêutica serve para atenuar ou eliminar a doença ou o sintoma do paciente;

– na perspectiva de *"cuidar da pessoa"*, é o doente que está em primeiro lugar e o psicomotricista estabelece um elo de confiança, baseado no acolhimento e na escuta da pessoa. Através desse elo, a pessoa se sente reconhecida, apoiada e, na maioria das vezes, contida. A doença é, então, deslocada no contexto da história do sofrimento do paciente portador da "doença". Porém, entre "oferecer cuidados" e "cuidar da pessoa" existem duas filosofias opostas. O leitor terá compreendido a nossa escolha.

1. A aplicação da ajuda psicomotora individual

Essa aplicação supõe, de um lado, lembrar aquilo que entendemos por distúrbios da expressividade motora e por indicação de ajuda, e, por outro lado, abordar as condições necessárias ao bom desenvolvimento da ajuda, a saber, a observação psicomotora interativa da criança e a realização de um acordo claro com os pais e os outros parceiros da ajuda.

Nunca é demais lembrar o ambiente de ajuda que deve ser trabalhado e bem definido, pois ele é indispensável para conter os excessos dos afetos e das projeções que vêm de todos os lados, e também daqueles que vêm da criança. Esse contexto é indispensável ao psicomotricista para que ele se proteja das diversas invasões, que limitam sua eficácia pessoal e profissional.

a. O objetivo específico da ajuda psicomotora individual

A expressividade motora é o meio para a criança expressar o prazer de ser si mesma e também o meio para que esta exprima seu desprazer, seu sofrimento psíquico e seu mal-estar. Já evidenciamos sintomas e distúrbios da expressividade motora, da agitação motora, da impulsividade motora e da passividade motora baseada no desprazer, na fixidez repetitiva negativa, associados à rigidez tônico-emocional. Esses sintomas são indicações essenciais a serem consideradas para uma ajuda psicomotora. Seria bom lembrarmos mais uma vez que eles são o resultado de uma falha dos processos de asseguramento profundo, provocada pela intensidade das angústias de perda arcaicas que a criança não conseguiu assimilar e que estas, quando são insuficientemente contidas, ocasionam um déficit de integração psicossomática.

> O objetivo específico da ajuda psicomotora consistirá, então, em restaurar o elo psicossomático para diminuir os distúrbios da expressividade motora da criança, permitindo-lhe pensar em ação. A ajuda psicomotora individual é uma terapia da ação. Por que então não pensar em uma outra denominação para a terapia psicomotora, como, por exemplo, "terapia da ação"?

A partir de que idade?

A ajuda psicomotora individual pode ser proposta a partir dos três anos, ou seja, quando surgem as dificuldades de identificação secundária, provas de que os processos de asseguramento profundo não foram muito sólidos. No entanto, não excluímos a possibilidade de que uma ajuda psicomotora individual seja proposta mais cedo para crianças cujos riscos de desenvolvimento sejam evidentes.

b. *A observação psicomotora interativa: uma passagem obrigatória*

A observação da criança é uma condição para que a prática de ajuda psicomotora individual seja implementada; ela ocorre assim que os pais concordam com a ajuda proposta. No preâmbulo da observação da expressividade motora, nós sublinhamos que nenhuma observação consegue ser neutra, mas que ela deve sempre tender para certa neutralidade, através da busca de objetividade sobre nós mesmos, além da utilização de uma boa metodologia.

Esses argumentos permanecem válidos quando se trata da observação psicomotora interativa, que requer uma relação empática, tanto mais que o psicomotricista interage corporal e emocionalmente com a criança ao longo dessa observação.

Uma outra criança

O psicomotricista é ator e observador ao mesmo tempo. Essa atitude pode surpreender, mas ela é justificável na medida em que sua implicação garante a descoberta de uma outra criança que nos revelará, sem subterfúgios (como ilustraremos mais adiante com a observação de Pierre), sua história afetiva de prazer e de desprazer. O observador dirige, então, sua atenção para os indícios que denotam o bloqueio, mas, sobretudo, para a abertura da criança em ser ela mesma.

> A observação interativa está condicionada à qualidade da acolhida, à segurança afetiva e às ressonâncias tônico-emocionais recíprocas empáticas que o psicomotricista viverá com a criança, para que esta deixe fluir sua angústia e descubra o prazer de agir e de se transformar.

O objetivo de uma observação interativa

Essa observação visa recolher, mediante aquilo que o psicomotricista vive, vê e compreende da expressividade motora:

• Indícios da capacidade do funcionamento psíquico arcaico:
– de asseguramento simbólico e, particularmente, de asseguramento profundo pela mediação do corpo sobre uma base de prazer;
– de transformação tônico-emocional.

• Indícios de limitação desse funcionamento psíquico arcaico:
– de angústia e de sofrimento sobre uma base de desprazer através das perturbações da expressividade motora.

> Enfim, nós compreendemos, após as diferentes sessões de observação interativa, a capacidade da criança para manifestar uma dinâmica de mudança possível e um desejo de ser ela mesma.

As condições da observação

O dispositivo espacial, temporal e o material

O dispositivo utilizado para observação já é conhecido: é o mesmo da sala de prática psicomotora, arrumada conforme os dois lugares, ou seja, o da expressividade motora e o da expressividade gráfica e plástica, cada um com seu material específico. No entanto, o psicomotricista não deve esquecer que o material deve induzir às brincadeiras de asseguramento profundo. Assim serão utilizadas bacias com bolas para esvaziar, encher ou encaixar, uma bola grande, cordas, "o saco", uma rede, almofadas macias, raquetes de pingue-pongue, um tambor, bastões de plástico, massa de modelar, papel para recortar, tesoura e cola.

Ao longo da sessão, a criança será levada a passar para o segundo local para desenhar, modelar, construir ou escutar uma história. A sala é preparada de forma idêntica para cada observação, antes que a criança chegue.

O número de observações e sua duração

Os pais, bem como os outros parceiros, são informados da necessidade de três sessões de observação: a primeira é freqüentemente muito reveladora, sendo as outras duas mais repetitivas. No entanto, preferimos manter as três sessões de observação. A primeira é capital, pois representa o momento privilegiado do encontro entre a criança e o especialista, em um local diferente, nada parecido com a escola, nem com a casa, enfim, um local atraente e que gera, ao mesmo tempo, certo medo.

> A primeira observação é um verdadeiro exercício de estilo da prática psicomotora, pois ela é altamente significativa em função das qualidades pessoais e profissionais do psicomotricista.

O papel do psicomotricista durante a observação interativa

No início da sessão

A palavra de ordem é a "segurança afetiva" da criança, e o resto deve acontecer em função dela. Sentados um ao lado do outro, observamos a sala e dizemos:
– Eu preparei tudo isso para você: uma parede bem grande de almofadas que você poderá destruir, escadas, rampas para subir e saltar, a bola grande, tambores; aqui, nós podemos fazer barulho, fazer bagunça,

gritar, cantar, falar alto. Lá, há uma mesa onde você poderá desenhar e modelar no final da sessão. Nós ficaremos na sala até... (a hora será definida no relógio). Eu posso pedir a você para brincar de algumas brincadeiras que você já conhece. Então, o que você quer fazer? Jogar bola? Brincar com as almofadas? Subir e saltar? Eu vou com você, eu o acompanho.

Não insistimos nas regras, pois estas serão anunciadas ao longo da sessão. Apesar das precauções, vamos encontrar algumas crianças gravemente inseridas na passividade motora e com uma intensa inibição. Nesse caso, nossas propostas correm o risco de ficar no vazio. Então uma história contada poderá abrir, para essas crianças, imagens e emoções que despertem seu desejo de se mobilizar e de agir no espaço. Ou ainda a criança permanece sentada, mas o psicomotricista mostra-lhe o que ela poderia fazer: ele destrói a parede de almofadas, bate na bola, salta, rola, bate o tambor e se deita em uma almofada.

Indícios a considerar
– A facilidade ou a dificuldade em se engajar na sessão.

No local da expressividade motora

Os princípios de acolhimento e de segurança facilitam o início das atividades da criança, aceitas sem restrição de nossa parte. Ela deve sentir-se livre para agir, apoiada pelos gestos e palavras do psicomotricista, projetando livremente e sem culpa seus afetos e suas imagens. Contudo, as induções não-verbais e as propostas claramente enunciadas de asseguramento profundo serão feitas à criança, como: destruir, desequilibrar-se, saltar, rolar, envelopar-se, perseguir, agarrar, esconder-se e se identificar. Não afastamos a possibilidade de nos engajarmos em algumas brincadeiras de asseguramento profundo, a fim de solicitar emoções mais intensas.

Indícios a considerar
— a relação com o psicomotricista;
— o prazer de agir, de brincar, de se identificar;
— o asseguramento profundo e a mobilização tônico-emocional;
— a insegurança: a impulsividade motora, a inibição, o medo, as repetições negativas, a fuga para as brincadeiras de asseguramento superficial e para a linguagem.

No local da expressividade gráfica e plástica

A criança terá possibilidade de escolha entre a modelagem, o desenho ou a construção, mas será possível, durante as três sessões de observação, contar uma "história", recolhendo, assim, indícios sobre a intensidade das angústias e a capacidade de asseguramento pela mediação da linguagem.

Indícios a considerar
— a impulsividade motora ou a inibição motora com o material;
— a capacidade de simbolizar;
— o asseguramento profundo pela mediação da linguagem;
— as relações tônico-emocionais com o psicomotricista e com o material.

Ao final da sessão, perguntaremos à criança do que ela gostou na sala. Um cartão lhe será entregue para a próxima sessão e o modo pelo qual a criança nos entregará esse cartão, na sessão seguinte, será bastante significativo a respeito de seu desejo de continuar.

Indícios a considerar
— a atitude emocional da partida.

Duas sessões de observação

Trata-se da descrição das principais seqüências de duas sessões de observação vividas com uma criança de sete anos, com grande dificuldade de comportamento e de aprendizagem. Chamaremos essa criança de Pierre.

Primeira observação

Pierre se joga nas torres de almofadas e as desmonta com violência; estas são reconstruídas várias vezes e ele as destrói com a mesma pulsionalidade para, ao final, exclamar:

— Eu ganhei, eu sou o vencedor!

Pierre joga almofadas em cima de mim, pois eu não tinha resistido muito à destruição.

— Você morreu, ele me diz.

Pierre sobe numa pilha de almofadas e eu então as balanço; ele fica em pânico e começa a gritar com medo de cair.

Pierre corre para as raquetes de pingue-pongue e quer jogar comigo, dando-me ordens, com as mãos na cintura, o dedo em riste e a voz autoritária:

— Anda depressa! Você fica aí! Sou eu que mando!

Pierre corre para o quadro para escrever "eu sou o professor", sem conseguir.

Pierre esvazia a caixa cheia de tecidos e de bolas, espalha o material pela sala com violência e excitação:

— Tem de jogar fora isso tudo!

Pierre entra na caixa e grita: "socorro!". Eu o acalmo e o ajudo a sair da caixa. Ele pega um pedaço de madeira e me pede para ser o ladrão e ele, o policial. Ele me prende e me mata. A criança fica exultante e grita:

— Ele morreu, ele morreu!

No local da expressividade plástica, Pierre vai direto para a massa de modelar, pegando a bola de massa e batendo-a com toda a força na mesa. Ele a desfaz com os dentes, morde e cospe.

Segunda observação

Pierre chega à sala muito excitado:

— Eu gostei muito das almofadas, dos tapetes, de tudo!

Eu lhe pergunto:

— Você sabe por que você vem aqui comigo?

A resposta de Pierre é imediata:

— Eu estou aqui para brincar!

Pierre corre para as torres e as destrói com tal violência que acaba perdendo o controle de seu gesto, caindo no chão. Ele se levanta rapidamente, vermelho de emoção:

– Eu sou o primeiro.
Pierre me ataca com as almofadas:
– Eu vou te matar, eu vou te matar!
Eu jogo as almofadas em cima dele:
– Não está me machucando, pode continuar.
Pierre fica muito agitado, corre para todo lado, desarticuladamente, cai no chão e grita:
– Tem uma armadilha, tem buracos.
Ele fica imóvel, com os braços em cruz, e eu me aproximo lentamente, tocando no ombro. Pierre então se levanta de maneira brusca:
– Não, eu não quero!
Pierre alinha as almofadas:
– Deve medir dez metros, ser bem comprido!
Ele sobe nas almofadas e diz:
– É um caminho para ir ver os dinossauros!
Pierre brinca de tigre, fica de quatro com a boca bem aberta, imitando muito bem o jeito do tigre:
– Eu sou grande, o avô!, acrescenta ele.
Pierre se instala em um colchão e pega um ursinho de pelúcia. Ele se encolhe todo, com os braços cruzados, apertando o ursinho contra o peito:
– Eu estou dormindo, faz frio, está nevando. O ursinho está procurando seus pais na floresta.
Eu coloco um pano sobre Pierre, ele relaxa e aceita ser tocado no rosto, emitindo gritos de bebê. Depois, ele sai rapidamente do pano, engatinhando com o ursinho na boca, balança a cabeça como um felino quando este está segurando o filhote na boca.
Pierre é levado para o local da expressividade plástica, ele alinha as peças de madeira idênticas:
– É uma estrada!

O que considerar da primeira sessão:
– a espontaneidade da descarga pulsional destrutiva da criança, projetada sobre o material e sobre mim, ao querer eliminar-me;
– a expressão de sua onipotência repetida;
– a agitação motora, a violência, a excitação;

– a dominação sádica ao dar ordens;
– a angústia da queda, o medo de cair, de ser enclausurado e depois de ser salvo chamando por socorro;
– ter um parceiro de brincadeira: brincar de polícia e ladrão, jogar pingue-pongue;
– a pulsionalidade devoradora oral.

O que considerar da segunda sessão:
– o prazer de brincar, de viver seus fantasmas de ação;
– a pulsionalidade destruidora projetada sobre o material; o excesso da descarga desestabiliza a criança, mas ela permanece onipotente;
– a pulsionalidade destrutiva projetada sobre mim; mas quando atacada, permanece insensível, indestrutível e onipotente;
– a angústia de ser pega, destruída; a armadilha de cair nos buracos; entretanto, eu não posso tocá-la, pois sou visto como um perigo;
– o agressor menos perigoso (no caminho dos dinossauros) abre uma via para a identificação fálica;
– a identificação projetiva com o tigre, identificação com a potência, com a imagem fálica projetiva que eu represento;
– a identificação com o bebê protegido, envelopado e agarrado à boca, com a angústia de ser abandonado;
– o prazer de viver uma continuidade que o assegura, na "estrada" da mudança.

A segunda sessão ilustra a mudança da criança:
– da destruição violenta à busca de proteção; o afastamento do agressor;
– da onipotência sádica à regressão oral;
– a criança pode expressar suas angústias, seus fantasmas, seus desejos e seu prazer; ela é capaz de viver o asseguramento profundo e a transformação tônico-emocional.

Hipóteses:

Alguns indícios serão suficientes para adiantar hipóteses psicológicas nascidas da expressão dos fantasmas e do prazer, da angústia e do desprazer?

A prudência é necessária, pois qualquer hipótese só pode ser construída progressivamente e deve ser confirmada por outros fatos e outros indícios. Entretanto, consideramos que a qualidade da relação que permite a emergência da história afetiva da criança nos dá convenientemente a medida da ajuda futura.

O que diz Pierre:

| Eu "quero" me afastar de você: | – eu desejo destruí-lo, sadicamente, para poder existir e me construir (eu desejo ter poder sobre você, ser onipotente e viver minha potência e meu prazer); |

e também:

| Eu "quero" me aproximar de você: | – mas eu vivo a angústia sozinho e abandonado;
 – eu desejo que você me proteja para eu seguir a minha "estrada". |

Essas duas observações nos remetem aos seguintes registros:
– do ódio e do amor;
– do desprazer e do prazer;
– da morte e da vida;
– do desejo de viver.

Ao fim de cada sessão, um cartão é entregue à criança para o próximo encontro. Na última sessão, nós prevenimos a criança de que vamos procurar os pais para contar o que ela fez durante as três sessões, informando-a daquilo que diremos aos pais sobre ela. Dizemos, então, que voltaremos a nos encontrar brevemente para continuar o que havíamos começado juntos.

O papel do psicomotricista após as sessões de observação interativa

Após cada observação, o psicomotricista transcreve os indícios que lhe chamaram a atenção durante a sessão. Depois de três sessões, ele elabora por escrito uma síntese, que será entregue aos pais, durante um encontro, e será lida por eles, tranqüilamente, sem a presença do psicomotricista.

A síntese escrita

Em primeiro lugar, é necessário definir que se trata de uma observação realizada em condições particulares de espaço, de material e de relação, visando captar o sofrimento da criança, mas, sobretudo, sua capacidade de desenvolver suas potencialidades e de se transformar, para diminuir seu mal-estar.

Nós nos propomos a evidenciar:

- As relações e sua evolução:
– com o psicomotricista, com o espaço, com os objetos e com o tempo de duração da sessão, assim como as relações que a criança estabelece com seu corpo e, principalmente, com os apoios, o eixo e o equilíbrio.

- As manifestações da angústia e sua evolução:
– a agitação motora, a impulsividade, a passividade motora, a inibição, os medos, o pânico, as repetições negativas, a fixidez

tônico-emocional, a recusa da lei e a fuga para um abuso de linguagem, como defesa psíquica.

- A capacidade de asseguramento:
– para brincar, simbolizar, representar-se, identificar-se, comunicar e falar;
– para viver o asseguramento profundo e a transformação tônico-emocional.

Para concluir, destacamos a evolução da capacidade de mudança e o desejo de crescer ao longo das três sessões de observação.

Precauções a serem tomadas

A redação dessa síntese será feita com muito cuidado, em função do que os pais possam emocionalmente entender, pois as palavras utilizadas terão uma grande importância para eles, o que não quer dizer que se deva amenizar aquilo que a observação tiver mostrado. A leitura dessa síntese é como um espelho das relações que eles têm com os filhos e deve incitá-los a se questionarem sobre si mesmos e a questionar o psicomotricista ou o especialista. Mas, nesse ponto, recomendamos o máximo de cautela possível.

A troca que se estabelece com os pais pode ser muito carregada de emoção, pois estes podem ficar bastante desestabilizados em suas certezas e expectativas; mas ela também serve para tranqüilizá-los quanto à compreensão que já temos de seu filho e à atenção que lhe estamos dedicando.

A redação da síntese é a ocasião para o psicomotricista refletir sobre sua atitude empática no momento das três sessões. Essa reflexão nos parece muito útil para a continuação da ajuda. Às vezes, os pais nos informam que seu filho já se modificou em casa e nós aproveitamos para pedir mais detalhes dessa mudança.

Esta deve, porém, ser relativizada, mas não deixa de ser um bom presságio para o prosseguimento da ajuda.

O interesse da observação psicomotora interativa

• O interesse dos pais por essa observação mostrou-se sempre de grande importância, pois é a prova de que seu filho pode ser ajudado e isso lhes traz certo alento.

• O interesse para a equipe é trazer informações psicológicas únicas sobre a criança, que complementam ou enriquecem as investigações de outros especialistas. Essas contribuições vão permitir trocas bastante intensas e muito úteis para uma compreensão mais profunda da criança com dificuldade.

O encontro com a equipe é a ocasião para o psicomotricista esclarecer sua própria dinâmica profissional de ajuda, bem como, em alguns casos, de relembrar as exigências do contexto terapêutico, sem as quais a ajuda corre o risco de ficar comprometida.

• O interesse dessas primeiras sessões para a criança é compreender emocionalmente aquilo que ela vai viver com o psicomotricista e que esse é um processo concebido para ela, com a colaboração da família.

A partir daí, a ajuda psicomotora poderá ser implementada.

c. *As condições da ajuda psicomotora individual*

Já examinamos anteriormente algumas condições de ajuda em grupo e, em particular, a análise da demanda de ajuda por parte dos pais, assim como a confiança indispensável que se deve estabelecer entre todos os parceiros. Essas condições permanecem plenamente válidas e serão retomadas, mas gostaríamos, contudo, de insistir em alguns aspectos.

A análise da demanda de ajuda realizada pelos pais

No âmbito da ajuda individual, essa análise é fundamental e condiciona quase toda a implementação da ajuda.

Os distúrbios de comportamento da criança criam uma situação inaceitável para os pais, que vivem seu próprio fracasso narcísico de não poderem manipular a criança em função de seus desejos. Então, eles vivem o sofrimento ligado a sua própria onipotência e a culpa por terem sentimentos negativos com relação ao filho. Neste caso, a criança se torna o sintoma do sofrimento dos pais.

É preciso, então, esclarecer o sentido dos conteúdos escondidos dessa demanda. Aceitar uma demanda de ajuda significa, em primeiro lugar, decifrá-la e, para isso, é preciso dispor de certo tempo. Aceitar uma demanda de ajuda depressa demais, e sem examiná-la bem, pode levar-nos a um caminho perigoso, semeado de armadilhas, que correm o risco de dificultar ou até impedir o processo de transformação da criança.

A ajuda psicomotora individual tem necessidade de um contexto inequívoco para que a confiança seja compartilhada e para que sejam mantidas as condições para o bem-estar da criança.

Constatamos, quando se trata de uma demanda de ajuda para uma criança que, em sua grande maioria, esta se dirige aos meninos. A análise dos fatores socioculturais e dos fatores de maturação psicológica, que são mais precoces na menina, é necessária para se compreender a exigência manifesta pelos pais na direção dos meninos e suas pressões sobre o psicomotricista.

Os engajamentos recíprocos

"Nós trabalhamos com a criança no quintal da casa dos pais; se eles fecham o portão, nós não podemos nem entrar, nem trabalhar para ajudar a criança." Bela metáfora de um amigo psicólogo italiano que ilustra bem a importância de estabelecer a confiança com os pais e os demais parceiros da ajuda, sem a qual não podemos entrar no quintal da casa!

Nós já mencionamos o fato de que a confiança se constrói, por um lado, graças a uma atitude respeitosa e a uma escuta emocional das pessoas; e, por outro lado, definindo o estado de espírito da ajuda, explicando a prática com palavras simples. A confiança assim criada facilita os engajamentos recíprocos para que um acordo verbal claro se estabeleça entre todos.

Um acordo claro com a criança

É desejável que o psicomotricista, a sós com a criança, exponha-lhe tranqüilamente as razões da ajuda que lhe está sendo proposta: ela está ali para ser ajudada a superar suas dificuldades e, sobretudo, para diminuir o mal-estar que ela vive na família, na instituição escolar e na vida.

Nós avisamos à criança que três sessões (as sessões de observação) estão marcadas para que ela compreenda melhor o que será essa ajuda que estamos propondo. Um acordo com a criança só poderá efetivamente estabelecer-se após as três sessões de observação.

Um acordo claro com os pais

• As etapas para a implementação progressiva da ajuda pela equipe ou pelo psicomotricista continuam perfeitamente válidas. Apesar da pressão dos pais, a precipitação não deve ocorrer.

Tempo necessário utilizado:

– para o (ou os) encontro(s) com os pais, na presença da criança e, depois, sem a presença dela;
– para os encontros com os demais parceiros (professor, educador especializado, psicólogo);
– para a observação interativa e para a reunião de síntese que se seguirá;
– para o novo encontro com os pais, após a observação;

É um tempo indispensável para a reflexão e a comunicação entre todos, para que assumam plenamente a ajuda.

- A duração da ajuda:

Nós fizemos a escolha, para a ajuda psicomotora individual, *de uma duração máxima de três anos* com o mesmo psicomotricista. Os pais são avisados desde o início que a ajuda a seu filho terá um término (três anos não é um tempo aleatório, pois se trata de uma duração bastante simbólica, que corresponde ao desenvolvimento da identidade e à abertura ao processo de identificação).

Apesar dessa duração máxima anunciada, a ajuda será renovada a cada ano, depois que uma avaliação de evolução da criança tiver sido realizada; evidentemente que a ajuda também poderá terminar antes do terceiro ano, se ela não for mais necessária.

A ajuda anunciada é um continente para todos: o psicomotricista situa seus próprios limites para os pais, evitando que sejam projetados sobre ele fantasmas de onipotência mágica. O limite temporal definido tem como objetivo regular as expectativas por demais excessivas por parte dos pais. A duração anunciada mantém o prazer e o desejo de ajuda do psicomotricista, ao passo que a ausência desse limite acaba diluindo os recursos empenhados. Pensamos no caso da ajuda levada a crianças portadoras de graves deficiências, na qual, caso esse tempo não seja respeitado, há sérios riscos de nos esgotarmos psíquica e fisicamente.

Quando o final da ajuda é conhecido por todos, torna-se mais fácil para o psicomotricista preparar a separação afetiva da criança. O luto se realiza melhor quando é previsto, evocado com segurança e sem ambigüidades. Ao final do terceiro ano, será decidido, em consonância com os pais e a criança:

– seja prever um outro tipo de ajuda;
– seja parar e esperar a mudança duradoura da criança;

– seja assegurar um acompanhamento da criança e dos pais, ao mesmo tempo.

- A freqüência da sessões:

Ela deve ser determinada para um ano, em função do grau de imaturidade psíquica: a média é de duas sessões por semana. A duração da sessão varia de 40 a 50 minutos, em função da idade da criança. Os pais devem compreender bem que a regularidade das sessões e o respeito aos horários são condições essenciais para a segurança e para a transformação da criança. É necessário deixar bem claro para os pais que eles nunca devem perguntar à criança sobre o que ela fez durante a sessão, mas podem, todavia, escutar com atenção aquilo que ela disser espontaneamente.

- As observações externas:

Acontece de observadores externos assistirem às sessões de ajuda. É imperativo que os pais estejam cientes e que tenham dado sua autorização quando gravações audiovisuais forem realizadas durante as sessões. Este é um meio de controlar a evolução da criança e de aperfeiçoamento profissional para o psicomotricista.

- Os encontros periódicos:

Os encontros periódicos com os pais são planejados; adotamos a fórmula do encontro trimestral, mas não descartamos a possibilidade de um encontro extraordinário, caso haja uma solicitação dos pais ou do psicomotricista. O objetivo desses encontros é o de falar sobre a evolução da criança ao longo das sessões e de receber informações sobre suas mudanças no seio familiar.

Um acordo claro com os demais parceiros

É sempre interessante conhecer o ponto de vista dos outros parceiros sobre as dificuldades da criança para melhor compreendê-la e também entender suas expectativas em relação a essas dificuldades no contexto institucional (professor, educador especializado, psicólogo). Estes já tinham sido informados a respeito do estado de espírito da ajuda psicomotora e sobre a prática, sendo, então, capazes de situar os limites de nossa intervenção. Estão previstos encontros com os diferentes parceiros, a fim de recolher suas observações durante o decorrer da ajuda.

2. A prática de ajuda psicomotora individual

a. Lembretes

Antes de estudarmos a prática propriamente dita, seu âmbito e seus princípios, parece-nos oportuno reunir algumas das idéias que já desenvolvemos anteriormente e que servem de base para a ajuda psicomotora às crianças com grandes dificuldades.

- A evolução da criança é considerada em um conjunto de relações afetivas, já que ela não é um ser isolado. A ajuda à criança só pode ser concebida em um contexto que contemple essas relações indispensáveis para a segurança de todos.

- A ajuda à criança é inseparável de um dispositivo espacial e temporal que facilita o desenvolvimento da função simbólica dos processos de asseguramento e de descentração.

- A ajuda à criança só pode ser concebida na busca de uma dinâmica de prazer dos processos de asseguramento simbólico contra a angústia: prazer de asseguramento profundo que cria a mobilização tônico-emocional, fator essencial para a evolução psicológica da criança.

- O psicomotricista é um catalisador de uma dinâmica de expressão, de comunicação e de ação, apoiada em uma relação tônico-emocional empática com a criança.

b. As condições do desenvolvimento dos princípios da ajuda

"O acompanhamento tônico-emocional estruturante" do psicomotricista

Só poderá haver um estudo da prática de ajuda psicomotora se, antes de qualquer outra coisa, ficar bem definida a atitude relacional do psicomotricista, pois esta é a chave da evolução da criança que está sofrendo. Porém, os conceitos de "aptidão de acolhimento empático" e de "ressonância tônico-emocional recíproca empática" são fundadores do conceito de "acompanhamento".

Nós entendemos que a atitude do psicomotricista só pode ser exercida em um ambiente construído para a segurança de todos.

- "Eu acompanho você ao médico":
  – para ficar menos apreensivo e com menos medo do diagnóstico;
  – para ajudá-lo a compreender melhor o que o médico lhe disser sobre sua doença;
  – para que você sofra menos a solidão de doente;
  – para lhe dizer o que eu penso a respeito de sua doença, tendo em vista que eu desejo sua cura;
  – para ajudar você a encontrar as soluções de melhora nas quais você talvez não tenha nem pensado.

Estou aqui para você, para envolvê-lo com minha segurança afetiva, porque estou próximo de você, porque eu cuido de você; mas não estou aqui para dividir sua doença com você; permaneço eu mesmo para melhor poder ampará-lo, para conter seu sofrimento e seus excessos emocionais.

- A mobilização tônico-afetiva:

As ressonâncias tônico-emocionais empáticas mobilizam simultaneamente as estruturas tônico-afetivas da criança e as do psicomotricista. A mobilização vivida em bases seguras favorece a emergência da história de sofrimento da criança: a história de ser a vítima de um agressor, interpretada a partir do prazer de destruir o psicomotricista, contém a violência dos conteúdos inconscientes, que se tornam continentes capazes de atenuar a ferida profunda da criança. Trata-se de uma abertura que fecha a "ferida" e abre, ao mesmo tempo, o caminho para uma dinâmica de mudança, curando a ferida. Ela libera os desejos e os fantasmas de ação originários e os prazeres pulsionais como devorar, agarrar, ser protegido e se transformar.

Essa evolução supõe que o especialista da prática psicomotora funcione em um nível psíquico arcaico que condiciona sua disponibilidade corporal e seu ajuste tônico-emocional, necessários para o acompanhamento de uma nova dinâmica da criança.

- O espelho simbólico:

Durante o acompanhamento tônico-emocional da nova história da criança, os afetos funcionam entre um e outro, e o psicomotricista torna-se, então, um espelho simbólico para a criança. Mas trata-se de um espelho particular, sem comparação com a imagem especular que aliena ou rejeita, pois o psicomotricista é um espelho tônico-emocional flutuante e tranquilizador. Entretanto, o psicomotricista, pela segurança e estabilidade dos referenciais que oferece e que representa, é um espelho no qual estão em jogo os vaivéns da realidade e da imagem, ou seja, o jogo entre o que é e o que foi, entre o corpo afetado de ontem e corpo emocional de hoje. Neste sentido, o psicomotricista é um espelho simbólico fluido e não culpabilizante.

O psicomotricista não se deixará encerrar em uma imagem monolítica, porque oferece uma imagem tônico-emocional diferente no tempo; oferecer uma imagem invariante à criança a manteria na ausência de uma dinâmica evolutiva. Ele deve evitar fixar-se em um papel, já que é um espelho estruturante para a criança.

- O acesso ao sentido:

O psicomotricista deve ter a sensibilidade para captar o sentido da expressividade motora. Tudo aquilo que ele sente da relação tônico-emocional empática com a criança é significativo de um sentido imediato de sua história, o sentido de uma história de amor e/ou de ódio, de prazer e/ou desprazer. Consideramos que o acesso ao sentido é "esse terceiro" que o psicomotricista introduz na relação empática com a criança. O sentido não é um freio, nem um limite para a relação, mas sim um "a mais" do qual o psicomotricista não pode abrir mão, pois ele influencia a *fluidez das "reformulações corporais"* da expressividade motora da criança.

No entanto, devemos desconfiar:

– por um lado, de um sentido evidente demais que poderia nos cegar e nos ocultar tudo aquilo que a criança nos traria posteriormente;

– e, por outro lado, devemos estar conscientes de que um discurso teórico sobre a criança, por mais pertinente que seja, pode limitar a sensibilidade emocional e a comunicação.

Estamos referindo-nos a dois níveis de compreensão, que precisamos saber harmonizar para o bem-estar e a evolução da criança.

O dispositivo

O dispositivo espacial e temporal não é modificado, isto é, os locais da expressividade motora e da expressividade gráfica e plástica são preparados antes que a criança entre na sala. O material é arrumado em caixas. Entretanto, a bola grande, as cordas, a rede, o tambor, as bacias e os bichinhos de pelúcia estão bem mais visíveis.

O dispositivo temporal não muda e a criança será levada a desenhar, construir, modelar ou elaborar "uma história" com a ajuda do psicomotricista.

c. Os princípios da prática de ajuda psicomotora individual

O ritual de entrada

Durante as sessões de observação, a criança faz a descoberta da prática, mas é preciso que, desde a primeira sessão, as regras futuras sejam bem definidas: tudo acontece como no "faz-de-conta", que não vamos aceitar que a criança se machuque ou que machuque alguém, e que a sessão está dividida em dois momentos, com atividades diferentes. Faremos com que a criança compreenda que o psicomotricista é um especialista que vai ajudá-la a superar suas dificuldades e seu sofrimento, e que, por isso, temos algumas exigências que são necessárias para que tudo corra bem. Nós explicaremos que, ao final de cada sessão, um cartão, na qual colocaremos o nome, o sobrenome e a data, além da nossa assinatura, será entregue a ela para a próxima sessão. Esse cartão é interessante pelo que ele representa para a criança e por aquilo que ela fará com ele, pois é um símbolo da relação afetiva estabelecida com o psicomotricista e, ao mesmo tempo, um código de continuidade das sessões, logo, uma segurança para a criança. Ele se torna rapidamente um espaço transicional e nós ficaremos atentos para a apresentação desse cartão a cada sessão e para a maneira pela qual a criança nos vai entregá-lo. Alguns cartões vêm decorados com flores e corações; outros têm as bordas mordidas ou rasgadas. Caso aconteça da criança esquecer o cartão ou não o trazer mais, seria útil saber o que aconteceu.

Durante os rituais de entrada, o psicomotricista poderá remeter a criança aos momentos fortes que ela viveu na sessão anterior, assim como à mudança de suas relações tônico-emocionais e suas novas competências simbólicas. O psicomotricista poderá, também, dar a palavra à criança para que ela evoque os momentos agradáveis ou difíceis, vividos desde a primeira sessão.

Muitas vezes, as crianças gostam de trazer seu bichinho de pelúcia ou algum outro brinquedo de casa. Esse objeto é, com certeza, muito carregado de afeto e serve de transição entre a sala e a casa, já que está vinculado ao espaço familiar e, geralmente, à mãe. O objeto, que nós entendemos ser tranqüilizador para a criança, normalmente, é abandonado depois, embora seja colocado pelo psicomotricista em um lugar seguro, logo que a criança descubra o prazer de se mobilizar no espaço e de brincar.

Às vezes, crianças pequenas não querem entrar na sala se não estiverem acompanhadas da mãe ou do pai. A negociação é, muitas vezes, difícil, pois compreendemos logo que a angústia da separação da criança é também a de seus pais. No entanto, é possível nos dirigirmos diretamente à criança e dizer-lhe:

– Eu construí uma coisa para você na sala. Você quer ver? É um castelo fortificado e tem uma surpresa para você lá dentro. (No interior, colocamos uma espada brilhante para o menino ou uma boneca muito bem vestida para a menina).

Mas quando a criança não quer, de maneira nenhuma, entrar sem a presença da mãe, esta ficará sentada à sala, sabendo entretanto que, assim que a criança se sentir melhor e em segurança, ela poderá sair.

Os princípios práticos do asseguramento profundo pela mediação corporal

O psicomotricista brinca de asseguramento imediato

Acolher e acompanhar a expressividade motora sofrida da criança, da mais excessiva à mais inibida, já é uma garantia de segurança afetiva e de evolução potencial. Esse asseguramento é induzido pelo psicomotricista através de uma representação corporal da expressividade motora:

– a criança corre por toda a sala e o psicomotricista corre como ela;
– um destrói com violência as torres de almofadas, o outro destrói como ele;
– um joga as bolinhas em todas as direções, o outro joga como ele;
– um se deixa cair no chão e solta a cabeça, o outro faz como ele;
– um engatinha, rolando no chão, o outro se desloca como ele;
– um permanece imóvel e mudo, o outro faz a mesma coisa, mas fala com a criança e lhe mostra o que ela poderia fazer: destruir, lançar, saltar, rolar e se esconder.

A reprodução em espelho da expressividade motora significa para a criança que ela está sendo acolhida tal como é, em sua maneira própria de ser. Essa representação da realidade da criança é uma simbologia viva que tem como objetivo sua segurança, pois o psicomotricista leva em conta a dor dessa criança. Quando ele brinca, ele está representando, tanto ao intensificar uma característica repetitiva da expressividade motora, como o ritmo, a velocidade dos deslocamentos, a amplitude dos gestos e a voz, tanto quando acrescenta palavras tranqüilizadoras. Essa proposta paradoxal tem o efeito de criar uma surpresa emocional na criança, que mobilizará sua estrutura tônico-afetiva e, além disso, ela tem também como efeito o de provocar uma mudança interior.

A respeito do simbolismo vivo que oferecemos à criança, com um tônus diferente do dela, parece-nos interessante propor o conceito de *reformulação corporal*, por parte do psicomotricista.

A destruição do agressor

A estratégia do desvio de retorno pelo prazer do asseguramento profundo é essencial na prática de ajuda individual, mas esse desvio adquire um valor excepcional quando se trata do renascimento da criança a partir da brincadeira da morte do agressor. Esta é uma cena capital, muito carregada de emoção, durante a qual o psicomotricista assume o papel do agressor destruído pela criança, que vive, pela brincadeira, a metáfora de seu drama.

O psicomotricista induz a destruição do agressor

- Brincando de resistir:

Num contexto de segurança, mantido pelo acolhimento da expressividade motora e pelos processos de asseguramento imediato, o psicomotricista introduz provocações, finge oposições a serem assumidas, mas que nunca colocam a criança em dificuldade.

O psicomotricista:

– provoca a destruição das pirâmides de almofadas antes que a criança o faça;

– pega a bola que está rolando quando a criança está correndo para pegá-la;

– persegue a criança fingindo pegá-la;

– opõe-se à destruição da torre de almofadas.

Todas essas brincadeiras de resistência controlada liberam o desejo da criança de agir sobre o psicomotricista.

- Brincando com a vulnerabilidade:

O psicomotricista demonstra que é vulnerável diante da "força" da criança e que pode ser destruído por ela. Quanta alegria quando a criança triunfa sobre o psicomotricista!

Este:
– cai no chão, atingido por um projétil;
– estremece em cima do colchão e cai de joelhos;
– cai na armadilha e fica imobilizado;
– cai num buraco e chama por socorro.

A criança brinca de destruir o agressor

Durante essa brincadeira, a maleabilidade corporal do psicomotricista para se transformar, segundo os desejos sádicos da criança, é indispensável, pois, sem isso, nada poderá desenvolver-se em seguida:
– aprisionado, acorrentado, jogado na cela;
– ferido, morto em combate;
– soterrado sob as ruínas de um bombardeio;
– tragado por areias movediças;
– lançado ao fogo ou na lama de um rio caudaloso;
– sufocado sob os escombros de um terremoto;
– devorado por animais ferozes;
– perseguido por um zumbi até o túmulo;
– asfixiado por excrementos.

Damos a possibilidade à criança de projetar "sua crueldade" e de liberar seus conteúdos de sofrimento, nascidos dos engramas de inibação e dos afetos de desprazer, num espaço simbólico vivo. Esses conteúdos podem, então, aparecer na representação e ser verbalizados com uma intensa carga emocional.

– Eu te mato, te furo os olhos.
– Eu vou abrir sua barriga e te encher de óleo fervente.

A estrutura tônico-afetiva é diretamente mobilizada. A morte do agressor deve sempre permanecer como uma brincadeira que requer um respeito absoluto do registro simbólico. Se, por ventura, a criança não respeitar a brincadeira, devemos encerrá-la, porém sem culpabilizar a criança: "nós estamos brincando e você está me machucando".

Nessa brincadeira, o psicomotricista utiliza todos os recursos criativos para demonstrar que ele brinca com a morte do agressor, mas que continua bem vivo, por uma palavra, um movimento, um suspiro, um grito, pois algumas crianças podem confundir a realidade com o simbólico e, neste caso, a angústia poderia voltar com muita força. Se, entretanto, a cena da destruição perdura, repetindo-se sem evolução, o psicomotricista poderá dar responsabilidade à criança, perguntando-lhe se ela não tem boas ações ou boas palavras para ajudá-lo a "voltar a viver".

A criança libera sua agressão de amor

Quando o agressor é destruído, a criança exprime seus fantasmas de ação originários. Ela brinca de devoração, fingindo comer e incorporar o psicomotricista. Mas a culpa da agressão de amor simbólica induz a criança ao desejo de fazer renascer o psicomotricista. Ela o protege, o envelopa e, assim, a criança também renasce para a vida, através de uma dinâmica de asseguramento profundo: com o polegar ou os objetos na boca, de costas, a criança move os braços e as pernas como um bebê que pede a mamadeira, arrasta-se no chão, engatinha, esconde-se para ser encontrada, finge que cai, rola, balança-se, salta e sobe. Ela faz como se fosse um patinho, um ursinho ou um leãozinho, ou seja, a criança vive, na brincadeira, a saída de seu drama.

A criança pode identificar-se ao agressor

Ela brinca de lobo, crocodilo, tubarão, monstro, feiticeira, fantasma, ataca o psicomotricista, apropria-se do poder do agressor, domina e dá ordens. A criança muda de papel, vivendo o amor e o ódio sem riscos, é uma outra criança e pode vivenciar, pela brincadeira, o asseguramento profundo.

A criança brinca de morrer para ser salva

– Ela cai na água, afoga-se, grita por socorro; o psicomotricista a salva; nos braços dele, ela é carregada, envolvida e aquecida como um bebê.

– Ela é ferida num acidente, transportada de ambulância para um hospital e cuidada; aceita receber contatos, manipulações e massagens que assumem um valor simbólico.

A criança brinca de ressuscitar da morte para uma identidade encontrada ou reencontrada, o que facilita as identificações autênticas: o menino com personagens masculinos, a menina com personagens femininos. Simultaneamente, a criança nos fala de seus pais, de seus irmãos, dos colegas da escola e de suas atividades externas; em suma, ela está aberta para os outros e para a vida. O prazer de brincar de "morte" desdramatiza o sofrimento da criança, abrindo-a para o prazer da ação e para a vida, podendo dar e receber continuamente.

Considerações a partir da destruição do agressor

A transformação tônico-emocional

O psicomotricista acompanha as diferentes etapas do "renascimento" (brincadeiras de resistência, vulnerabilidade, destruição do agressor, morrer para renascer), que provocam transformações tônico-emocionais na criança, alterando totalmente suas relações com o psicomotricista. O prazer de haver duas pessoas envolvidas em uma aventura de vida torna-se evidente. A comunicação é autêntica; a criança pode dar e receber, aceitando as frustrações. Ela se torna um ser de ação e de criação, expressando suas emoções, às quais daremos ênfase com nossas palavras.

As brincadeiras de asseguramento profundo são vividas adequadamente e as de asseguramento superficial passam a não mais serem falsos asseguramentos, nos quais se acumulam as angústias, mas sim brincadeiras abertas ao imaginário livre e à criação permanente, em colaboração com o psicomotricista. Os desenhos, as construções e a história, com base na sensibilidade emocional, na novidade e na espontaneidade, enriquecem-se, fazendo com que a criança se torne consciente de sua vida emocional, assim como da dos outros.

Podemos constatar a evolução da criança através da evolução de suas criações simbólicas, que se referem a diferentes fantasmas de ação: o prazer sensório-motor, o prazer de construir, destruir, transformar, o prazer de observar, identificar-se, aprender, compartilhar e construir sua autonomia, pela relação harmoniosa com os outros. Podemos observar também a evolução da criança através da expressividade motora, liberada de sua carga de angústia e aberta ao prazer das relações fluidas com o mundo.

Fazer emergir as representações

A dificuldade da criança que apresenta uma agitação motora ou da criança passiva é a de vincular a angústia às representações, pois elas são inseparáveis do tônus e da motricidade. Contudo, o itinerário do "renascimento", vivido pela brincadeira da simbolização, coloca a criança em disponibilidade para se apropriar das representações mentais. Essas representações são salvas da confusão pelo psicomotricista, pois são as de um agressor que não tinha um nome e que, agora, está identificado. Elas são expressas através do corpo, do desenho e da linguagem. As conseqüências da evolução são importantes:

– a aquisição de novos conteúdos psíquicos;
– a impulsividade motora, a instabilidade e a passividade se atenuam em benefício do prazer de agir e se transformar;
– a agressividade destrutiva se dilui em uma simbolização aceitável, ajustada à realidade.

A ajuda psicomotora individual tem como objetivo ajudar a criança a liberar os conteúdos psíquicos da motricidade, permitindo o acesso ao processo de asseguramento simbólico.

Ampliando o conceito de "ser vítima"

Entendemos que as crianças com dificuldade, até mesmo as com dificuldade grave, cuja origem é biológica, genética ou neurológica, têm todas um fundo comum, o de ser, por um lado, *vítima de um agressor* que as persegue, limitando seu desenvolvimento somático e psíquico, e, por outro, o de *desejar destruir esse agressor* (que pode ser inclusive uma doença).

Todas as crianças buscam pseudo-asseguramentos de sobrevivência diante da perseguição dramática, umas, pela fuga na agitação motora (ou na passividade), outras, pela fuga na linguagem (ou sua ausência). Uma linguagem incontida e carregada de imagens de violência destruidora que não as deixa respirar. Asfixiadas pelas palavras, essas crianças esperam o silêncio pleno do psicomotricista, pleno de compreensão necessária à descoberta de uma comunicação, na qual as palavras se enraízam no prazer das interações, mediante situações de asseguramento profundo. A linguagem dessas crianças nos faz mergulhar na morte: os zumbis, as múmias e os esqueletos que as obcecam. Trata-se de um pedido de socorro que requer um desvio pela origem da segurança afetiva, ou seja, que requer que elas sejam tocadas, manipuladas, embaladas e envelopadas, pois isto é o que desejam para voltarem à vida.

Criar o "inesperado"

O psicomotricista não se deixa encerrar em um papel que a criança lhe determina ou ao que ele próprio induziu; ele não deve ser sempre o "objeto mau" a ser destruído, nem o "objeto bom" a ser amado. Ele, como uma pessoa empática, é capaz de assumir papéis muito diferentes; ele pode interpretar papéis que provocam uma ruptura na história repetitiva da criança. A ruptura criada por uma novidade não-verbal ou verbal deve provocar surpresa, *um espanto emocional* que mobiliza intensamente a estrutura tônico afetiva, bem como o imobilismo psíquico e emocional:

– a criança pode ser atacada pelo monstro ou pelo crocodilo, amedrontada pela bruxa ou fantasma, papéis desempenhados pelo psicomotricista, que pode interromper a brincadeira e assumir o papel do personagem que protege e salva a criança do perigo;
– a criança pode ser tratada após o acidente, salva do afogamento, protegida contra os animais ferozes, papéis desempenhados pelo psicomotricista, que pode interromper a brincadeira e assumir o papel do personagem que maltrata e abandona.

Mas a ruptura provocada pela mudança inesperada de papel requer algumas condições para que a criança possa assumi-la com segurança. A ruptura deve ser ajustada a suas menores transformações corporais e tônico-emocionais, que revelam ao psicomotricista o desejo de asseguramento profundo da criança. Este deve captar os indícios furtivos que anunciam a possibilidade de criar uma ruptura, como, por exemplo, uma desaceleração, uma imobilização brusca, um objeto levado à boca, uma postura no chão, uma outra voz, um outro olhar, um gesto de recusa ou de provocação. É a partir desses indícios, carregados de sentido, que existem toda vez que dois protagonistas vivem ressonâncias tônico-emocionais recíprocas, que o psicomotricista fica advertido que pode criar uma diferença para surpreender a criança, pois esta estará, então, preparada para receber o inesperado. Compreendemos que o psicomotricista possa manter deliberadamente algumas situações repetitivas para propor melhor uma ruptura, pois é a partir da ruptura de um acordo que nasce a descarga emocional.

Uma outra condição é a espontaneidade da ruptura e a intensidade provocada:

– pelas mudanças tônicas, rítmicas, gestuais ou posturais;
– pelos distanciamentos e aproximações;
– pelas desacelerações ou acelerações no deslocamento;
– pela introdução de um novo papel ou o abandono do anterior, como mostramos anteriormente;
– pela frustração claramente anunciada de um objeto, de um espaço ou de uma duração.

A novidade simbólica que provoca a ruptura é uma "reformulação corporal" que parece contraditória em relação à repetição, mas que, na verdade, responde ao desejo inconsciente da criança. A ajuda se desenvolve, então, em um contexto de fluidez entre o emocional e o afeto, entre o presente e o passado, entre uma imagem diferente que a criança teme e deseja, ao mesmo tempo, misturando prazer e desprazer, e que a criança só pode descobrir com a ajuda do psicomotricista.

O inesperado, verbalizado ou não, interpretado pelo psicomotricista, oscila sempre entre o prazer e o desprazer, entre o amor e o ódio, entre a vida e a morte. É a partir dessa diferença mobilizadora criada pela ruptura que a criança estrutura seu psiquismo e suas emoções. A evolução da repetição coloca em evidência o problema básico da alteração da criança, problema que já evocamos quando tratamos do asseguramento profundo. *A ajuda psicomotora contribui para a reestruturação do campo psíquico fora do campo da consciência* e esse processo de alteração é valido para todas as crianças com dificuldade, independentemente da origem da dificuldade. A brincadeira, como a concebemos na prática de ajuda, tem uma função de ajuda terapêutica, mas isso supõe que o psicomotricista esteja tecnicamente bem preparado para a ruptura tônico-emocional.

A ancoragem precoce do asseguramento profundo

Desde o nascimento, algumas crianças, por causa de uma grave imaturidade de origem biológica e/ou afetiva, podem ser invadidas por angústias arcaicas. Quando nós as acolhemos, essas crianças apresentam necessidade de uma ajuda psicomotora individual, que requer, por parte do psicomotricista, *uma técnica de ajuste tônico-emocional indispensável para a ancoragem dos processos de asseguramento profundo*. Todo asseguramento profundo deve ser construído a partir do corpo em relação.

Neste capítulo, enunciaremos alguns princípios que aplicamos às crianças com dificuldades graves. Esses princípios estão abertos ao aprofundamento, com a condição de que a filosofia da ajuda seja respeitada.

Preparar com cuidado

Antes de iniciar a ajuda, é indispensável pensar em uma organização do espaço e na escolha do material, adaptados às competências da criança. A atenção dedicada ao espaço favorece a acolhida e a segurança da criança, pois um espaço confuso e desarrumado jamais será propício a uma ajuda adequada.

Por outro lado, a arrumação não seria suficiente se o psicomotricista não se preparasse para uma disponibilidade corporal ilimitada, com base na empatia, para acompanhar a criança na descoberta da pluralidade de sensações.

Dar segurança pelo recomeço

A tranqüilidade do deslocamento de uma criança que é carregada nos braços ou levada ao chão, ou sobre um pano, marcada pela lentidão dos passos ou a regularidade do balanço do andar, mantém um relaxamento e um acordo tônico-emocional com o psicomotricista que envelopa a criança. No contexto repetitivo, em que o prazer da criança é evidente, esta vive uma estabilidade de sensações de prazer que enriquece seu corpo, dá a ela segurança e, mais tarde, abri-la-á para a pessoa que a ajuda. Essas transformações serão eficazes somente se forem *ajustadas ao que a criança é capaz de receber*. Trata-se de uma condição essencial, necessária à evolução de uma criança imatura: *a escuta da resposta a qualquer proposta é fundamental para o ajuste tônico-emocional a essa criança.*

Criar o inesperado

À tranqüilidade dos deslocamentos ou dos contatos corporais (pressões, alongamentos, contatos lentos e regulares) que a criança recebe com prazer, é possível introduzir "o inesperado". Isto quer dizer provocar rupturas com muito cuidado (paradas, acelerações, movimentos de desequilíbrio que estimulam o labirinto, como oscilações verticais ↕, horizontais ⇌ ou circulares ↻ ↺. Essas rupturas, efetuadas no relaxamento, produzem uma alteração súbita no estado tônico e fazem com que a criança descubra uma outra fonte de prazer: o prazer da ruptura do que se reproduz.

Essa descoberta está na origem de uma demanda insistente dirigida ao psicomotricista para reproduzir a ação, insistência que a criança manifesta por um leve sobressalto de todo o corpo, que significa: "mais uma vez!", e se a resposta demora a chegar, ela reitera sua demanda com vários sobressaltos.

A criança vive um prazer renovado pelas ações exercidas sobre ela. Pode-se esperar que as transformações dessas ações sejam, então, engramadas e façam nascer desejos, fantasmas de ação que alimentam as brincadeiras de asseguramento profundo diante das angústias invasoras de um corpo despedaçado, agredido e sem unidade.

Se a criança se desloca com facilidade, será possível fazer com que ela descubra o prazer do desequilíbrio, da queda, das rotações, dos alongamentos, dos contatos com o chão, criando uma área de brincadeira, brincando, progressivamente, de perseguir, atacar, devorar, destruir, ou seja, as diversas brincadeiras de asseguramento profundo, que provam a evolução da criança, mesmo que esta ainda não possua linguagem.

Buscar sempre a comunicação

As demandas reiteradas para encontrar o prazer das ações, após as rupturas provocadas pelo psicomotricista, criam fortes ressonâncias tônico-emocionais recíprocas e uma intensa comunicação não-verbal, que favorecem a capacidade de uma gestualidade simbólica e, como desejamos, a abertura para a comunicação verbal. No caso de crianças imaturas, o psicomotricista deve ficar atento *aos mínimos sinais não-verbais, que têm o sentido de busca de uma relação afetiva e de uma comunicação*. As respostas são demonstradas, tanto pelo tônus e os gestos, quanto pelas palavras sóbrias que trazem apoio e referenciais que expressem para a criança "eu estou aqui para você", dando forma às transformações do corpo e ajudando-a a se desenvolver.

Os princípios práticos do asseguramento profundo pela mediação da linguagem

O psicomotricista ajudará a criança a colocar palavras em sua história dolorosa, revelada pela brincadeira da destruição do agressor; uma história que ela vive, que a domina e que a assusta.

Para isso, utilizamos o desenho como representação simbólica da história, que se refere à relação, ao "objeto de amor" que deve ser destruído, embora seja sempre amado. Assim, a criança encena, em seu desenho, personagens violentos, que manifestam sua crueldade sádica: robôs que cortam as mãos, decepam a cabeça, jogam para o ar, monstros que despedaçam e devoram. Contudo, esses personagens "de morte" podem também alternar com outros personagens que pedem ajuda, esperando ser salvos. Isso ocorre, sobretudo, quando a brincadeira de destruição do agressor identificado e do renascimento já tenha libertado a criança de sua prisão interior.

> O psicomotricista ajudará a criança a modificar sua seqüência de imagens, fixada pelas angústias de morte, convidando-a a colocar palavras e a imaginar ações que possam criar um futuro diferente. Trata-se de ajudar a criança a encontrar soluções que ela usará em seu benefício próprio, ou seja, criando metáforas que modificam seu estado psíquico e emocional.

O psicomotricista dará uma carga tônico-emocional às palavras que utiliza, e estas assumirão um relevo que fará sentido diante do passado doloroso da criança.

Outras mediações

A criança terá todas as facilidades para criar, seja com a massa de modelar, com as peças de madeira, com o cartão ou com o papel, podendo construir, conforme desejar, um castelo, uma espada, um avião, uma flor, uma boneca ou uma marionete.

Com a ajuda do psicomotricista, a criança descobrirá o prazer da criação, o prazer de pensar em ação e, progressivamente, antecipar ações e transformações antes de realizá-las. Essa criação, que pode ser desenvolvida ao longo de várias sessões, é sempre um momento excepcional de comunicação e de emoção, que proporciona uma mudança importante da criança na continuidade do pensamento, das emoções e do prazer de ser si mesma.

O ritual de final de sessão

A criança é convidada a sentar-se e nós a entregamos o cartão para a sessão seguinte, pedindo-lhe que o assine. Cumprimentamos a criança, acompanhando-a até o vestiário, sem demorar muito tempo com os pais.

Entretanto, quando estes têm alguma coisa de muito importante para nos dizer sobre a criança, é sempre delicado que isso seja evocado diante dela, tendo em vista que a carga emocional é muito forte. Será preferível, então, prever um encontro com os pais para que possam falar com tranqüilidade.

Algumas crianças levam escondidos alguns objetos da sala (uma bolinha, um bichinho de pelúcia), embora tenhamos repetido várias vezes que o material não pode sair da sala. A criança criou para si um objeto transicional, que tem a função de permanência, diminuindo sua angústia de perda da relação afetiva que vive com o psicomotricista. Em nossa opinião, devemos revelar com prudência, na sessão seguinte, o sentido do gesto de ela ter levado o objeto e pedir-lhe, em seguida, que o traga logo de volta. Depois de cada sessão, o psicomotricista tomará nota daquilo que é novo na evolução da criança para sua própria informação.

3. A avaliação da ajuda psicomotora

Cada psicomotricista deve poder avaliar a ajuda que oferece à criança; *avaliar uma dinâmica de alteração* constatada, tanto no local da ajuda, quanto no meio no qual a criança vive:

• Ao longo do desenvolvimento das sessões, a avaliação é permanente; a capacidade de empatia do psicomotricista, assim como sua formação psicológica e técnica, devem permitir-lhe avaliar as mudanças da criança:

– em viver ressonâncias tônico-emocionais;
– em simbolizar, brincar, comunicar, criar;
– em mobilizar e verbalizar emoções;
– em aceitar as frustrações e superar o pensamento mágico.

• Durante os encontros com os pais, nós lhes transmitiremos com precisão as alterações observadas, mas, antes de tudo, buscaremos escutar e compreender sua evolução emocional diante do filho. Procuraremos ajudá-los a relatar as alterações da criança com os membros e os amigos da família, bem como as mudanças de comportamento ao longo do dia. Tentaremos ainda associar suas próprias observações com as nossas.

• Quanto aos encontros com os educadores, mestres ou outros profissionais da ajuda, buscaremos, da mesma forma que fizemos com os pais, entender sua evolução emocional diante da criança, recolhendo, em seguida, suas observações sobre o comportamento e as competências específicas que são requeridas à criança no âmbito educacional.

4. A supervisão da prática

A supervisão da prática é parte integrante do enquadre a ser utilizado, visando um bom funcionamento da ajuda: a supervisão do psicomotricista é indispensável para a qualidade de sua ação terapêutica.

– A supervisão só poderá ser exercida por um psicomotricista que tenha sido formado na prática psicomotora em uma escola da ASEFOP e que tenha continuado seu percurso como formador para a prática de ajuda. O especialista, por sua autoridade pessoal e profissional, deverá manter um clima de segurança e confiança, sem o qual a supervisão não poderá acontecer.
– A supervisão solicitada pelo psicomotricista pode ser regular ou ocasional, ou seja, toda vez que ele sentir dificuldade para

fazer com que a criança evolua. A supervisão ocorre em pequenos grupos de psicomotricistas, nas escolas da ASEFOP, que é também como fazemos em Toulouse, no Grupo de Pesquisa em Educação e Terapia Psicomotora do Sudoeste[1] há quinze anos.

Privilegiamos a gravação audiovisual da sessão integral (o psicomotricista é filmado sem interrupção), pois centramos nossas observações sobre as interações. Sabemos que, no momento de uma filmagem, existem parâmetros que interferem e modificam as atitudes, e nós levamos isso em conta na metodologia que usamos. Essa metodologia tem vários objetivos que se complementam:

— conhecer os fatores do ambiente da criança que limitaram sua integração psicossomática em seu nível originário;
— trazer uma nova visão sobre as deficiências da maturação psicológica, a partir dos parâmetros da expressividade motora;
— ajudar o psicomotricista a encontrar novas soluções para fazer com que a criança mude pela mediação corporal e/ou da linguagem;
— trazer um novo enfoque sobre a atitude tônico-emocional com a criança;
— supervisionar a linguagem do psicomotricista, dando sentido e continente àquilo que é sentido e vivido na relação.

---

[1] GRETP do Sudoeste, Sede Social situada 14, rue de Naples, 31500 Toulouse.

Conclusão

Ao final deste livro, esperamos ter enfocado alguns referenciais teóricos e práticos que garantem a coerência de uma prática específica, na medida em que esses referenciais dão certa força às nossas propostas: a compreensão psicodinâmica da motricidade da criança, a análise da prática psicomotora em uma continuidade que vai do educativo ao terapêutico e aquilo que se desenha logicamente, que é a formação dos psicomotricistas, reunindo os aspectos pessoal, prático e teórico.

1. Uma compreensão psicodinâmica da motricidade da criança

Esta obra se inscreve em uma série de livros publicados ao longo dos últimos trinta anos, que têm como fio condutor o pensamento voltado para o desenvolvimento da criança. Desde *A Educação Vivenciada (Os Contrastes, As Associações de Contrastes e os Ritmos e As Nuances), A Simbologia do Movimento, Os Fantasmas Corporais, Bruno e A Prática Psicomotora*, não deixamos de insistir no fato de que os processos psicológicos, dos mais arcaicos aos mais evoluídos, não estão desencarnados, mas sim que aparecem numa dinâmica de vida, de interação e de comunicação.

Este último livro não se afasta desse rigor, pois tentamos mostrar que o prazer de ser e de pensar é apenas a evolução do prazer da ação. A motricidade, suporte da ação, só pode ser compreendida num processo psicológico evolutivo, sem o qual a psicomotricidade da criança teria muita dificuldade em existir, assim como também o psicomotricista.

2. Agir é existir

O bebê não vive apenas a experiência, mas age e transforma o ambiente a sua volta. Ele descobre precocemente o prazer da transformação a partir do qual cria para si fantasmas de ação que terão a função de asseguramento e de reasseguramento diante das angústias. Em um "bom ambiente" que lhe dá segurança, claro em seus princípios, a criança encontra nela mesma os próprios recursos para desenvolver suas potencialidades de ação simbólica, que lhe permitem construir uma identidade e existir, adaptando-se à realidade. A criança age com uma "intencionalidade", que é a de encontrar o prazer que a liga à mãe e de encontrar aí seu próprio prazer. É esse prazer que lhe permite manter sua integridade psicossomática e a unidade de prazer na origem da constituição da representação de si. O processo da formação de si acompanha o desenvolvimento das funções tônicas, motoras e afetivas.

Nós atribuímos muita importância à criança que age seu próprio processo de separação, que age sua diferença, sendo o agente de sua maturação psicológica. Também damos muita importância ao sujeito ativo em seu desenvolvimento em um ambiente afetivo tranqüilizador, que não limite o crescimento simbólico, nem a vida em sociedade. Formar seres ativos, capazes de transformar, de criar, de comunicar e de viver em conjunto não seria, afinal, o objetivo de qualquer educação que vise formar cidadãos capazes de desenvolver a união de todos numa sociedade?

3. O asseguramento simbólico

A criança tem sempre a necessidade de estar segura para que possa encontrar recursos de ação simbólicos, para situar-se com relação a períodos de angústia mais ou menos delicados de integrar e, particularmente, as angústias de ser destruída ou abandonada. A criança, para se assegurar, deve ligar a angústia dolorosamente vivida em seu corpo ao prazer de agir e a todas as suas atividades lúdicas. Brincar é um antídoto para a angústia; a criança é criadora dos próprios asseguramentos, necessários para a conquista de sua identidade e de sua autonomia.

> Crescer é superar a angústia de perda e a pulsão de destruição.

A criança deve ser ajudada a investir e superar sua pulsão de destruição dirigida para uma dinâmica de construção de si: "destruir para construir é a imagem da vida, a lei da evolução".[1]

> Freqüentemente, a criança permanece escrava de sua pulsão de destruição, baseada na culpa, no sofrimento, nas tensões e na devoração. A criação pode existir, mas esta será apenas um exorcismo ligado diretamente à pulsão ancorada na angústia de perda do corpo. Neste caso, o poder de criar, permanecendo destruidor, dominador e sem valor de comunicação, estaria próximo do sadismo? Esta não seria a forma socializada da pulsão de destruição reivindicada pelas sociedades ditas evoluídas, sociedades de luta, de poder, dos fortes e dos fracos, que se alimentam de devoração e de culpa?

Brincar de destruir é uma opção fundamental da prática. O papel do psicomotricista é o de facilitar a superação da pulsão, para que a criança deixe de estar sob o signo da angústia e da culpa, e viva em uma zona de bem-estar e segurança afetiva, condição indispensável para a qualidade de comunicação e de criação frutífera, que dá à criança um sentimento de plenitude corporal e uma imagem positiva de si.

4. As referências à psicanálise

O suporte teórico de nossa concepção psicodinâmica da motricidade da criança refere-se à cultura psicanalítica, porque ela é, ainda hoje, o único meio para descobrir o passado de uma história relacional através do presente: a psicanálise é uma passa-

---
[1] LAPIERRE, A. & AUCOUTURIER, B. *La symbolique du mouvement*, Desclée de Brower, Paris, 1984.

gem obrigatória para uma investigação dos afetos do passado revelados pela expressividade motora.

Entretanto, não há confusões a fazer: a prática psicomotora, como nós a concebemos e a explicamos ao longo desta obra, e a psicanálise de crianças são duas entidades bem distintas.

5. A prática psicomotora

A prática psicomotora não está centrada na angústia nem nas defesas. Tampouco trabalhamos diretamente sobre o sentido, mas sim com o sentido da expressividade motora.

Nós trabalhamos para instaurar, no âmbito educativo, ou para restaurar, no âmbito terapêutico, processos de asseguramento original, assim como uma dinâmica de prazer, que estava ausente na criança, limitando bastante seus investimentos afetivos em todos os níveis de seu desenvolvimento. A prática psicomotora está centrada em uma dinâmica de maturação psicológica, indissociável de uma dinâmica de prazer.

Entendemos que a prática de ajuda psicomotora, conforme desenvolvemos aqui, é de fundo educativo, pois ela visa o desenvolvimento da função simbólica, nascida dos fantasmas de ação, a partir do elo recriado entre o somático e o psíquico. Comunicar, criar, descentrar-se e pensar são os objetivos da ajuda, assim como os de qualquer proposta educativa.

Ao longo deste livro, não deixamos de evocar a relação do psicomotricista com a criança. Trata-se de uma relação de ajuda que só pode ser compreendida a partir de uma atitude de acolhimento empático da expressividade motora e de suas harmonias emocionais. Viver ressonâncias tônico-emocionais recíprocas empáticas é oferecer segurança à criança, indispensável para o desenvolvimento de suas capacidades. Acolhimento, escuta e solicitude são conceitos vividos em nossa filosofia, pois acreditamos na pessoa da criança.

6. A formação

A implementação da prática psicomotora requer uma formação profissional, oferecida pelas escolas da ASEFOP. O eixo dessa formação é a formação pessoal, em grupo, a partir da qual o futuro profissional adquire:

– o respeito dos limites necessários para a contenção dos excessos pulsionais e emocionais, sem os quais qualquer ação educativa e, mais ainda, qualquer ação terapêutica não seriam eficientes;
– a estratégia do desvio de retorno, apropriando-se da técnica do asseguramento profundo;
– a disponibilidade corporal e a empatia tônico-emocional.

A formação pessoal facilita a integração dos conhecimentos necessários para exercer a prática, mediante uma descentração progressiva da experiência emocional. A formação é complementada por:

– aportes teóricos sobre a concepção psicodinâmica da motricidade da criança, bem como dos distúrbios da expressividade motora;
– estágios de iniciação à prática psicomotora com a criança; a qualidade da ajuda é a prova da integração dos três aspectos da formação.

Os formadores situam a formação em dois níveis: o primeiro, na prática educativa; o segundo, na prática de ajuda terapêutica.

Com este livro, encerra-se uma etapa profissional, que é a da busca dedicada ao desenvolvimento da criança pela via corporal. Esperamos que os profissionais da infância encontrem nele pontos de encontro, talvez algumas novas pistas, mas que pelo menos se interroguem e se empenhem, como fizemos durante quarenta anos, para além de sua prática cotidiana, na defesa de um desenvolvimento harmonioso da criança, no seio de uma sociedade que lhe é cada dia mais hostil.

Glossário

Ação: função adaptativa que produz efeitos sobre o mundo e um efeito sobre o Outro. Seu caráter fundador é a reciprocidade das transformações do sujeito e do "objeto".

Afeto: energia da pulsionalidade motora ligada a representações de acontecimentos passados. A revivência do afeto é inseparável das ressonâncias emocionais.

Ajudar uma criança: catalisar seus próprios recursos de asseguramento simbólico, a fim de desenvolver o desejo e o prazer de crescer.

Alteração psicomotora: deficiência da integração psicossomática em seu nível mais arcaico.

Angústia: resulta de uma relação problemática. A angústia é um corpo tensionado que sofre; ela corresponde a um estado afetivo de desprazer, a emoções de mal-estar.

Angústias arcaicas: angústias causadas por experiências dolorosas inevitáveis, em função da imaturidade biológica do bebê. Elas aparecem por volta dos seis/oito primeiros meses e são amplamente contidas pela qualidade da relação dos pais com a criança.

Asseguramento profundo: processo psicológico da criança, não consciente, que lhe permite criar brincadeiras para evitar angústias arcaicas e o abandono.

Asseguramento superficial: processo psicológico da criança, não consciente, que lhe permite criar brincadeiras para evitar a angústia da castração e os conflitos ligados à resolução edipiana.

Dispositivo da prática: organização espacial e temporal posta à disposição das crianças para ajudá-las a viver um itinerário de maturação psicológica pela via da ação e da brincadeira.

Empatia tônico-emocional: estado somático e psicológico que permite ao psicomotricista viver as emoções da criança sem ser invadido por elas. A empatia tônico-emocional requer uma capacidade de descentração.

Engrama: modificação funcional do sitema nervoso provocada por acontecimentos passados. O engrama sustenta a fixação da lembrança.

Engrama de ação: vestígio da ação causada por transformações recíprocas entre a mãe e a criança.

Engrama de inibação: vestígio que bloqueia as modificações do sistema nervoso e os engramas de ação.

Estratégia do desvio de retorno: passagem por brincadeiras de asseguramento profundo que facilitam a integração psicossomática em seu nível mais arcaico.

Expressividade motora: modo privilegiado da criança manifestar seu mundo interno, carregado de fantasmas e de afeto.

Fantasma de ação: representação ilusória inconsciente de ação do sujeito; desejo de recriar "o objeto" e de agir sobre ele.

Impulsividade motora: ação motora desordenada, sem objetivo, baseada no afeto de desprazer.

Prática psicomotora: ação educativa ou de ajuda terapêutica que favorece o desenvolvimento psicológico da criança, a partir do prazer de agir.

Psicomotricista: especialista da ajuda à maturação psicológica da criança pela via da expressividade motora.

Pulsionalidade motora: impulso motor que se funde com os fantasmas da ação e o afeto de prazer, dirigido ao "objeto".

Repetição: reprodução de atividades baseada no prazer, sempre presente nas brincadeiras, que distinguimos da repetição de atividades baseada no desprazer e na angústia.

Representação de si: estrutura psicossomática de permanência, que se desenvolve a partir da unidade de prazer interiorizada.

Ressonâncias tônico-emocionais recíprocas: repercussões emocionais vividas pela criança e pelo psicomotricista durante as interações; mobilizam a estrutura tônico-afetiva de ambos.

Transformações recíprocas: transformações sensoriais, tônicas e emocionais do sujeito e do "objeto"; sendo recíprocas, elas operam interações entre si.

Unidade de prazer: estado psicossomático da criança que se desenvolve a partir do prazer da continuidade das transformações recíprocas.

Bibliografia

ANZIEU, A. BARBEY, L. BERNARD-NEZ, J. DAUMAS, S. *Le travail du dessin en psychothérapie de l'enfant*. Dunod, Paris, 1996.

ANZIEU, D. *Le moipeau*. Dunod, Paris, 1985.

ANZIEU, D. et al. *Psychanalyse et langage, du corps à la parole*. Dunod, Paris, 1977.

ANZIEU, D. et Coll. *Les contenants de pensée*. Dunod, Paris, 1993.

AUCOUTURIER, B. DARRAULT, I. EMPINET, J. L. *La pratique psychomotrice rééducation et thérapie*. Edition DOIN, Paris, 1984.

AUCOUTURIER, B. LAPIERRE, A. *Bruno: Psychomotricité et thérapie*. Delachause et Niestlé, Lonay, 1976.

AUCOUTURIER, B. MENDEL, G. *Qu'est-ce qui fait courir l'enfant?* Université catholique de Louvain. Louvain la Neuve, Belgique, 1999.

AULAGNIER, P. *La violence de l'interprétation*. Presses universitaires de France, Paris, 1975.

BELLEMIN-NOEL, J. *Les contes et leurs fantasmes*. Presses universitaires de France, Paris, 1983.

BERGER, M. *Des entretiens familiaux à la représentation de soi*. Apsygée, Paris, 1990.

BERGER, M. *Les troubles du développement cognitif*. Privat Toulouse, 1992.

BERNARD, M. *L'expressivité du corps*. Jean-Pierre Delarge, Paris, 1976.

BETTELHEIM, B. *La forteresse vide*. Gallimard, Paris, 1969.

BICK, E. "The expérience of the skin in early object relations J. Psychoanal", traduction française G. et M. Haag, l'expérience de la peau dans les relations d'objet precoce, in MELTZER et Coll. *explorations dans le monde de l'autisme*, Payot 1980, Paris, 1968.

BRUNER, J. S. *Accion, pensamiento y lenguage*. Allianza editorial, Madrid.

BRUNER, J. S. *La élaboracion del sentido*. Païdos Ibérica, Madrid. CHANGEUX, J. P. *Raison et plaisir*. Odile Jacob, Paris, 1994.

DEFALK, J. TARDOS, A. *Mouvements libres, Activités autonomes*. AIP Sevres, 2000.

DELACOUR, J. *Apprentissage et mémoire.* MASSON, Paris, 1987.

DEVEREUX, G. *De l'angoisse à la méthode dans les sciences du comportement.* Flammarion, Paris, 1980.

DIATKINE, R. "Signification du fantasme en psychanalyse d'enfant", in *Revue française de psychanalyse.* Tome XV, 1951.

ELIACHEFF, C. et HEINICH, N. *Meres-filles, une relation à trois.* Albin Michel, Paris, 2002.

EMPINET, J. L. Texte non publié.

FREUD, S. *Analyse d'une phobie d'un petit garçon de cinq ans in cinq psychanalyses.* Presses universitaires de France, Paris, 1909.

FREUD, S. *Inhibition, symptôme et angoisse.* Presses universitaires de France, Paris, 1926.

GADDINI, E. "Image corporelle primaire et période phallique: considérations sur la genese des symboles de forme ronde", in *Scritti.* Cortina Milano, 1959.

GIBELLO, B. *L'enfant à l'intelligence troublée.* PAIDOS, Le Centurion, Paris, 1984.

GIBELLO, B. *La pensée décontenancée.* Bayard, Paris, 1995.

GIBELLO, B. GODFRIND, J. *Le symbolique et l'imaginaire. Leur place dans les troubles du raisonnement et de l'apprentissage.* Université libre de Bruxelles, Belgique.

GREEN, A. *Propédeutique, la métapsychologie revisitée.* Champ Vallon, Syssel, 1995.

GUTTON, P. *Le jeu chez l'enfant.* Essai psychanalytique. G.R.E.U.P.P. Paris, 1973.

HAAG, G. "La mere et le bébé dans les deux moitiés du corps", in *Neuropsychiatrie de l'enfant et de l'adolescent,* n. 23, 1985.

HAAG, G. *Entre figure et fond in Dans le monde des symboles.* 9e Congrès FNAREN. Revue l'ERRE, Aubervilliers, 1993.

HAAG, G. *Construire son unité.* Revue "Enfant d'abord".

HOUZEL, D. "Le monde tourbillonnaire de l'autisme in Approche psychanalytique de l'autisme". *Revue Lieux de l'enfant* n. 3 Privat, Toulouse, 1985.

HOUZEL, D. "Le dessin de la maison", in *L'enfant et sa maison* de D. Anzieu et Coll., Editions sociales françaises, Paris, 1988

JOUVET, M. *Le sommeil et le revê.* Odile Jacob, Paris, 1992.

KERTENBERG, J. MARCUS, H. ROBBINS, E. BERLOWE, J. BUELTE, A. "Le développement de l'enfant tel qu'il s'exprime au travers des mouvements corporels", in *Revue Psychiatrie de l'enfant et de l'adolescent,* Tome II, 1976.

KLEIN, M. "Les premiers stades du conflit cedipien et la formation du surmoi", in *La Psychanalyse des enfants*. Presses universitaires de France, Paris, 1959.

KLEIN, M. HEIMANN, P. ISAACS, S. RIVIERE, J. "La théorie de l'angoisse et de la culpabilité", in *Les développements de la psychanalyse*. Presses universitaires de France, Paris, 1966.

LACAN, J. *Revue française de psychanalyse*. Tome IX n. 3. Extrait d'un document de travail (non publié) "le corps" de Jacques LACAN, établi par Louis de la Robertie, 1985-1987.

LAFARGUE, G. *Revue Pratiques corporelles* n. 89, 1990.

LAPIERRE, A. AUCOUTURIER, B. *Éducation vécue. Les contrastes*. Doin, Paris (épuisé), 1974.

LAPIERRE, A. AUCOUTURIER, B. *Fantasmes corporels et pratique psychomotrice en éducation et thérapie de manque au corps*. Douin, Reuil-Malmaison, 1982.

LAPIERRE, A. AUCOUTURIER, B. *La Symbolique du mouvement*. Desclée de Brauwer, Paris, 1984.

LE CAMUS, J. *Le pere éducateur du jeune enfant*. Presses universitaires de France, Paris, 1999.

LEBOVICI, S. DIATKINE, R. "Étude du fantasme chez l'enfant", in *Revue française de psychanalyse*. Tome XVIII, 1954.

MARTINET, H. *La théorie des émotions*. Intraduction à l'ceuvre de Henri Wallon, Aubier, Montaigne, Paris, 1972.

MARTY, P. FAIN, M. "Importance du rôle de la motricité dans la relation d'objet", in *Revue française de psychanalyse*. Tome XIX, 1955.

MEIRIEU, P. *Influence des activités d'expression sur les processus d'apprentissage et l'élaboration des savoirs*. Institut des sciences et pratiques d'éducation et de formation. Université Lumiere, Lyon 11, 1996.

MENDEL, G. *La société n'est pas une famille*. Edition de la découverte, Paris, 1992.

MENDEL, G. *L'acte est une aventure*. Edition de la découverte, Paris. MENDEL, G. *La psychanalyse revisitée*. Edition de la découverte, Paris, 1998.

MENDEL, G. "Les trais archaoismes. A propos de la méthode de formation personnelle Aucouturier", in *Trois textes sociopsychanalytiques. Impatiences démocratiques*. Editeur Arles.

NADJA. *Le livre des créatures*. L'école des loisirs, Paris, 2000.

NASIO, J. D. *Enseignement de 7 concepts cruciaux de la psychanalyse*. Rivages-Psychanalyse, Paris, 1988.

PERRON-BORELL, M. et PERRON, R. "Fantasme et action", in *Revue française de psychanalyse*. Tome I. Presses universitaires de France, Paris, 1987.

PIAGET, J. *La naissance de l'intelligence*. Delachaux et Niestlé, Neuchâtel, 1936.

PIAGET, J. et INHELDER, B. *La psychologie de l'enfant*. Presses universitaires de France, Paris, 1966.

PIAGET, J. *La formation du symbole chez l'enfant*. Delachaux et Niestlé, Neuchâtel, 1946.

PONTALIS, J. B. *Préface de jeu et réalité*. D. W. Winnicott, Gallimard, Paris, 1971. Recherche d'informations nécessaires à la compréhension des difficultés de maturation de l'enfant, GEPP, 1991.

ROSOLATO, G. *Éléments de l'interprétation*. Gallimard, Paris, 1985.

RUEFF-ESCOUBES, C. MOREAU, J. E. La démocratie dans l'école, Syros alternatives, 1987.

STERN, D. *Mere enfant, les premieres relations*. Mardaga, Bruxelles, 1981.

SYMINGTON, J. "L'observation du nourrisson", in *Les liens d'émerveillement* (l'observation des nourrissons selon E. BICK et ses applications), Eres, Ramonville, 1995.

SZTULMAN, H. BARBIER, A. CAIN, J. *Les fantasmes originaires*. Privat, Toulouse, 1983.

THIRION, M. *Les compétences du nouveau-né*. Ramsay, Paris, 1986.

TUSTIN, E. *Autisme et psychose de l'enfant*. Seuil, Paris, 1977.

TUSTIN, F. *Le trou noir de la psyché*. Seuil, Paris, 1989.

VADEPIED, A. *Laisser l'eau faire*. Ed. Scarabée CEMEA, Paris, 1976.

VAN NIEUWENHOVEN, C. et Coll., *Peur de rien, peur de tout. L'enfant et ses peurs*. Presses universitaires de Louvain, 2003, Ed. UCL.

WALLON, H. *Psychologie et éducation de l'enfance*. Revue Enfance, Paris, 1985.

WALLON, H. *L'origine du caractere chez l'enfant*. Presses universitaires de France, Paris, 1949.

WILDLOCHER, D. *Freud et le probleme du changement*. Presses universitaires de France, Paris, 1970.

WINNICOTT, D. W. *De la pédiatrie à la psychanalyse*. Payot, Paris, 1969.

WINNICOTT, D. W. *Processus de maturation chez l'enfant*. Payot, Paris, 1970.

WINNICOTT, D. W. "La crainte de l'effondrement", in *Nouvelle Revue de Psychanalyse* n. 11, Gallimard, Paris, 1975.

WINNICOTT, D. W. *Jeu et réalité*. Gallimard, Paris, 1975,

Impressão e acabamento
GRÁFICA E EDITORA SANTUÁRIO
Em sistema CTcP
Rua Pe. Claro Monteiro, 342
Fone 012 3104-2000 / Fax 012 3104-2036
12570-000 Aparecida-SP